生活因阅读而精彩

生活因阅读而精彩

服务技巧第一书！

态度决定一切，好服务赢尽回头客

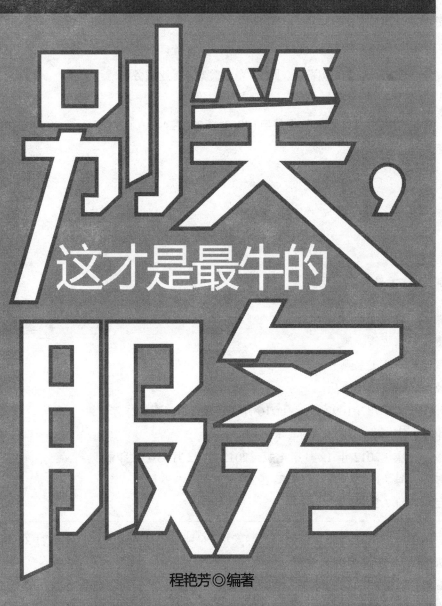

别笑，

这才是最牛的

服务

程艳芳◎编著

中国华侨出版社

图书在版编目(CIP)数据

别笑,这才是最牛的服务 / 程艳芳编著.—北京:
中国华侨出版社,2012.9

　ISBN 978-7-5113-2929-5

　Ⅰ.①别… 　Ⅱ.①程… 　Ⅲ.①企业管理-商业服务
Ⅳ.①F274

　中国版本图书馆 CIP 数据核字(2012)第220724 号

别笑,这才是最牛的服务

编　　著 /	程艳芳
责任编辑 /	筱　雁
责任校对 /	王京燕
经　　销 /	新华书店
开　　本 /	787×1092 毫米　1/16 开　印张/17　字数/255 千字
印　　刷 /	北京建泰印刷有限公司
版　　次 /	2012 年 12 月第 1 版　2012 年 12 月第 1 次印刷
书　　号 /	ISBN 978-7-5113-2929-5
定　　价 /	29.80 元

中国华侨出版社　北京市朝阳区静安里 26 号通成达大厦 3 层　邮编:100028
法律顾问:陈鹰律师事务所
编辑部:(010)64443056　　　64443979
发行部:(010)64443051　　　传真:(010)64439708
网址:www.oveaschin.com
E-mail:oveaschin@sina.com

前言
QIANYAN

当今社会的服务,不仅仅是对客户消费的一种回馈,更是决定着客户对企业印象以及决定以后是否继续光临的重要判断。因此,如何为客户提供优秀的服务是大多数企业急需解决的问题。

作为服务人员,应该如何抓住客户的心?作为服务主管,又该如何提升企业的整体服务水平?这是所有服务业人士都想知道的问题,然而,服务真的有秘诀吗?答案是肯定的。

现如今,世界上的企业越来越多,仅中国的民营企业就高达5000万家,服务人员更是数不胜数,然而如此多的企业中,却总有一些企业屹立商界,闪闪发光。

海南航空、沃尔玛、微软、苹果、海尔、阿里巴巴、奇瑞汽车、京东商城、奔驰公司、谷歌、松下电器、联邦快递、戴尔、惠普、迪斯尼公司……为什么这些企业可以站在各自行业的最顶端傲视群雄?答案很简单——优质的服务。上面所提到的任何一家企业,他们都拥有自己的一套服务模式与理念,奔驰在德国每25公里就有一个维修站、京东商城的平均退货速度为3天、苹果公司的在线服务风靡全球、微软集团以人为本的经营理念、迪斯尼公司我们的工作就是让你快乐的口号,等等,这些都是他们成功的秘诀。然而,他们的成功可以复制吗?答案依然是肯定的!

《别笑，这才是最牛的服务》一书，通过对数十家企业的解读，为广大读者展现了国内外数十家企业成功的秘诀，为广大服务人员与企业服务管理者提供了效仿的榜样。本书从各大企业的新闻、故事中分析出这些企业服务的精髓所在，并且通过缜密的分析和仔细的辨证来为广大读者提供一条思维的大道，再辅以切实可行的服务方法，实际地解决了企业服务水平无法提高的难题。

　　除此之外，本书还通过案例故事为读者展现出了在服务过程中服务人员遇到的一些关键问题，其中一些问题是常被服务人员所忽视的，还有一些是曾被提出但缺乏解决策略，该书针对广大服务人员以及服务管理人员，不但对服务中的一些常见问题进行了归类，而且对于每一种问题都提出了有效的操作办法，内容全面、实用性强，是新老服务人员和服务主管见微知著、提升业绩的必读之书。

　　熟读该书能够对服务人员与客户良好沟通产生实际的帮助，成为服务人员实现征服客户、完善业绩的起跳板。掌握正确的服务方法、技巧，培养事无巨细的心理才能在服务界有所作为，正所谓"一屋不扫难以扫天下"，服务环节在企业经营环节的重要性不言而喻，因此做好服务对企业的帮助也是十分巨大的。

　　希望这本经过精心编制而成的《别笑，这才是最牛的服务》一书能够为服务行业注入新的朝气和活力，为每一位用心的服务人员带来启迪和收获。

目录
MULU

国内篇

国外篇

国内篇

三人行必有我师，在国内，有很多十分成功的民营企业，他们大都是白手起家，依靠着自己优质的服务在竞争激烈的商界打出了自己的一片天地。然而，他们的秘诀是什么呢？我们从这些同胞的身上又可以学到什么？翻开下一页，这一切都将呈现在您的面前。从海底捞到海南航空，从阿里巴巴到凡客诚品再到京东商城，从奇瑞汽车到格兰仕电器，通过对这些企业故事与企业官方新闻的解读，你将会看到站在中国服务金字塔顶尖的那些企业是如何创造辉煌的。

无法模仿的海底捞

——主人翁般的服务精神

四川海底捞餐饮股份有限公司成立于1994年,是一家以经营川味火锅为主,融汇各地火锅特色于一体的大型跨省直营餐饮民营企业。

公司在张勇董事长确立的服务差异化战略指导下,始终秉承"服务至上、顾客至上"的理念,以创新为核心,改变传统的标准化、单一化的服务,提倡个性化的特色服务,将用心服务作为基本经营理念,致力于为顾客提供"贴心、温心、舒心"的服务;在管理上,倡导双手改变命运的价值观,为员工创建公平公正的工作环境,实施人性化和亲情化的管理模式,提升员工价值。

17年来,公司不断发展壮大,在北京、上海、天津、西安、郑州、南京、沈阳等全国多个城市拥有60多家直营店,4个大型现代化物流配送基地和一个原料生产基地,2009年营业额近10亿元,拥有员工一万多人。

去海底捞的目的是享受服务

近年来,关于海底捞的新闻越来越多,"ipad点菜"、"等待送美甲"等种种传闻不绝于耳。然而,这样一家来自四川简阳的火锅店,究竟是如何迅速火遍全国的?它又是如何从众多火锅品牌中异军突起的?有人认为,海底捞的服务管理是其独特的杀手锏之一,海底捞对于服务的重视已经渗透到了它运作的各个环节当中……

1.让等待充满愉快

通常情况下,大家对就餐排队是十分厌烦的,因为当前快节奏的社会已经让人们或多或少的失去了应有的耐心,成为了"急性子",不愿意把宝贵的时间浪费在等待吃饭上。除此之外,传统的等待只能干巴巴地坐在饭店的椅子上,稍微好一些的会给客人送上一份报纸或者免费的茶水,这让客户感到十分乏味。而海底捞却并不这样做,其通过一系列的创新举动使这个原本让客户怨声载道的等待时间成为了一种洋溢着快乐和满意的等待。当你在海底捞等待区休息的时候,热情的服务员会立刻为你送上西瓜、橙子、苹果、瓜子、茶水、花生、糖果、柠檬水、薄荷水等各种零食饮料,除此之外,海底捞还会提供扑克牌以及免费 wi-fi(无限网络覆盖)。更令人意想不到的是,来海底捞消费的女士可以享受免费的美甲服务,而男士可以享受免费擦皮鞋服务。就这样,原本枯燥无味的等待也会在吃喝玩乐中悄然而逝,也正因为如此,海底捞的排队等待也成为了一大特色和招牌。

2.让每个服务环节都洋溢着光芒

海底捞最为人称赞的地方还是它的服务环节,从停车泊位到等待、点菜、中途上洗手间、结账走人等整个吃饭流程的各个环节,海底捞都处处体现了对服务的重视以及对服务人员培训的投入。

(1)为客人省钱的点菜服务:如果在海底捞用餐的客人点菜时超过了该桌可食用量,服务员就会及时地提醒客人少点一些,以免浪费。试想一下,如果你在消费的时候服务员也这样全心全意地为你着想,从你的角度出发,你是否也会从心底感到温暖?此外,服务员在点菜时还会主动提醒客户,各式的食材都可以点半份,这样一来,同等的价钱就可以享受平时两倍菜品种类了。

(2)及时到位的席间服务:服务员在席间会主动为客户更换热毛巾,而且次数绝对在两次以上;会给长头发的女士提供橡皮筋来箍头、提供小发夹来夹住刘海;给带手机的儿童提供精美的塑料袋装手机以免手机进水;给戴眼镜的客人提供眼镜布。当然,海底捞最靓丽的风景线还是无论男女老少都穿着样式统一的围裙,这也是海底捞的特色服务——为客户提供围裙。此举充分体现了海底捞在服务上的细心以及为客户考虑得周到,穿围裙一方面是可以避免汤汁洒到客户的身上,另一方面可以阻截火锅的味道,防止衣服上散布火锅的气味。

(3)暂时充当儿童保姆:带孩子去吃饭的父母总是会遇到这样一种尴尬的情况——淘气的孩子在吃饭的时候四处捣乱,让原本美味的食物变得索然无味。为此,海底捞特地创建了一个儿童天地,让孩子们可以在儿童天地中快乐地玩耍,让父母全身心地享受美食;除此之外,服务员还可以免费带孩子玩一会儿,可以帮助父母给孩子喂饭,让父母安心吃饭。

(4)星级卫生间服务:海底捞的卫生间不仅卫生干净而且装饰得十分典雅,并且配备了一位专职人员为客户洗手之后递上纸巾擦手。

(5)给客户一些小赠品:一般饭店在客户吃完饭后会送上一个小果盘,但是在海底捞,如果你向服务员提出要两个果盘的要求,服务员也会面带笑容地说没问题,然后立刻从冰箱中拿出果盘给你奉上。除此之外,服务员有时候还会随机地送给客户一小袋豆子。虽然这些小恩惠并不值钱,但是服务员的大方却在客户心中留下了满意和温暖,会在客户心中种下"下次还来"以及"推荐给朋友"的种子。

服务是最大的附加值

企业想要生存发展,主要依靠的就是两个方面:一个是产品,第二个是服务。产品是硬件,服务是软件。像所有行业一样,以往的餐饮企业对于产品的重视程度远远高于服务,然而在产品同质化、追求个性的当前社会,还有什么能够造成企业与企业之间的差异化?还有什么能区分企业与企业之间的不同?只有服务!现如今,服务对企业的生存与盈利起着决定性的影响。

当今社会,竞争最为激烈的是什么?有人说是人才之间的竞争,有人说是产品之间的竞争,还有人说是产品的竞争,但是海底捞告诉你,服务才是21世纪最大的竞争力,把时间和精力放在服务上的理念,来源于海底捞老总张勇的创业经历。

当年海底捞开业之后,生意一直很差。有一天,张勇观察到有一个人每天都会路过海底捞店门口,因为他就住在海底捞的楼上。而事实上,这个人还有十几个朋友都在楼上住,他们非常喜欢吃火锅,但是每次都是在其他火锅店吃。他们不是没有想过去张勇店中尝试一下,但是每次看到海底捞门店里根本没有客人,他们也就没有兴趣再进去了。为了拉拢这一批客户,张勇想了一个办法,他开始每天站在楼梯门口等这位客人。他打听到这个人姓魏,于是他每次看到这个人下楼的时候就会十分热情地上前打招呼:"魏大哥好!"每天都是这样,终于有一天,这位魏大哥碍不过情面走进了张勇的店中。这让张勇十分兴奋,他赶忙热情地招待人家,但是魏大哥吃完之后说了一句泼冷水的话:"你们的火锅实在不怎么好吃。"但是具体哪里不好吃,魏大哥也说不清楚。

虽然没有找到自己的问题出在哪,但是张勇还是得到了一条十分有用的消息。魏大哥在吃饭的时候无意间提起了一件事,说其他火锅店有一种祖传秘制香辣酱,而火锅之所以好吃,就是因为有这种香辣酱。但是张勇也知道,这种所谓祖传秘制的香辣酱根本没有那么神秘,不过是商家吸引客户的一个噱头。而他们的香辣酱之所以好吃就是因为进货商提供的酱质量比较好。经过苦苦的寻找,张勇终于找到了魏大哥说的那种香辣酱,并让自己的太太亲自给魏大哥送了上去,让他尝一尝是不是和他说的那个香辣酱味道一样。这个举动让魏大哥十分感动,自然而然地,跟他在一起的十几个人成为了海底捞第一批忠实的客户。

张勇对他早年的这段经历进行了总结。他认为，当时之所以可以让魏大哥成为自己的忠实客户，就是因为自己的服务态度真诚。当客户需要服务的时候，尽量快的满足客户的要求；当客户觉得不满意的时候，就多赔一些笑脸，只要有真诚和热情，再加上优质的服务，就能够牢牢地抓住客户的心。正是靠着这一点，3个月之后，海底捞的客户渐渐多了起来，而且逐渐出现了排队用餐的现象。慢慢地，海底捞的生意越做越大，最后竟然成了简阳最大的一家火锅店，还在简阳开设了第一家分店。

　　早年的经历让张勇获益匪浅，他发现，在附加值比较低的餐饮服务业，已经被倡导了许多年的客户至上并没有引起大多数同行的重视。而这也让他确定了海底捞的企业宗旨——服务为上。在张勇看来，服务是海底捞大获成功的最大的原因，而服务也是与同行竞争的最有力武器。

　　在竞争激烈的餐饮市场中，因为众口难调，想要成为给所有客户一种满意的体验，让所有的客户都称赞的饭店已经越来越难，但是海底捞却做到了，而且做得更多。打造最完美的服务已经成为了海底捞的企业文化，将服务至上的理念奉为海底捞立店之本，让服务成为自己与同行之间最大的差异更成为了海底捞最有力的市场竞争武器。海底捞，正在凭借着这一点逐渐成为行业的领头羊，而它的生意自然也是越做越红火。

　　有些目光短浅的人认为服务是一种出力不讨好的浪费。其实这种观点是完全错误的，因为无数的事实已经证明：服务质量是区分一家公司与另外一家公司、这种产品与那种产品的重要因素。在高度竞争的市场经济之下，没有任何一件产品可以远远地把竞争对手甩在身后。但是，优质的服务却可以有效地区分两家企业。一旦你为客户提供了优质的服务，那么你无疑就会比你的竞争对手更有竞争优势。因此，从某种角度上来说，服务就是企业的一种隐性产品，也是直接影响企业业绩的一个产品。

　　我们随便翻开一些研究成功企业的书籍就会发现，那些企业都是将服务好消费者看成企业持续发展的根本。而海底捞当初走出简阳之后，第一站就选择了西安，在最初败得一塌糊涂，但是张勇在关键时刻改变策略，重新拾起"服务高于一切"的理念，将个性化的服务作为海底捞的主打特色，仅仅用了两个月就实现盈利，重新将客户拉入店中。

仅从这一点中就不难看出，个性化服务对于一个企业来说意味着什么。它不仅可以让企业立足，还能让企业在众多竞争者中脱颖而出。在品牌竞争与服务竞争的现代社会，企业想要营造出自己的竞争优势就必须强化企业的服务能力，以服务来打造自己的核心竞争力。

以热情支持服务

热情是这个世界上最有价值的一种感情，也是最具感染力的一种情感。让自己充满热情，你的服务才能充满激情，而面对充满热情的服务，即使客户有些不满意，客户也会尽量包容你，理解你。

热情并不仅仅体现于外在形象上，当你获得了热情，它就会占据你的内心。热情能帮助你克服恐惧，热情可以帮助你事业成功，热情可以让你赚更多的钱、享受更多的健康、过上更幸福的生活。

热情是服务的基础，充满热情地投入工作吧，从现在就开始，对自己说："所有的困难都打不倒我！"让自己充满热情，对客户表现出热情。

史密斯先生去德国出差，他在入住一家酒店时发现该酒店的前台服务人员胸前别着一枚印着"是的，我能"的胸章，史密斯先生觉得十分有趣，于是问这位服务人员是否能够送自己一枚这样的胸章，但是这位服务人员却说："不，我不能。"随后他又解释说："这是酒店老板规定我们必须要佩戴的，我没有多余的胸章可以送给您。"史密斯先生听后十分失望。

过了一段时间，史密斯先生又来到新加坡出差，他在当地一家旅馆的咖啡厅与客户商谈生意的时候发现咖啡厅的人越来越多,周围环境也越来越嘈杂。因为担心对方听不到自己的声音,史密斯先生和他的客户都不断地提高自己的声调,此时,一位女服务员看到这个情形立刻打电话给客房部,要求拨一间客房给史密斯先生与他的客户使用。当时刚好有一间空房,于是女服务生就把史密斯先生请到了客房中,使他们能够平静地谈话,并且告诉他们这一切都是免费的。

史密斯先生遇到的这两件事情十分类似,都是发生在旅馆中,而且故事的主角也都是旅馆的第一线服务人员,然而为什么他们之间会有截然不同的表现?到底是什么原因造成他们的表现如此悬殊呢?

先来看第一位服务人员,他的公司要求他"能",但是他却对史密斯先生说"不能",而这使他违背了公司对他的要求,而且也没有满足史密斯先生的要求,因此可以说既没有维护公司的利益也没有维护客户的利益。为什么会造成这样的情况出现呢?就是因为他缺少热情。而第二位女服务人员,她为什么会主动为史密斯先生服务呢?就是因为她充满了热情。

玫琳凯是美国著名的女企业家,她在管理公司的时候就非常注意激发下属的热情和活力,这使玫琳凯公司的员工全部都充满激情。她说,之所以会如此重视员工的热情,就是因为早年的一段经历给了她莫大的启发。

有一次,玫琳凯邀请了一位知名人士给自己公司做演讲。但是这位名人的飞机晚点,因此,作为主持人的玫琳凯不得不先安排其他节目。在演讲者到达之后,玫琳凯发现他十分疲倦,就在玫琳凯担忧他的状况时,这位演讲者开始在后台捶打自己的胸膛并且不断上蹿下跳,看上去活像是一只动物园的大猩猩。但是当这位先生登上演讲台的那一刻,他又变得神采飞扬,充满了激情,而他的演讲也十分精彩,台下员工反响十分热烈。

演讲结束之后,玫琳凯问他:"您为什么要在上台前捶胸顿足,上蹿下跳?"

这位演讲者回答说："我的工作就是激励别人，但是有时候我自己的精神状态也会很糟糕，就如同今天，因为航班晚点我的心情十分烦躁而且很疲惫。但是我知道你们需要一位活力四射的演讲者，尤其是当我看到台下那一张张充满期待的面孔时，我就更觉得我不能向你们诉苦，我必须要做出一副很有活力的样子。而捶胸顿足则是一个让我热血沸腾的好办法，你看，我现在的感觉就好多了。"

任何事业的成功都需要参与者的热情。IBM 中国台湾分公司的总经理黄慧珠在接受采访的时候曾说过："热情是一切的基础。能进 IBM 的人都不会是没有才能的人，我觉得区别就是工作的热情与责任感。你要热爱你的工作，也就是说，什么工作交到你手上，你都要做到最好。而因为你有热情，你才会负责任，就好像鲨鱼闻到血腥就想咬下去，业务员一看到案子就想要做到，做产品控管的人就是要想办法把产品做到毫无缺失。因为有热情，其他的东西才会跟着来。"

无独有偶，新东方的副校长徐小平也有类似的观点，他认为，自己之所以可以获得今天的成功和他当年在美国充满热情送比萨饼的那段经历分不开。他说："我扫地洗碗，给必胜客送外卖。把滚烫的比萨在没有变冷或变硬之前送到客户手上，成了我唯一的艺术追求——同事笑我：送个比萨也这么有激情！可是我感到自豪，激情不是浮躁，也不是幻想，激情是执著于当下，全身心投入，激情是做好眼前事的一种素质。"

现在，你是否认识到了热情的重要性？如果答案是肯定的，那么从现在开始便展现你的热情吧！热情可以感染他人，一旦你的客户感受到你的热情，那么他就会对你产生好感，对你的服务也会十分满意了！

海底捞你学得会

在过去的几年中,"海底捞现象"已经成为餐饮业人士着重研究的一个案例。海底捞凭借着优质和热情的服务赢得了来自全社会的关注和喜爱。而在技术含量并不高的火锅行业中,差异化服务的背后究竟是什么?员工们的热情的背后动力究竟是什么?同为服务一线的区域营销中心,人们又能从"海底捞现象"中学到一些什么?下面,就让我们来揭开海底捞的神秘面纱。

1.无敌的凝聚力

凝聚力是企业宝贵的精神财富,有了它企业才能充满活力,企业员工才能拥有积极性,企业才能在激烈的市场竞争中立于不败之地。走近海底捞,你就会发现这里的员工个个面带笑容,工作的时候充满激情,一种强大的凝聚力油然而生。海底捞的董事长张勇向外界公布了海底捞调动员工工作积极性,增强团队凝聚力的一些办法:

(1)建立目标激励机制

目标激励可以增强企业员工的使命感与责任心,在海底捞中就专门有一套完整的晋升机制,企业为每一位员工都规划好了光明的职业前景,只要是踏实、勤奋的员工,就一定会被企业所重视。

在运用目标激励法的时候,设置的目标要具有实现的可能性是一个非常重要的条件。因为如果想让目标发挥最大的激励作用,那么首先这个目标就是要有重要的意义和可行性以及可能性。这种相互之间的关系可以用以下公式来表示:

激励作用=目标意义×实现可能性以及可行性

从这一公式中我们可以看出来,目标的意义和实现的可行性以及可能性越大,那么激励的作用也就越大,反之亦然。但是如果你设定的目标看起来十分有意义，得到的回报很大，可是实现的可能性却是"0"，那么这个目标的作用也只能是"镜花水月"，很难发挥实际作用。下面是一些采取目标激励的实用方法：

在一个团队中，目标分为两种，一是团队目标，二是个人目标。既然普通人都会向往成功，那么由普通人组成的团队更是如此，可是当个人和团队两者没有同时获得成功的时候该怎么办呢？因此，为了提高工作的效率，个人和团队就必须要对所有的目标有一个统一清醒的认识。

①让个人目标和团队目标挂钩

将个人目标与团队目标的直接关系简要精确地描述出来是一件很重要的事情，个体应该在做到推动自身进步取得成绩的同时也能帮助企业目标的实现。而管理者也应该学会在推动团队目标建设的时候顾及手下员工的利益，在团队目标得以实现的时候给员工相应的报酬帮助他们实现个人目标。

②让目标充满乐趣

人们常常乐意付出更多的时间和精力玩一场游戏，其投入的程度远远超过了他们在工作时的状态，这其实比较容易理解，因为在游戏中，人们可以扮演自己喜欢的角色，可以体会到快乐，并且能够通过战胜别人来获得满足感以及成就感，这一情况叫做游戏竞争法则。

现在很多企业都在利用这一游戏竞争法则，为了使整个团队的工作效率提高，他们常常会运用游戏法、图表法、竞争法使目标变得更有趣味，从而使整个团队的气氛活跃，充满个性和乐趣，而相应的回报就是丰厚的利润和手下员工工作能力的提高。

最后，远见固然重要，但是有远见的目标只是成功的一半，另一半就是管理者需要想方设法让大家明白你的远见和目标，必须用沟通来使大家的目标一致。

惠普电脑公司总裁约翰·杨就是根据这项原则建立了自己的印刷厂。他自费 10 万美元,购买设备、训练工人、找地址、进原料,前后总共用了 45 天的时间。而正是由于他善于和下属沟通,让双方的目标一致,事情才可以办得这么迅速。他曾经说过:"一个秘密的目标,无法得到参与者和其他人的帮助。将目标解释清楚,让参与者全部明了,可以激发他们的热情,使他们发挥最大的力量,这是靠压迫和训斥永远得不到的无限力量。"

我们可以发现,成功的管理者总是在不断撰写着计划书,以白纸黑字作为提醒自己以及其他人需要努力的目标,有了计划之后,管理者就更需要全心全力地投入到实施计划的过程中,组织人事、领导下属、开拓市场、控制过程,管理实现目标的所有运作。

当大的目标订好之后,管理者还需要不断地提出一个又一个的阶段性小目标,因为大目标是阶段性、宏观的,涉及到很多主观的构思,但是他没有详细的实现步骤,管理者的任务就是在实施计划的过程中不断提出一个又一个阶段性目标,使之更加可行。

(2)物质与精神激励机制

除了目标激励,海底捞还十分重视满足员工的物质需求与精神需求。在海底捞,只要员工提出对企业有利的建议,都会得到物质和精神的嘉奖,海底捞正是以此来提升员工的荣誉感和上进心,使员工对自己的工作有一种满足感,让员工对企业有一种认同感,从而激发员工内心的热情与动力。

(3)感情激励机制

感情激励可以增强员工的温暖感和向心力。感情激励是增强企业员工向心力的一项十分重要的"投资"。海底捞会尽最大力量去满足员工的合理要求,解决好员工的实际困难。比如海底捞的员工如果生活拮据,那么这位员工就可以主动申请提前预支薪水,最多可以预支一年,而且如果家中有婚丧嫁娶等重要事情,员工可以带薪休假。除此之外,海底捞的经理还会定期与员工进行感情沟通,询问员工是否在工作中遇到什么困惑,在生活中遇到什么困难，并尽量帮其解决。坚持以人为本，运用感情的力量使员工对企业产生归属感。

海底捞的工作其实与众多实业企业的服务工作非常类似，然而大多数企业的员工在工作热情上明显弱于海底捞的员工。这就是因为大多数企业对员工并不重视，他们认为这些员工只是廉价劳动力，不值得花费大量时间和精力去满足他们的需求和培养他们。然而正是这种想法导致了他们与海底捞之间的差距越来越远。

2.无尽的创造力

制度与流程是保证产品和服务质量的基础，然而制度和流程也会压抑员工的创造力。一家没有创造力的企业是可怕的，海底捞深深了解到了这一点。

在海底捞中，有一套专门鼓励员工开动脑筋的"金点子"活动，即任何一位员工提出对企业有帮助的点子或者一些创造性的建议都会受到嘉奖，而且奖励十分丰富。最重要的是，无论你的点子多么怪诞、荒唐，都会受到重视。海底捞专门有一支研究这些点子可行性的团队，一旦他们觉得合适，员工的点子就会被海底捞采纳。"等待就餐送美甲、擦皮鞋"这一点子就是海底捞一位优秀的员工提出来的，而他也获得了一笔丰厚的奖励。海底捞这种鼓励创新的举措为海底捞的发展做出了不可磨灭的贡献，而员工在贡献自己创意的同时也体会到了一种主人翁精神。

3.无穷的感染力

在其他餐饮企业都在制度流程化、服务标准化的时候，海底捞却反其道而行之，从客户的角度出发，提供用心体贴的个性化服务，海底捞对待客户的服务宗旨甚至有些偏执：对客户要向家人一样好，甚至让客户对服务感到"烦"，感到"不好意思"，最终赢得客户的"心"。

其实，海底捞的这种做法就是为客户提供幸福感，客户感到幸福了，他的"心"也就交给你了，海底捞也因此牢牢抓住了客户的心，所以它成功了。

有时候，一个微笑、一句问候、一个小礼物都蕴含着巨大的感染力，再固执的客户也会被热情所融化。

阿里巴巴
——客户就是我们的"亲"

　　阿里巴巴(香港联合交易所股份代号：1688)为全球领先的小企业电子商务公司，也是阿里巴巴集团的旗舰业务。阿里巴巴在1999年成立于中国杭州市，通过旗下3个交易市场协助世界各地数以百万计的买家和供应商从事网上生意。3个网上交易市场包括：集中服务全球进出口商的国际交易市场、集中国内贸的中国交易市场，以及透过一家联营公司经营、促进日本外销及内销的日本交易市场。

　　此外，阿里巴巴也在国际交易市场上设有一个全球批发交易平台，为规模较小、需要小批量货物快速付运的买家提供服务。所有交易市场形成一个拥有来自240多个国家和地区超过6100万名注册用户的网上社区。为了转型成为可让小企业更易建立和管理网上业务的综合平台，阿里巴巴亦直接或通过其收购的公司包括中国万网及一达通，向国内贸易商提供多元化的商务管理软件、互联网基础设施服务及出口相关服务，并设有企业管理专才及电子商务专才培训服务。阿里巴巴亦拥有Vendio及Auctiva，这两家公司为领先的第三方电子商务解决方案供应商，主要服务网上商家。阿里巴巴在大中华地区、印度、日本、韩国、欧洲和美国共设有70多个办事处。

决定企业未来的是服务

一个人想要收获成功和幸福就不能缺少服务精神，而一个企业想要成功，就不能缺少拥有服务精神的好员工。所以说，无论你从事什么工作，都不能缺少服务精神。再平凡的岗位也可以做出不平凡的贡献，只要你的人生观是正确的，那么你的工作就会有取之不尽的动力。决定一个人能否获得成功并非能力大小，而是一个人的道德品质与服务精神。

在工作中，人们需要有服务精神，要把工作当成自己的职责，做一个有利于公司，有利于顾客的人。因为只有这样，公司才能得到发展，你的能力才能得到更大的发挥。

一个企业要想顺利地发展就不能缺少服务精神。当今社会，一切的成功都必须通过人与人之间的交流来实现，如果你没有为他人服务的思想，没有助人为乐的精神，只看到自己的利益，是很难获得成功的。一个企业，如果所有的员工都只做自己分内的工作，没有服务精神，那么这样的企业也是一家没有竞争力的企业。所有的企业都喜欢寻找具有服务精神的员工，因为这类员工不仅可以把自己分内的事做好，还会把服务当成一种习惯，服务他人。他们面对困难从不找借口，而是自动自发、尽职尽责地完成自己的本职任务。一般情况下，企业领导会对那些具有服务精神的人委以重任。如果你想在公司中获得领导的重视，那么就必须成为这样的人。

在阿里巴巴的 B2C 店铺中，有很多职业客服，而通过观察不难发现，这些职业客服在接待客人时都是十分有礼貌的。当客户询问他们问题的时候，他们总会客气地说："您有什么需要，亲？""亲，您好！""亲，欢迎下次光临。""亲"的文化已经在服务行业中流行了起来，而"亲"字是"亲爱的"简称，是对客户的一种爱称，也可以拉近客户与商家之间的距离，虽然我们不知道"亲"

字是哪家商铺先流传出来的,但是这种良好的服务态度却已经成为了一种趋势在整个服务业流行了起来。

"亲"字之所以流行,就是因为它能够让客户从一开始接触的时候就保持良好的心理感受,让他们在愉快的心理状态下为对方的服务而付费,而且下次依然会光顾这里,甚至会告诉周围的朋友:"这家店的服务最好。"由此可见,无论是大企业还是小企业,亦或是街头的小商小贩,都需要致力于提供高品质的服务,而且生意越小,服务精神就越显得重要。

服务决定了一家企业的生存与发展。如果一个企业缺乏服务精神,那么它就一定会失去竞争力。企业需要不断提升自己的服务能力才能在激烈的市场竞争中存活下去。而企业的服务水平是由企业员工的服务意识和能力来体现的,如果企业每个员工都能给客户提供最优质的服务,那么这家企业肯定会打败竞争对手,拥有越来越多的客户,最终像阿里巴巴一样,成为本行业的龙头企业。

做到卓越服务的秘诀

服务的秘诀是什么?答案很简单——想要客户怎么对你,你就要如何对待客户。

美国著名思想家、学者、作家拉尔夫·沃尔多·爱默生(RalphWaldoEmerson,1803~1882年)曾在自己的文章中写道:"每一个人会因他的付出而获得相对的报酬。"这句话的意思就是,不管你付出多少,你永远都会得到与付出相对的报酬。你今天的收入是你过去努力付出的结果,如果想要获得丰厚的回报,就要增加你的贡献。

一个人想要获得事业与人生的成功是要付出努力的。生命中最大的满足感和生命中最大的喜悦都是来源于你对别人的帮助和服务,当你服务了别人或为他人提供了有价值的东西,你就会感觉到自己很快乐,你付出的越多,快乐也就越多,你得到的回报也会越多。

在一个寒冷的冬天,邓布利多先生的汽车在郊区抛锚了,他是一家旅馆的老板,今年已经60多岁了,没有办法独立维修汽车,因此他只能等待别人的帮助。

过了一个小时,终于有一辆车从远处驶来,邓布利多先生赶忙挥手,开车的男士看到这个情况二话没说便下车帮忙。

两人一起忙活了十几分钟,车终于修好了。邓布利多先生问那位男士要多少钱,而那位男士回答说:"我这么做是为了助人为乐,并不是为了要钱。"但是邓布利多先生却执意要付一些钱给这位男士,这位男士谢绝了他的好意,并说:"我十分感谢您的慷慨,但是我想还有更多的人比我需要这笔钱,您不妨把这些钱送给比我更需要的那些人。"说完,他们便各自上路了。

随后,邓布利多先生来到了一家小酒馆,一位怀有身孕的女服务员为他送上了一杯朗姆酒,并对他说:"您好先生,欢迎光临本店,为什么您这么晚还没有回家呢?"于是邓布利多先生便对这位女服务员说出了自己刚才的经历。女服务员听完后十分感慨地说:"这样的人现在还真是难得,你真幸运,可以碰到这样一位品德高尚的男士。"邓布利多也感叹着说:"没错,我真的很幸运。"随后,邓布利多问这位服务员为什么怀有身孕还工作到这么晚。女服务员说因为自己的第二个孩子就要出生,所以她要多做一些工作,以便以后给孩子买奶粉。邓布利多先生听完悄悄地给这位女服务员留下了200美元的小费。女服务员发现之后十分惊讶,当她想追上去还给邓布利多先生的时候,他却已经不见了踪影。而邓布利多先生在他刚才饮酒的桌子上留下了这样一句话:"您比我更需要它。"

服务员在回家之后把这件事告诉了自己的丈夫,他的丈夫听完大为诧异,世界上竟然会有这么巧的事。原来,这位女服务员的丈夫就是那位好心的修车人。

这个小故事告诉了我们这样一个道理：种瓜得瓜，种豆得豆。你在为别人付出的同时也为自己的将来埋下了一颗收获的种子。你所做的一切会在将来的某一天，某一个地点，以某种形态回报给你。

这也证明了一个道理：在这个世界上，你要想得到爱，就必须要付出爱；想要收获快乐，就必须先奉献出快乐；想要获得服务，就必须先为他人服务。你的努力终究会有回报，只问耕耘不问收获的人，没有什么是做不成的，也没有什么地方是到不了的！

服务可以创造多少价值

有一位腿脚不方便的老大爷拄着拐杖走进了甲超市，他想要买一条毛巾，当他询问导购人员毛巾在哪摆放时，导购人员告诉他，毛巾在超市的最里面，他一瘸一拐地走了几步便停了下来，转身离开了这家超市。

这位老大爷来到了与甲超市相邻的乙超市。当他对导购人员询问同样的问题时，乙超市的导购员微笑着说："我们的毛巾放在超市日用品区，离这里有些远，您腿脚不方便，我去帮您拿几个过来让您挑选吧，我们的毛巾种类有很多，价位也不同，有 10 元的也有 5 元的还有 15 元、20 元的……您看您需要什么价位的？"

几天之后，乙超市收到了一封感谢信：

尊敬的乙超市领导：

我写信是要感谢贵超市的一位导购员，她的员工编号是 5721。她在我腿脚不方便的情况下为我提供了细致的服务，虽然这只是一件很小的事情，但是贵超市细致周到的服务让我十分感动，所以我特地写了这封感谢信，贵超市无论从服务质量还是从服务态度上来说都是我见过最好的，希望贵超市以后可以保持下去,让我们消费者感到舒心和放心。

最后,我希望这封感谢信可以放在那位导购员的员工档案中。

2012 年 4 月 1 日

感谢人:一名普通的老年消费者

到了年底,5721 号导购员被评为超市优秀员工,她在嘉奖会上充满感情地说:"其实我并不认为我如何优秀,我不过是为客户提供了我应尽的服务,那位老大爷腿脚不方便,所以我就有义务去帮助他,这虽然不是公司规定的职责,但却是我必须要做的……"她说完,台下掌声雷动,气氛十分热烈。而就在这一年,乙超市的销售额位居当地同行业之首。

服务是有价值的,它不仅可以为客户创造价值,同样也能为企业和员工创造价值。

对于客户而言,服务的价值就在于获得安全感和信任感。

服务人员的微笑与体贴是让客户满意购物的前提,如果客户走到哪里都是笑脸相迎,那么他的这次购物经历肯定是非常愉快的,因为他会感觉自己受到了尊重,获得了满足感。

服务人员的微笑和体贴服务不仅能使客户快捷地找到自己满意的产品,还能让客户心情舒畅感觉到自己被尊重,从而使客户对企业和企业的产品产生安全感和信任感。

客户在购买商品的时候往往会被种类繁多的商品搞得无所适从,不知道选择哪一种。此时服务人员就应该用优质的服务来帮客户节约时间,获得方便。如果服务人员能够为客户提供更为细致的服务与个性化服务,就会让客户产生无比的亲近感与认同感。

对于企业而言,优质的服务就是支撑企业获得利润的源泉。

在过去,很多企业认为,利润是由市场份额的占有率决定的。其实事实并非如此,营销专家们经过深入的研究调查之后发现,市场份额与企业的盈利性并没有直接的关系,而客户的忠诚度却与利润密切相关。营销专家们还发现:如果一家公司能够拥有 5% 的回头客,那么这家公司的收入就会翻一番,而拉拢回头客的最好办法就是优质的服务。由此可见,优质的服务能够带来重复购买。

一位回头客对你的价值是多少?用以下的公式就可以计算出来:

一位客户可以给你带来的年平均销售额×该客户在你公司可能消费的年数=一位回头客的价值

假设,一位客户一年在你的企业能够消费 3000 元,而他可能在你这里消费的时间为 10 年,那么,他能给你带来的价值便是 3 万元。而且这尚未包括客户帮你做的宣传以及推荐给自己的亲朋好友的价值。1 位客户可以带来 3 万元的价值,10 位呢?100 位呢?由此可见,用服务拉拢回头客对企业的发展是多么重要。

除此之外,有一项研究报告表明,在服务工作中存在着以下数字规律:

开发一位新客户的成本是维持一位老客户所需要成本的 5~6 倍,而失去一位老客户的损失需要争取 10 位新客户才能弥补。

拉拢一位新客户可能需要 1 万元,而损失一位老客户或许只需要 1 分钟。

服务受到客户好评的公司,每年的年均业绩增长率高达 15%,市场占有率增长 8%。

服务态度恶劣的公司,年均业绩增长率只有不到 1%,而市场占有率还会下降 2%。

一位忠诚的客户所购买商品的总额平均为一位新客户一次性购买商品总额的 10 倍。

这些数字的确使人震惊。优质的服务可以拉拢回头客,而企业 80% 的利润都是由回头客所创造。

除此之外,优质的服务还能带来口碑相传,这是比任何广告都有竞争力的宣传。满意的客户口中一个表扬就胜过 1000 个充满煽动性的话语。

营销专家们在市场研究时发现：消费者在购买一件商品或者服务的时候，他们为了降低风险，必然会去搜集一些相关的信息。通常，客户会更多地相信那些口碑相传所带来的信息，因为这种口碑必然是从满意中诞生的。

还有这么一个数据：

一个购物过程愉快满意的客户对于一家企业意味着——他会将自己的经历告诉 1~15 个人、会带来 25~100 位新顾客、会更多而且长期的从该公司中购买产品和服务并且会购买该公司推荐的其他产品、给公司提供一些有帮助的建议。

看，这就是一次满意的服务能够带来的好处，现在，你是否知道应该怎么去对待客户了？

奇虎 360
——"我们要做的就是拼命讨好用户"

奇虎公司创立于 2005 年 9 月，雅虎中国前副总裁齐向东创立奇虎，将其初期定位为搜索引擎技术提供商，主营业务为帮助各大社区、论坛增加搜索功能。

成立不到 200 天即获得了国内外顶级风险投资商红杉资本、鼎晖、IDG、Matrix、天使投资人周鸿祎联合投资的 2000 万美元，同年 11 月份，再次获得了美国高原资本、红点投资、红杉资本、Matrix、IDG 的联合投资。而在多项调查和评比中，奇虎也被评为最具投资价值企业、最具创新性企业以及最具成长性企业。

奇虎致力于通过对技术的创新和应用，加强人们对信息获取的便利性，满足人们对分享智慧和交流的需求。

奇虎创新的 PeopleRank 搜索技术和算法，能够有效地抓取和识别在论坛和博客等多种由网民创造的极具价值的内容，并按照利于网民阅读的方式予以呈现。

作为互联网行业的一员，奇虎非常关注互联网行业的健康发展，2006 年 7 月，奇虎推出了专业查杀恶意软件的"360 安全卫士"，可查杀恶意软件近千种，各类流行木马上万个，已经成为了国内恶意软件查杀效果最好，功能最强大，用户数量最多的安全辅助类软件。

提供多少服务就能获得多少报酬

提起奇虎，可能有的人并不熟悉，但是如果提起早年的 3721 中文搜索引擎和现在的 360 安全卫士，中国的网民可谓是无人不知。3721 曾是中文关键词搜索的创建者和市场领先者，它的网络实名制的服务曾经覆盖了中国 95% 以上的互联网用户，每天的使用量都超过了 5000 万人次。同时，3721 当时还占有中国企业客户中文关键词搜索市场 80% 的市场份额，是中文关键词服务标准的创造者。

而在奇虎公司内部，也十分重视员工的服务心态。在奇虎公司的办公区中有这么一条奇怪的标语——你的薪酬或许暂时配不上你的产出，但是未来肯定会大于你投入。

服务质量决定生活的质量。无论你薪水高低，只要在工作中尽心尽力地为客户和公司服务，那么你的内心就会感到安宁和舒适，二者往往也是事业成功者与失败者之间最大的区别。

很多刚刚进入社会的年轻人总对自己有着很大的自信，认为自己一参加工作就要被重用，应该获得很高的薪酬。他们最喜欢在薪酬福利上互相攀比，似乎薪酬成为了他们判断一切的标准。但事实上，刚刚踏入社会的年轻人缺乏工作经验，是无法委以重任的，这样一来，薪酬自然也不会特别高，于是他们难免会有很多抱怨和不满。在他们看来，我为公司工作，公司给我薪酬，等价交换而已。他们往往看不到薪酬以外的东西，他们甚至对服务一无所知，那些在校园中编制的梦想被"枯燥"的工作所击碎，他们充满了失望，丧失了热情，在工作时总是以一种随便应付的态度，能逃避就逃避，能偷懒就偷懒，敷衍了事，不要说去主动服务他人，他们连自己的本职工作都很难顺利地完成。他们只想获得每月的薪水，从来没有想过自己的前途，没有想过自己的未来。

刚刚步入社会的年轻人一定不要有这种"当一天和尚撞一天钟"、"能混一天是一天"的想法。对于薪酬的问题，不能简单地理解为："我拿 1000 元的薪水就只做 1000 元的工作。"如果反过来思考一下，如果你做了 1000 元的事情，是不是就只能拿到 1000 元的薪水呢？因为你的上级找不到给你加薪的理由，如果你拿着 1000 元的薪水做出了 1 万元的产出，那么你的上级为你加薪自然是十分合理的。付出多少就得到多少，这是一个永恒不变的真理。

但是，人们往往存在这样一种劣根性，那就是见到具体回报之后才愿意去付出。如果有一个人总是这么想，那么他肯定经常得到的很少，甚至一丝利益也不会得到。因为只有明白了先付出才能收获的道理，乐于付出、勇于付出，为周围人提供良好服务的人才能收获自己满意的回报。

缺乏服务意识的人，无论从事哪个行业的工作都不可能获得成功。因为他们仅仅把工作当成了赚钱谋生的工作，这种想法本身就是错误的。

无论如何，你不得不承认，大多数企业家都希望招揽那些具有服务意识并且头脑清醒的员工。他们会根据每个人的努力程度以及工作业绩来为员工加薪、升职。而那些在工作中能够尽心尽力地为他人服务,坚持不懈提高自己工作品质的人终究会有晋升的那一天,到那时,他们的薪酬自然也会水涨船高。

服务是产品的第二形态

当今社会,你的产品就代表着你的服务。随着科技的不断进步,网络社会已经到来。市场竞争愈发激烈,唯一能把企业和对手区分开来的不再是技术,也不再是产品,而且企业与客户的关系,是客户服务。

现在很多企业都强调以市场为导向,但是事实上他们往往是以产品为导向的。在客户服务方面,很多企业都陷入了内部前台业务与后台支持业务分开进行,各个环节难以达成合作的状态。对待客户,他们的服务仅仅是停留在口头上,因为他们看中的是产品。

然而有这么一句话是形容服务与产品之间的关系的:产品是企业服务的载体,服务是企业的全部。当前社会,产品的利润越来越少,然而竞争却越来越激烈。同样一件商品,一般会有几家、几十家甚至上百家、上千家的企业生产。如何在激烈的市场竞争中站稳脚跟,保持一定的市场份额是所有企业都要研究的重要课题。

然而,想要提高企业产品的市场占有率,除了不断提高产品的质量,还要更好的对客户进行服务。服务的好坏与否会直接影响你的利益,除非你的产品是独一无二的,其他厂家无法生产的,否则你的产品只能留着自己用了。

当前世界经济已经进入了微利润时代,在利润微薄的市场环境下,服务已经不再是拉拢客户关系的应对措施,而是企业面对市场竞争所必须具备的一把武器。企业所提供的服务可以把产品价值体现得淋漓尽致,可以使客户更直观、全面地了解到产品所带来的价值，进而购买你的产品并且忠于你的品牌。在这一过程中，服务体现在销售的各个环节，并非是单独存在的。因此，企业应该把服务作为企业发展所必须具备的组成部分，作为提高产品附加值的重要手段。

深圳市华际电子系统公司成立于1993年，是一家从事报警安防产品、门禁系统的销售、工程和服务的专业性公司。该公司认为，客户的成功是企业的生存根本，如今企业之间的核心竞争已上升为对客户服务的竞争。每家公司的产品都有自己的定位，其相应的服务营销策略也会有很大的不同。华际没有跟风，而是另辟蹊径，走出了一条适合华际自己的服务营销战略。华际公司定期派专人收集市场上的信息，实施员工统一填表的方式进行信息反馈，然后由市场部根据市场需求制定出一套完善的服务营销战略。市场实践表明，服务是华际的生存根本。正因为有系统的服务营销战略做指引，华际一直沿着自己的方向平稳、健康的发展。追求卓越，不断为合作伙伴创造价值，如今已经成为华际不朽的服务宗旨！

华际的企业文化理念就是一句话："我们的产品就是服务。"作为一个产品代理商，华际公司本身并没有任何硬件实体产品，而要让公司具有长期的生命力，一定要让自己具有一些内在的、别人不容易模仿的东西。华际公司作为一个有一定规模的民营企业，公司有两个事业部，一个是安防产品的销售，另一个是IBM大型电脑的保修、维护，两个事业部都不生产任何产品，都是进行品牌产品的销售，都能在相关行业取得一定程度的成功，企业文化理念在其中就起了很重要的作用。"我们的产品就是服务"，它明确统一了全公司从管理层到销售队伍、技术服务队伍、办公行政队伍的思想，逐渐培养出一批带有华际特色的员工，让客户感觉到一致的服务，也为公司和员工将来的发展奠定了一定的基础。

现代企业最讲究的就是企业文化，提倡优质服务，而服务已经不单单是一个部门或者是一部分人的问题,它关系到整个企业形象和各部门协调的关系。一个企业的客户服务中心能够处理的一些问题,但是想要完善的解决问题以及更有远见的做好相关工作,并且避免类似问题的出现就需要企业内其他相关部门的大力支持。毕竟,在企业内部任何一个部门的工作都是在为其他部门服务,同时也需要其他部门的服务,因此,提升企业的服务形象要从每个部门、每个员工的服务素质做起,在企业内部形成一种为他人服务的气氛,形成一种以服务为核心理念的企业文化,最终实现提升企业服务形象的目标。而想要做到这几点,就要从以下几个方面入手:

1.内部服务

内部服务指的就是企业内部部门与部门之间、在工作的上下级之间彼此工作衔接点上所发生和体现出来的服务意识、服务态度以及服务行为。实现该目标的前提是企业内部员工必须全部树立起"内部客户"的概念,只有大家都有"内部客户"这个共识,内部服务的实现才能得到保证。内部服务做的越好,企业内部的人际关系就会越和谐,员工的工作效率也就会越高,人文气氛也就越好;客户只要观察企业员工之间的互相交流以及工作衔接就可以感受到企业的服务魅力,这能给企业带来一种良性的潜移默化的影响,对塑造企业形象大有裨益。

2.外部服务

外部服务主要体现于企业销售人员或者服务人员在与客户接触的过程中的服务态度与质量是否优秀,而外部服务也是一家企业给客户最直观的印象,企业服务的好与不好有很大一部分都取决于企业的外部服务。

3.个体服务

古人云:"天下大事,必做于细。"服务也是如此。服务做得好不好,关键就看企业的每一位员工、每一个岗位是不是都能把工作标准中要求的每一件事都做好、做到位,哪怕是一件再小的事,只要做好了,对企业也是一种贡献。如果每位员工都可以在平凡的岗位上做出伟大的事业,那么这家企业一定会成为一家伟大的公司。当然,服务贵在坚持,同时,企业如何认识"服务"也是十分重要的。

在同一行业,商品质量相同的前提下,如果一个企业可以把以上三点做好,那么在差异化战略的指导下,企业就可以创造出更多、更好的服务项目,在竞争中确立自己独特的核心竞争力。

服务文化无处不在

当前社会已经进入了"人人都是服务员,行行都是服务业、环环都是服务链"的服务经济时代,同时也迎来了文化制胜、观念制胜的时代,而服务文化的建设自然也成为了人们关注的新热点。

构建高品位的服务文化,提升企业的服务品质以及消费者的生活品质已经成为了各行各业义不容辞的战略任务。因此弄清楚服务文化的内涵与特征对提高企业与员工的服务素质以及服务文化自觉性有着很重要的意义。以下是人们对服务文化的几个常见疑问:

1.什么是服务文化

所谓的服务文化,就是企业在长期对客户服务的过程中形成的一种服务理念和职业观念等服务价值取向所组成的一个理念。详细的说,服务文化就是以服务价值观为核心,以创造客户满意,赢得客户忠诚提升企业竞争力为目标的一种文化。服务文化是一种体系,是以价值观为核心,以企业精神为灵魂,以企业道德为准则,以服务机制为保证,以企业服务形象为重点,以服务创新为动力的系统文化。

2.服务文化的作用是什么

从最基本的方面来说,服务文化实际上就是对服务的一种开发和认知。

服务文化是一种看不见摸不着，但是确实可以感受到的文化氛围；服务文化可以磨合组织内部关系，让公司内部变得更加和谐；服务文化是一种心灵契约，是一种无形但是却有着巨大能量的"督查使"，它可以辐射到制度以及计算机所涉及不到的地方，规范人们的行为；服务文化是推动服务升级，创造客户忠诚的助跑器，他可以推动服务革命和服务的转型，促进传统服务向现代服务的延伸和跨越，建立为客户服务的高效畅通的绿色通道。

3.服务文化在哪里

　　服务是一种人与人之间相互影响的行为。服务的提供者和接受者是各种各样具有独立思想和情感的个体或者群体。因此服务的过程也是一种心理沟通过程，是一种文化的交流与折射。文化支撑服务，服务本身就蕴藏着文化。不同文化底蕴的企业和员工所提供的服务也是完全不同的。服务和文化天生就有着密不可分的关系，有服务就有文化，任何服务的背后反映的都是一种文化，服务的竞争也是文化的竞争，人们一天也离不开服务，当你坐上地铁时你就是在享受服务，当你看到干净的街道时，也是在享受服务。人们每天都在创造、传播和感悟着服务文化，服务文化就在你身边，就在你的身上，你就是服务文化的一名创造者和享受者。

4.服务文化与服务管理是什么关系

　　企业要想在竞争中有快速发展，就必须学会将有限的资源最大化利用，这就需要依赖员工的一起努力，而构建服务文化则是提升员工凝聚力的最有效手段。一些企业喜欢采用制定规章制度以及运用奖惩措施来完成对员工的指挥，要求员工去做或者不做某些事情。虽然这些方法是可行的，必不可少的，但是其能发挥的作用也是有限的。而之所以说制度和奖惩管理所发挥的作用有限，有以下几点原因：

　　首先，当组织人数增加到超过管理者所能掌控的人数时，管理者就会变得手忙脚乱，无法应对曾不出穷的各种情况。

其次，当员工的工作时间和工作范围超出制度和管理者所能控制的范围之内时，就会出现管理混乱。

再次，知识工作者或者服务的提供者的工作形态具有很大的隐讳性，人们无法直接从外表上看出工作完成的情况；例如你不知道一位计算机工程师到底是在发呆还是在思考程序，一位服务员到底是在热情工作还是在应付。

最后，由于服务工作是具有无形性、随机性、突变性以及不可恢复性的，所以往往需要员工可以随机应变、临机处置，而此时制度就发挥不了太大的作用了。

要想彻底的解决这些问题，就要善于利用服务文化这个工具。当企业管理层对企业的使命、目标以及经营信条等做出了解释和定义之后，员工们就会通过行动来诠释企业的理念，并且一步步的深化它们，让它们成为一种信仰，一种无需管理也可以自觉强调的工作文化，而这样一来，企业的服务质量就会更上一层楼了。

随着买方市场和知识经济的到来，面对激烈的市场竞争，服务与文化成为了人们决胜的利剑，而能否充分发挥两者的作用，让两者产生爆炸式的化学反应，打造出具有超高适应性以及卓越创新性的服务文化，以文化提升服务，以服务提升管理，用无形资产盘活有形资产，让服务变成竞争力，成为了人们在新时代的全新选择。

客户喜欢"增值"服务

很多企业总是会提到产品的增值服务，那么所谓的增值服务到底是什么呢？

1.增值服务的官方定义

增值服务（Value-added logistics service）暂时没有统一的定义，但其核心内容是指根据客户需要,为客户提供的超出常规服务范围的服务,或者采用超出常规的服务方法提供的服务。1994我国物流协会对增值物流的定义为"在完成物流基本功能基础上,根据客户需求提供的各种延伸业务活动"。

2.为什么要提供增值服务

在当前市场,要想使你的产品占领市场,通常有两个办法。

(1)你的产品很独特,功能比别人多,价格比别人便宜。

(2)你的产品和其他厂家的一样,但是你的生产成本低。然而,现在市场上有很多商品都是类似的,你的产品在功能上并不一定比他人的产品有优势。这样一来,你想要取得竞争的胜利就只能采用低价处理的战略,但是低价处理往往会引发价格战。而在价格战中,只有那些资金实力雄厚的企业才能最后生存下去,其他的都会被淘汰。而最终,除了消费者之外,谁也不是赢家,那么,你该如何使自己的产品在跟别人没有太大区别的情况下避免价格战呢?此时就要用到产品的增值服务了。

奇虎360就是一家致力于为客户提供增值服务的企业。现如今,中国的互联网公司数不胜数,但奇虎却能成为仅有的几家大型网络公司,究其原因,就是因为奇虎公司为客户提供了优质的增值服务。

在Web2.0时代,网站的发展已经逐渐向社区化发展。用户在社区中需要找到自己感兴趣的信息,其中既要有完美的信息储备还要有明确的细分定位。这样一来,就需要有一个能够对社区内容进行搜索的引擎。奇虎以此为切入点,利用工具条插件进驻了几千个大型SNS社区。靠着"社区+搜索"的模式,奇虎很快就拥有了一大批稳定忠实的用户群体,而且还形成了一种独特的网络社区聚合文化,用搜索来的社区信息做一个不断更新的门户网站。奇虎总裁齐向东对此很谦虚地说:"这只是我的一个'搜注意'"。

2006年4月,奇虎正式推出了名为"蜘蛛计划"的社区联盟方案,意在通过为各大网络社区提供搜索服务并且以销售关键字广告的方式进行分成获利。用户在参与了蜘蛛计划之后不仅可以提高自己网站的流量,还能够共享联盟成员之间共享的 API(搜索代码),因此这项计划一经推出就吸引了很多 SNS 网站的加入。

奇虎既然做的是 SNS 搜索业务那么它肯定也不会放弃 SNS。2006 年 6 月,人们发现 MSN 中国站的首页已经推出了"奇虎社区"频道,网民可以通过 msn.qihoo.com 这一域名来访问。至此,奇虎网正式取代猫扑网成为了 MSN 新社区内容合作的伙伴。

除了在搜索领域和门户网站上大展拳脚之外,奇虎还开始涉足安全领域:随着互联网的逐渐普及,一些不法的个人和机构开始通过木马病毒来盗取网民们的游戏账号、游戏账号等个人隐私信息来牟取暴利,严重危害了互联网的健康发展。因此,奇虎公司于 2006 年 7 月 17 日推出了 360 安全卫士,以查杀木马、防止盗号、完全免费的特点受到了全国网民欢迎,截至 2011 年 9 月,360 安全卫士用户已达 3.78 亿,占全国网民的 88.5%。

这就是增值服务的力量,如果奇虎无法为客户提供新型的增至服务,那么它也不会受到客户的青睐。由此你不看难处,增值服务对一家企业的重要性以及不可或缺性。

3.增值服务为企业带来的优势

(1)避免价格战,这对民营中小企业十分有利。

(2)客户会感觉到自己购买的东西物超所值,会感到非常高兴,同时也会为企业进行免费宣传。

(3)在没有降低利润的情况下额外通过增值服务获得额外的利润。

4.如何提供增值服务

(1)站在客户的立场上为客户提供咨询服务。

(2)为客户提供它所需要的信息和服务。

(3)注重对客户的感情投资,比如逢年过节邮递卡片,赠送小礼品,等等。

（4）主动向客户寻求信息反馈并且提供所需要的服务。

（5）扎实地为客户做一些延伸服务，让客户不由自主地感受到你为他提供"服务"的超值。

（6）在业务和道德允许范围内，不妨为客户提供一些办理私人业务的方便。

比如你在一家房地产公司工作，在同样档次的楼盘中一套你出售的房子均价是100万元，你可以给客户5万元的优惠，还可以给客户赠送一些装修或者家电之类的物品。而你提供额外服务的成本或许只是两万元，这样一来，你可以不通过降价就成交产品。

 ## 奇瑞汽车
——服务无边满意有度，诚信为本终生朋友

奇瑞汽车股份有限公司于1997年1月8日注册成立，现注册资本为38.8亿元。公司于1997年3月18日动工建设，1999年12月18日，第一辆奇瑞轿车下线；以2010年3月26日第200万辆汽车下线为标志，奇瑞进入打造国际名牌的新时期。目前，奇瑞公司已具备年产90万辆整车、90万台发动机、40万套手动变速箱及5万套自动变速箱的生产能力。奇瑞公司同样是一家重视为客户提供服务、为合作伙伴提供服务、为自身提供服务，并致力于把奇瑞打造成为一家服务型企业的大型集团。

近年来，奇瑞汽车产品品质和服务质量大幅提升，受到消费者的好评，带动了品牌形象和价值的提升。2006年，"奇瑞"被认定为"中国驰名商标"，

入选"中国最有价值商标 100 强";2010 年,奇瑞公司连续第 5 次被《财富》杂志评为"最受赞赏的中国公司";2010 年,奇瑞继 2007 年后再次入围罗兰贝格公司发布的"全球最具竞争力的中国公司 TOP10";2011 年,奇瑞汽车首次跻身胡润中国品牌榜 100 强;2011 年,据 J.D.Power 亚太公司中国汽车售后服务满意度指数研究(CSI)调查结果显示,2011 年奇瑞汽车服务满意度指数大幅提升,达到 841 分,超过了部分外资品牌。

努力提升服务品质

2001 年,奇瑞轿车开始正式进入市场,奇瑞公司在创办之初就着手把售后服务打造为奇瑞与市场竞争的利器。随着服务市场的竞争不断加剧,奇瑞公司先后提出了"服务无边、满意有度、诚信为本、终生朋友"的服务宗旨,"主动、快捷、有效、满意"的执行准则和"真心、真情、真行动"的服务方针,逐步构建出"以提升用户满意度"为中心的服务理念体系,不断朝着打造一个经得起市场考验的服务品牌的方向迈进。

奇瑞公司自 2001 年就开始不断举办极具感情特色的服务活动。2002 年年初,奇瑞公司派出 10 支小分队共 100 多人奔赴全国各地为客户拜年、提供服务支持;2002 年,奇瑞为 3000 多位老客户推出了"假日真情"服务;2003 年"非典"肆虐时期奇瑞又及时推出"防'非典'爱心行动";至 2003 年底万辆 QQ 上市,奇瑞又举办"真情回报服务";2003 年上半年,提出并推广"一对一"顾问式服务模式,每家服务站为每位用户指定一名服务顾问全权受理用户的所有服务需求,旨在更好的方便用户,同时提供保养提醒、技术咨询、车辆年审代理及经常性回访等服务。在客户关系方面,奇瑞公司的服务顾问会在客户生日时主动给客户发短信和打电话祝贺,或者在客户结婚时送上礼品,以最贴心的服务打动客户的心。

2004年,奇瑞公司在多个城市实现了重点服务站24小时不间断营业,为奇瑞的客户提供全天候的服务。即奇瑞的客户无论在任何时候遇到麻烦,奇瑞公司都能随时外出救援。

2005年,奇瑞又斥资1.14亿人民币开展"震撼服务"。

奇瑞公司认为:汽车消费不是一次性消费,失败车型之所以失败,价格偏高是主要原因;而成功车型之所以成功,和价格的关系并不大。为什么会出现这种情况呢?服务是关键。

"服务在车市的竞争中将越来越重要。"奇瑞公司的一位经理说,"正是基于这个判断,奇瑞在2005年推出震撼2005,奇瑞提供了1000辆代步车供消费者使用。"

除了接连不断的服务活动,奇瑞公司还有一项在其他公司看来不可思议的举动,那就是:"无论客户购买的是QQ还是高端车,所有的奇瑞车主,无论使用年限是多少,只要报修,奇瑞的服务站就会上门将服务车借给报修车主使用,同时领回报修车,而报修车主则可以一直使用服务车,直到服务人员将修好的车送上门还给车主,并且取回服务车为止。

为了更好地听取客户的意见,奇瑞公司还推出了在汽车界史无前例的"用户恳谈会"的沟通模式。自2001年以来,奇瑞就多次在传统节日等时节通过奇瑞的服务站向客户发出邀请,让客户聚集在一起,和客户面对面接触,聆听他们对奇瑞的建议和意见,为他们提供想要的服务,打造他们喜爱的汽车。到如今,"用户恳谈会"已经成为了奇瑞一项基本的服务制度。

服务让企业获得客户的忠诚

要想使客户忠诚于你的企业,你就要不断为客户提供优质的服务。而忠诚于你的客户是最值得拥有的客户。培养一位"铁杆"客户是需要花费大量时间和精力等资源的，因此千万不要因为"服务不周"而使客户流失。

库存不足、订单处理缓慢、送货不及时、服务混乱等不良因素都有可能使你的客户流失，无论你是在国内做生意还是在全球范围内谈业务，这一点都要牢记。

为了与现在的客户保持并且加深已有关系，或者为了和新客户加深业务关系，企业除了为客户提供高"性价比"的产品之外，还必须为客户提供一流的服务。当今社会，企业围绕客户展开的竞争手段层出不穷，任何一家企业都应该更多地思考为客户提供什么样的服务才能赢得客户的忠诚。而这就需要企业具备成功的客户服务战略。但是，要想做到这一点并不容易，制定成功的客户服务战略是一件十分复杂的工作。

对于大多数企业来说，其实客户最关心的是：能够在全国甚至是全球范围内随时购买、享受到同样品质的服务。然而，除了一些基本的要求之外，不同的地区、不同目标的市场客户在产品使用和时候，对服务方面可能也有截然不同的需求。

正因如此，企业在制定客户服务战略的时候必须要考虑到客户差异性，而也只有在这种差异性的基础上企业才能制定出一个成功的客户服务战略。以下则是制定客户服务战略的几个思路：

1.以客户为核心

企业应该了解客户最为关心的东西。成功的客户服务应该成为企业战略规划的一个重要组成部分。与主要的供应厂深度合作，为客户提供各种他们需要的服务，最终使服务成为企业文化的一部分，这有助于企业销售业绩的提高，还能提高库存周转率并增加投资回报率。

为了成功地开展既定的客户服务战略，你必须要了解"二八法则"，即企业80%的业绩是由20%最重要的客户所创造的，因此对这20%大客户，企业一定要尽可能地关注他们的期望，满足他们的需求。

2.提供超值服务

为客户提供超出他们期望值的服务就是一个成功的客户服务战略。为了实施成功的客户服务战略,企业需要仔细地分析客户、客户群以及各主要目标市场,通过对上述群体的分析找到企业在产品以及服务方面的不足。而这样做的最终目的就是为了给客户提供持续超出他们期望值的服务。而以下是一些让客户感到服务"超值"的方法:

(1)让客户方便地与你交易。

(2)为公司建立网页并且开展电子商务,从而让客户可以方便地查询自己需要的讯息,并且使用网上订购、项目追踪的方便快捷的增值服务。

(3)在代理商提供准确发货资料的基础上确保产品的品质、装货的速度以及相关的服务质量。

(4)帮助客户详细地了解客户的各种规定并且与他们分享企业主要供应商方面的信息。

3.保持弹性

企业在面对客户提出的问题时应快速、恰当的作出反应。这就需要企业保持足够的弹性,能够快速灵敏地处理客户提出的问题,这是保证企业业绩持续增长的基本条件。

为了持续提升企业自身的客户服务水平,企业应该设法把自己与其他同样灵活的制造商与供应商捆绑在一起,与供应商共同制订发货计划,这能使企业充分调动自己的仓储资源来随时随地地满足客户的各种需求。

4.保持适应性

要想使企业的业绩持续增长,企业的领导者就必须要具备"以变应变"、"以变促变"、"以变求变"的战略性思维,要不断地调整自己的产品和服务来适应当地市场要求。

在当今市场上,客户会产生许多新的产品需求和服务需求。根据成功的经验,企业在引入新产品和服务的时候,必须要对当地以及当地客户的需求保持适应性,如此一来,才能培育并促进当地市场的繁荣与发展。

5.提供差异化价值

在产品同质化的今天,企业一定要注意建立自己产品和服务的差异性。要知道,价值=利益-价格。根据这个公式,但如果把"价格"作为衡量产品和服务的唯一标准,那么在产品"同质化"的市场上,客户基本上无法获得差异化价值。而如果没有体现在利益中的"差异化价值",产品和服务就会变成遍地都是的"大路货",这样一来,客户就无法衡量产品或服务的真实价值,也无法将各个商家区分开来。

为了创造差异化价值,企业应该通过合作来向客户和终端客户提供具体细致、可衡量的产品和服务。而有些常见的服务项目往往会被企业忽略,比如:高品质的产品(或服务);准时、完美的配送;超过客户期望值但是又不增加成本的产品(或服务);专业、高素质的后台支持人员;贴心细致的说明(或提示)。

6.与客户密切交往

企业应该真正接近客户,深入地了解客户的真实想法,从客户那里获得各种有用的信息。成功的企业都善于从分销伙伴那里持续了解他们当前的想法以及关于未来的看法。而平庸的企业只会用有竞争力的价格向分销伙伴供货赢得客户;成功的企业则善于通过分销伙伴来向终端客户提供可靠优质的服务,并且从分销伙伴那里获得大量的市场情报,并且据此赢得客户的信赖与忠诚,从而确保企业可以持续保持成功。

7.把握趋势

企业可以通过积极的倾听客意见来把握未来的发展趋势和方向。优秀的企业会持续关注客户的需求与期待,它们会抢在其他人之前发现客户的具体需求或者变化的趋势。

优秀的企业都很注重客户的意见与反馈,它们可以有效地改进自己的客户服务工作;优秀的企业还会注意自己的竞争对手,即随时观察自己的竞争对手在做什么,没有做什么或者有什么做的不如意的地方;成功的企业还善于从企业一线服务人员那里获得大量趋势性资料,因为一线服务人员往往会和客户密切接触并且承担着主要的服务责任,甚至可以起到促进销售的作用。

　　成功的客户服务战略是不会自动形成的,它必须通过精密的规划、彻底的执行、全程的监控、不断的调整才能变得日趋完美。为了创建成功的客户服务战略和与之相匹配高效组织体系,企业需制定并反复完善相应的管理流程,如此一来,才能为客户提供真正优质的服务。

海南航空公司

——无微不至,做好细节服务

　　海航航空控股有限公司(简称"海航航空")是海航集团旗下核心支柱产业集团,对旗下航空运输企业和航空相关企业实施产业管理。公司目前总资产超1200亿元,旗下航空公司机队规模逾230架,开通国内外航线500余条,通航城市130余个。下辖成员公司包括:大新华航空、海南航空合并四家、天津航空、祥鹏航空、西部航空、香港航空及香港快运、大新华航空技术、海南航空学校、海航航空销售、大新华百翔物流、海航汉莎技术培训等。

　　海航航空以航空运输企业群为主体拓展全球布局,以航空维修技术(MRO)、通用航空(航校)、商旅服务(销售)、地面支援、航空物流等配套产业为支持打通全产业链,通过金融投资和新兴业务带动,目标打造成为立足中国、面向全球、服务品质与企业规模均进入全球行业前列的大型国际航空集团。

海南航空股份有限公司是海南航空集团下属航空运输产业集团的龙头企业,是在中国证券市场 A 股和 B 股同时上市的航空公司。对海南航空集团所辖的中国新华航空有限责任公司、长安航空有限责任公司、山西航空有限责任公司实施行业管理。1998 年 8 月,中国民用航空总局正式批准海航入股海口美兰机场,成为首家拥有中国机场股权的航空公司。

海南航空公司于 2010 年被评为中国内地首家五星级航空公司,此评选由 SKYTRAX 评出。

服务为海航带来新发展

一直以来,服务人员自然真诚的微笑是海南航空的标志性特色之一。在国内航空业竞争激烈的环境下,海南航空以服务营销为核心竞争力,致力于打造空地服务一体化、一条龙,空中服务从地面开始,地面服务从值机柜台开始,打造海航空地无缝隙服务,并以追求至诚、至善、至精、至美的服务为公司服务理念,从而抓住了商机,不断增强自己的市场影响力。

海航进入中国航空业的时间较晚,而这也让海航人懂得了服务对于企业的重要性,海航人深刻的认识到,只有在保证飞行安全的同时还能为旅客提供一流的服务才能在市场竞争中立于不败之地。为此,海航打出了"一路春风、微笑服务;一路清洁、高雅服务;一路关怀、全程服务"的口号,并不断用服务的力量来打动消费者。根据数据显示,海航旅客的二次消费率高达93%,旅客满意率从 1998 年的 93.8%一跃升至 2002 年的 99.5%。

从只有一架波音飞机一条航线到现在拥有一百余架飞机,数十条航线,海航在不断壮大的道路上走得十分稳健。

据统计数据显示,海航旅客的回头率据全国第一,并且连续 5 年获得了

"旅客话民航"活动的第一名。在 2005 年还荣获了全国用户满意杰出管理者、全国用户满意服务明星、全国用户满意服务明星班组三大奖项。那么,海航究竟是如何做到如此优秀的?以下是海航官方网站中的一篇报道,从中或许我们可以找到原因:

以国际一流运营标准保障安全正点

安全是民航事业永恒的主题,是航空运输企业的生命线。

安全、准时地将旅客送往目的地,这是航空公司给旅客以高度信任的根本保证。

在运力快速增加的情况下,海航开航运营以来始终保持了良好的安全纪录,多次创下事故征候万时率为零的优秀安全业绩:2000 年、2001 年、2003 年 3 次夺取安全生产"金鹰杯";海航的正点率高居民航前列。服务质量在业界和旅客中创造了良好口碑,安全、正点、服务、效益都创造出中国民航精彩的故事。

为了强化安全管理,海航把目光投向国际一流公司运营标准,引入先进的管理制度和理念,在安全制度建设方面与国际接轨,是中国第一批通过CAAC121 部运行合格审定的 4 家航空公司之一,是中国第一家全面通过ISO9000 质量体系认证的航空公司。

海航有一个观点,正常率和服务工作不单纯是通过成立一个航班正常率小组就可以解决的,而是要通过系统和管理流程的完善来解决存在的问题。

海航从起步伊始就建立了科学的安全生产模式和缜密的安全制度。通过引进国外技术和学习先进经验,海航集团 2004 年以来安全生产技术取得了巨大突破。在飞行中运用了 QAR 运行监控技术,该技术使飞机飞行的全过程都在可监控状态。

近年来,海航集团通过实行飞行预先准备网络化、引进通讯调度系统、电传系统以及推行航线资料包保障,在 20 条长航线上推行实时签派放行等措施,实现信息共享,提高了运行控制通讯通信能力,极大地保障了飞行安全。

比起其他交通工具,快捷是航空的优势,因而,旅客对航空公司的正点有着相对的高要求。海航历来重视航班的正常率问题,把航班正常率当作企业一项重要的长期工作来抓。从明确航班计划优化程序、规范外站业务管理、加大各类航班延误事件处理等多方面,加强对航班正常率的管理。

2000 年、2001 年、2002 年,海航连续 3 年蝉联全民航航班正常率第一名。

在 2003 年民航总局组织的"始发航班正常百日竞赛活动"中,海航以上下半年冠军的身份,稳居年度冠军。

海航有一个观点,正常率和服务工作不单纯是通过成立一个航班正常率小组就可以解决的,而是最终要通过系统和管理流程的完善来解决存在的问题。海航下一步要做的是严格落实各项流程、手册和规章制度,完善公司涉及到的正常和服务的流程,使管理工作法制化、规范化、系统化。海航的目标是取消正常率工作小组,目的就是要将正常率的工作都融化到各个工作环节中去,用手册和规则把处理办法进行固化,在正常率当中发现的问题,要用修改手册和流程的办法解决。

以人为本营造空地无缝隙服务

在国内航空业竞争激烈的态势中,海航大打服务营销牌。其空地服务定位于实现空地服务一体化、一条龙,空中服务从地面开始,地面服务从值机柜台开始,打造海航空地无缝隙服务品牌。对此海航董事长陈峰一语中的:追求至诚、至善、至精、至美的服务,从而使海航抓住商机,不断赢得旅客。

作为我国航空业的后起之秀,海航人懂得了只有在保证飞行安全的同时为旅客提供一流的服务,才能在市场竞争中立于不败之地。"一路春风、微笑服务;一路清洁、高雅服务;一路关怀、全程服务",海航用服务的力量打动着消费者。

海航在激烈的市场竞争中，用空地无缝隙立体式服务塑造着独特的品牌竞争力。统计数据显示，海航旅客回头率高达93%，旅客满意率从1998年的93.8%，跃升至2002年的99.5%。

2004年，海航先后推出了品牌活动以及服务承诺，全面开展服务品牌的建设。

2004年5月，海航推出了电子订票系统，旅客从订票到退改签都可以在网上完成，这不仅节省了旅客的时间，还节省了航空公司的成本。而且在电子机票推出的前期，旅客购买电子机票可以比购买实体机票便宜5%，给予了客户实实在在的优惠。

2004年7月，海南航空针对散客、学生、教师等出行条件比较宽松的群体推出了"旅行管家"不定期机票，这种不定期机票分为2折机票和3折机票两种，乘客的出行时间需要交给海航来提前安排，或者旅客根据海航的座位情况来进行选择，一旦有了座位，海航就会通知旅客出行。

2004年8月，海航与万事达卡国际组织中国工商银行联手发布国内首张符合国际标准的MASTERCARD品牌航空联名信用卡：牡丹海航信用卡。该卡片一卡双币、全球通用，不仅拥有普通牡丹国际信用卡的所有功能，还可享受海航常旅客计划的各种奖励与优质服务，并且参加MASTERCARD国际组织推出的各种境内、外促销活动。

以独具特色的企业文化丰富品牌内涵

2000年8月，海航集团对海口美兰机场进行了现代企业制度改造。随后的一年时间里，海航连续重组了长安航空、新华航空、山西航空3家航空运输企业，为民航业重组改制做出了积极的探索。海航的兼并重组，往往立竿见影。这其中除了西方上百年锤炼而成的现代企业制度的效力外，还有一方"中药"，那就是与西方现代科学对接的企业文化建设。

重组后，在海航股份强势发展的同时，新华航空不负众望，安全效益改制喜结硕果；长安航空脱胎换骨，成为国企改革典范；山西航空快速增长，已经取得初步成果；美兰机场持续盈利，"园林机场"品牌名扬海内，成为全国首家全面通过民航质量认证中心 ISO9001 质量认证的机场，荣获"全国用户满意机场"称号；酒店业发展快速，酒店集团入选中国酒店集团 4 强和世界酒店集团 300 强，分布在北京、上海、深圳、杭州、海南等地的 14 家酒店已全面运营，旗下 4 家高星级酒店全部加入中国饭店金钥匙组织。重组长安、新华、山西航空和美兰机场，在短时间内企业面貌发生重大变化，主要靠转换经营机制，对接企业文化，输出管理模式和诚信经营理念，而非又换班子又换人。

海航不断丰富、发展、充实和完善企业文化，进一步面向世界、兼收并蓄，形成具有鲜明海航特色的更加开放、更加丰富、更加完善的国际企业文化，以文化力量推动企业腾飞。

集团最终的目标是打造世界级的品牌。用实业报国，用实业来为中华民族作贡献。在创造国内知名品牌的基础上，第二阶段的目标是 4 年内打造亚洲品牌；第三步目标是再用两年时间创造国际品牌。海航集团致力通过为中国创造一个一流的世界品牌，来实现东方民族航空大国的梦想。

细节、安全服务两手抓

"服务就是形象、服务就是生命、服务就是效益"，海航公司总经理胡志群这样诠释自己对服务的理解。自创办以来，服务竞争力就成为了海航竞争力中最核心的部分，海航人创建了空中图书馆、蓝天爱心、聋哑旅客手语等空中特色细节服务，受到了乘客的高度好评。为了不断地追求卓越，海航还在全公司推广质量管理体系认证，以海南省为基点，在全国建立起了诚信、可靠的企业形象。在服务过程中，海航坚持细节为主，而从海航的几个小故事中,人们也可以看出海航对细节服务的重视。

酒水结情缘

有一次,海航全国青年文明号"含笑"乘务组现任乘务长汤裴执行香港——北京航班任务。在飞机平稳之后,汤裴为机上的旅客送上了第一份饮品,第五排的一位外籍旅客以及第六排的一位香港旅客同时点了白葡萄酒,当汤裴给客人续杯的时候,两人又要了一样的酒水,当第三次的时候,汤裴笑着用英语对他们说:"真巧,两位都喝一样的酒水,是否可以成为朋友庆祝一下?"这两位旅客听完都非常高兴,马上举杯相碰,一饮而尽。后来,这两位旅客越聊越投机,汤裴还给他们二人调换了座位,让他们更方便讲话,就这样,两人从陌生人变成了朋友。外籍客人对汤裴说:"我坐过很多次飞机,没有一次像今天这么开心,我感觉到了你们海南航空的友善和亲切,我以后还要继续乘坐你们海航的飞机。"通过这件事,汤裴认识到,其实只要细心地服务,旅客就会十分满意。

一句询问受赞扬

在细节服务方面,最基本的要求就是细致入微,让客户窥一斑而知全豹。而海航一位乘务长因为一句询问受到表扬的故事就很好地诠释了这个道理。事情的过程很简单:在旅客用早餐的时候,海航的乘务长龙煜瑛看到一位女士在用餐的时候有些犹豫,于是她便主动询问那位女士早餐的味道如何,是否喜欢。谁知就是这简单的一句话却让这位女士十分感动,她说,她有过很多乘机经历,从来没有人问过她对餐食的感觉,今天这位空姐征求她对早餐的意见让她感觉到了被尊重,她感觉很好,而且早餐的味道也不错,就是油有些多,可以少放一些油,或者分清淡和浓香两种口味供旅客选择。只因为一句简单的询问,就受到了客人的赞扬,这让龙煜瑛认识到,做服务的最高境界就是只讲付出,不问回报。无论你的服务是否能超出客人的预期,只要你做好自己的分内工作,给予客户善解人意的体贴,客户就会发自肺腑地感动。

消费者对服务的要求越来越挑剔,甚至已经到了追求细枝末节的程度,因此,企业为客户提供细致周到的服务是必不可少的。要想吸引消费者,留住消费者,就要学会做好服务的每一个细节,谁的服务做的最好,谁的服务做的最细致,谁就能在竞争中脱颖而出,创造竞争对手无法企及的市场制高点。

探寻细节服务的本质,一是创新,只要你多思考,多观察,就会有取之不尽用之不竭的服务空间。二是企业服务人员对客户真挚的关心与奉献,只有服务人员先把自己的心态摆正,才能给客户提供真正优质的细节服务。而优质的细节服务也为海航创造了良好的社会效益和经济效益,提高了海航的市场竞争力,促进了海航的发展。

除了细节方面的小服务,海航对安全服务、便捷服务等大方面的服务同样重视。这一点在海航官方网站上的一篇报道中体现得淋漓尽致:

以服务推动品牌

海航自 1993 年 5 月 2 日正式开航运营以来,连续 16 年保持持续、快速、健康的发展态势,累计安全飞行突破 200 万飞行小时,多次创下事故率为零的优秀安全业绩,连续 10 年,海南航空获得"旅客话民航"用户满意优质奖,在国际权威机构 Skytrax 的 2008 年度旅客调查中,海南航空荣膺"中国地区最佳航空公司"称号,这也是中国内地航空公司首次获此殊荣。2009 年 8 月海南航空股份有限公司作为民航业唯一入选企业,获得"CCTV60 年 60 品牌"荣誉称号,这标志着海航品牌再次获得公众认可。

海航在 16 年的发展过程中,一直关注服务提升,全力打造"便捷、温馨、超越"的服务。使海航成为旅客的首选航空公司是我们致力追求的目标,旅客的满意就是对我们服务的最好回报,在改进客户服务质量,提升旅客满意度方面,海航希望与大家共同学习,不断成长。

一、服务质量管理架构梳理，建立公司系统的质量管理体系

因民航运输的特殊性，旅客最直接的感知就是航空公司的服务质量，海航通过服务质量管理架构再造，实现系统规划、精细部署、全员参与，建设优质服务品牌作为海航赢取市场的重要砝码。一个成熟的服务链应该覆盖售前、售中、售后全过程，并形成有效的闭环管理。海航的服务质量体系原来仅有投诉处理及满意度测评两方面，在不断地摸索与发展中，加强了专业化培训队伍、危机处置体系、自我纠正功能、内部评估制度等一系列完整的服务管理体系。

二、设置公司内部投诉处理平台，构建健全的投诉处理网络

为建立客户快速反馈机制，加快客户意见的受理及反馈，同时根据海航特点于2003年自主开发海航旅客投诉处理系统，经过测试及使用反馈，目前已在此基础上完成二次升级，系统建立了完整的服务质量信息数据库，并在公司范围内形成数据共享，建立科学、及时的顾客意见跟踪制度，客观评价服务质量，快速反应及时改进服务质量问题，可实现对公司所有投诉业务实时监控、指导。已实现公司旅客投诉处理系统与公司服务信息系统对接，服务人员在接触到投诉旅客时，会第一时间知道旅客之前投诉的内容，了解旅客的特殊喜好，可在此次服务中有针对性地提供服务，并弥补之前服务的不足，此举大大提高了旅客满意度。同时为完善顾客投诉处理体系，缩短不正常事件顾客投诉处理时间，公司还组织建立服务质量顾客投诉联络人制度，形成顾客投诉处理三级督察网络，在民航内首次推广重大投诉"一小时首次联系旅客，三个工作日结案制度"，受到客户好评。

三、针对服务短板，实施专项整治

民航业内行李运输服务多交由各机场代理负责，在服务与控制方面，航空公司常处于被动的局面，而行李运输投诉又是历年来旅客投诉的焦点问题，如何减少此类旅客投诉，一直是公司关注的重点。结合此类投诉的特点，

公司深入分析,制定了《海南航空股份有限公司行李运输服务整顿方案》及《海南航空股份有限公司不正常航班费用与行李运输考核管理规定》。成立了"行李运输专项整治小组",以驻外营业部、分公司、客舱与地面服务部为单位的行李整顿小组。建立"海航行李处理快速反应通道",24小时服务电话设在 FOC 客户服务席,并向全国代理机场公布。针对行李运输差错重点航站进行专项审核,采取"建立对内、外行李整顿日、月通报制度"、"分析行李投诉诱因并制定改进方案"、"强化北京、西安、广州重点基地整治效果"、"制定月度行李专项检查方案"等方式。通过整治,行李差错率下降50%以上,取得了一定的成效。

四、完善满意度测评机制,建立旅客满意度、公司内部服务人员满意度双轨测评体系

海航除了利用内部资源不定期对公司推出的销售政策、服务产品、品牌推广的市场风险效益评估,测试新产品上市后旅客反映,规避产品缺陷风险等测评活动以外,今年还尝试通过引入专业的咨询公司进行旅客满意度测评,进行客户意见的收集、采纳、反馈、改进,发现并弥补服务瑕疵。从第三方、旅客角度来评估旅客满意度,确定服务改进突破点。同时建立对乘务人员、地服人员、呼叫中心等一线服务人员的服务质量评估体系,从服务提供者层次,发现服务直接供给者的精神状态,将此信息提供给相关部门和人力资源部门,作为考核的依据,此举大大提高了员工服务的自觉性。

五、强化培训体系,加强案例分析,避免一线服务人员重复犯错,降低旅客投诉

据科学统计,只有4%的不满意旅客会向航空公司投诉,投诉旅客只是冰山一角,背后隐藏着更多不满意的客户。海航深知要想保持在民航服务中优质领跑者的形象和地位,更需要重视质量控制,要事先预防、事中修正、事后总结与提升。目前公司已将服务质量管理渗透到培训体系中,形成制度化、专业化的培训,将语言规范、案例与理论培训相结合。实行岗前培训,合格上岗,并开展定期的复训。同时为了便于一线操作学习,公司每年组织服务专家对公司及业内服务案例进行点评和解析,融入公司的服务标准与流程,利用多种形式提高案例的阅读性,一线员工通过案例培训提高了业务技巧与服务意识。

"至诚、至善、至精、至美"是我们的服务宗旨,"便捷、温馨、超越"是我们的品牌核心服务理念,我们自知,距离这样的目标还有很大差距,我们将不断努力、完善,在创造旅客首选航空公司的道路上继续前行。

给员工适当放权

服务精神可以让员工对企业内每一件事都具有强烈的责任感。而要完成这个目标,就依赖于员工把公司当成自己的家。要想让员工产生责任感,就必须营造出一个让员工信赖的工作环境,而这种工作环境必须要有一位尽忠职守的管理者和畅通无阻的沟通渠道。

思考一下,在你的企业中,是否充满很多不必要的繁文缛节?这些繁文缛节是否已经妨碍了企业的发展?如果答案是肯定的,你就需要进行一番整改了,要记住,企业固然需要一些制度来维持运作,但是有些规定根本就是没有必要的官腔文章,甚至是一些影响企业发展的规定。

海航曾就繁复的制度进行过一次整改。2005 年,海航管理层宣布海航的员工将要在自己的工作岗位上做一些小小的改动,其目的是让员工变得更负责、更可靠。例如,当飞机晚点时,海航的服务人员有权给旅客加送咖啡和面包,而且不需要经过上层的批准。在这之前服务人员想要给旅客加送面包和咖啡需要经过数名不同管理人员的签名流程才可以送给旅客。而在改变之后,只要服务人员认为有需要,便可以无限量供应,因为他们才是直接与旅客接触的人，只有他们才能真正了解客户是否需要额外服务。海航公司的这个决定也为其他本来该签字的管理人员减少了工作量，最重要的是，这还减轻了一线服务人员的挫折感，他们不必再因此受到客户的责难。

而后，海航又一进步授权商务舱的空乘人员有权在飞机晚点时决定是否为客户提供香槟和鱼子酱，虽然大多数中层管理人员并不认为一线的服务人员有能力做出决定，毕竟提供这些额外的食物会增加公司的支出，但是事实证明，这个决定可以抚平很多客户不悦的情绪，赢得了客户的信任和忠诚。

根据这个案例我们不难看出，其实规定是死的，人是活的。只要员工有责任心，管理者给予员工信任，对员工适当放权，那么企业的服务肯定会越做越好。

海尔集团
——服务就是满足用户需求

海尔集团是全球领先的整套家电解决方案提供商和虚实融合通路商。公司 1984 年创立于青岛。创业以来,海尔坚持以用户需求为中心的创新体系驱动企业持续健康发展,从一家资不抵债、濒临倒闭的集体小厂发展成为全球最大的家用电器制造商之一。2011 年,海尔集团全球营业额 1509 亿元,在全球 17 个国家拥有 8 万多名员工,海尔的用户遍布世界 100 多个国家和地区。

在白色家电领域,海尔是世界白色家电第一品牌。海尔集团持有多个与消费者生活息息相关的品牌。其中,按品牌统计,海尔已连续 3 年蝉联全球销量最大的家用电器品牌(数据来源:欧睿国际 Euromonitor)。在互联网时代,海尔打造开放式的自主创新体系支持品牌和市场拓展,截止 2011 年,累计申报 12318 项技术专利,或授权专利 8350 项;累计提报 77 项国际标准提案,其中 27 项已经发布实施,是中国申请专利和提报国际标准最多的家电企业。在全球白色家电领域,海尔正在成长为行业的引领者和规则的制定者。

而在服务领域,海尔一直有 4 个追求:

创新服务:海尔秉承锐意进取的海尔文化,不拘泥于现有的家电行业的产品与服务形式,在工作中不断求新求变,积极拓展业务新领域,开辟现代生活解决方案的新思路、新技术、新产品、新服务,引领现代生活方式的新潮流,以创新独到的方式全面优化生活和环境质量。

可持续发展服务：海尔将秉持一贯的社会责任意识，在创意、制造、服务、物流、回收等环节坚持践行绿色理念，积极引领消费者、合作伙伴乃至各行各业共同承担对环境的保护与关爱，为社会长久发展奠定良好基础。

客户至上的服务：海尔深刻洞察人们对现代生活的需求：优质生活和优质生活环境。所有的海尔人和海尔的合作伙伴都以真诚的态度，在研发、采购、生产、物流、服务等每一个细节中倾心而为，发挥全部潜力和创造力，尽力满足客户的需求，实现以客户为中心的创新。

缜密的解决方案服务：海尔不仅充分理解消费者的生活需要，而且深入考虑对环境的综合影响。海尔积极拓展与家居生活相关的业务领域，对各产品、服务、居家环境、网络等进行全面整合，为消费者量身定制系统化的现代生活解决方案，创造更丰富的生活体验和更优质的生活环境。

海尔人的目标——"真诚服务到永远"

无论风霜雪雨，总是有这么一群人穿梭于中国各个角落，他们身穿海尔的工作服，或是上门安装家电，或是耐心地帮助消费者解决家电使用的难题，或是提供其他力所能及的服务。他们和消费者如亲人般相处，成为了中国服务业一道亮丽的风景线。时过境迁，很多消费者都已经不再拥有海尔的产品，但是海尔的真诚服务却一直没有变，工作人员热情的微笑和用户至上的理念一直没有变。

在谈起海尔的服务时，海尔的 CEO 张瑞敏先生坚定地说："我们相信，消费者的口碑是检验品牌的关键，必须真心为消费者着想，把消费者放在第一位，才能最终获得消费者的认可。"这句话概括了海尔 20 余年来一直领先市场的原因。

随需而变

对于大多数消费者而言,到海尔专卖店买家电已经成为了一种习惯。一位经常在海尔购物的消费者说:"我们家的家电都是海尔的,当时买的时候逛了很多地方,就海尔专卖店的样子最好,功能也最先进。现在我们家亲戚朋友什么的买家电,我都建议他们到海尔专卖店去,以后要是想添新家电,肯定也会第一个考虑海尔专卖店。"类似这样的评价还有很多,据了解,这些年以来,海尔在全国各地的专卖店都积累了不少忠实客户,而那些客户之所以心甘情愿的在海尔购物,就是因为海尔的产品过硬。

正如同上文中那位消费者说的一样,海尔专卖店的产品无论是外观还是性能在同行业内都处于领先地位。而海尔之所以可以做到这一点,与海尔专卖店用户至上的经营理念分不开。就像海尔集团的研发部经理说的:"我们会随时关注消费者的需求变化和最新动向,然后即需即供,为消费者提供最能满足需求的产品。"正是这种努力,使得海尔专卖店在业内第一个推出了成套家电,让家电购买更加便捷、风格更加统一,也正是由于这种努力,让海尔专卖店紧抓节能环保的需求,全面升级了产业结构,第一个推出了低碳家电、节能家电,在全民注重环保的今天,牢牢把握住了市场的主动权。

真诚

产品是一个企业的生存根本,而服务则是企业赢得回头客的关键。谈及海尔专卖店的服务,很多人都会赞不绝口地说——"真诚、热情"。不可否认,贴心周到的服务大大提升了海尔集团的品牌价值,也提升了每一家海尔专卖店的口碑。济南的一位海尔服务经理说:"这两年,我给周围小区的每一位客户都建立了档案,除了根据他们的需求给他们推荐不同的产品之外,我还经常主动上门为客户服务,比如帮新业主验房,为需要装修的客户提供装修方案,等等,靠着这些微不足道的增值服务,找我购买产品的客户越来越多。"

大多数海尔的专卖店都开在小区门口,就像社区的好邻居一样,可以更方便的为客户服务。海尔集团从最开始的星级服务到后来的上门服务一次就好，再到最新的成套精致服务，海尔专卖店不断升级自己的服务模式，提升用户的满意度。而海尔集团的服务人员更是以"真诚到永远"作为自己的基本素质。

和产品一样，海尔专卖店对客户的服务也是随需而变的，消费者想要什么样的服务，海尔总是会第一时间给予满足，之前备受关注的成套精致服务便是如此。在购买前免费上门设计装修方案，购买家电的过程中安装调试一步到位，测电测甲醛确保放心，购买之后延保 8~10 年，24 小时随叫随到，这种售前、售中、售后一站式无忧服务不但打破了行业服务仅限于售后服务的传统，而且全面满足了客户的期望，根据海尔相关的负责人透露，在未来他们还会不断升级自己的服务模式，为客户奉上更好的体验。

产品和服务是一个企业的生命，而用户则是企业产品与服务的最终体验者，因此企业必须以客户的需求为导向，不断为客户提升自己的产品价值和服务价值，赢得客户的忠诚与好感。当下世界经济风云变化，市场充满了变化，在这样的大背景下，企业必须在产品、服务、营销各个方面全面突破，而其中，服务无疑是重中之重，在一方面，海尔成功的经验或许可以为我们所借鉴。

烦恼留给自己，真诚留给客户

根据中国质量万里行公布的最新调查结果，2011 年第一季度中国家电售后服务调研报告显示：海尔家电各产品在售后服务及时性、规范性以及满意度等各个方面均居行业首位。作为中国家电业的龙头老大，海尔的产品质量与口碑早已被广大消费者所熟知，那么海尔德售后是如何保证客户满意，并且赢得客户的支持呢？

1.信息化的支持

科技是第一生产力,在海尔售后部,从客户报修到上门服务,海尔实行端对端可视化派代,客户的报修信息会直接传递到工程师的手中,缩短客户等待的时间,而且工程师会直接与客户联系,大大提高了上门的及时性与一次解决率。真正的实现了"客户只要一个电话,剩下的事情我们来做"的服务承诺。

2.服务进社区

海尔的售后服务实行服务网点承包制,工程师会具体承包一个小区甚至是一个楼层,这使得海尔的售后服务从客户提出服务要求转变为工程师直接上门免费对用户家电进行保养和检查,不仅排除了家电隐患,更是满足了客户对增值服务的需求。

3.成套的精致服务

如同我们上文讲过的,海尔会为实在客户购买产品前免费上门设计装修方案,购买家电的过程中安装调试一步到位,测电测甲醛确保放心,购买之后延保8~10年,24小时随叫随到。这种售前、售中、售后一站式无忧服务不但打破了行业服务仅限于售后服务的传统,而且全面满足了客户对购买家电的一系列需求。

4.星际规范服务

名牌产品实施名牌服务,海尔在发展的过程中推出了星级服务,海尔倡导:安装一次就好。在服务前安装测电到位、在服务中讲解指导使用到位,产品维护保养、服务后现场清理、一站式通检到位。

有这么一个故事,很好地诠释了海尔完美的售后服务:

在河南郑州市中原区秦岭路有一对老夫妻,这对老夫妻膝下无儿无女,靠着一台海尔SN302冷柜卖雪糕维持生计。2011年5月19日,郑州的天气突然升温,从前一天的30℃飙升至38℃,因为天气过热,老人的冷柜坏了,老人一冷柜的雪糕面临着融化的危险。情急之下，老人想起在小区不远处就有一家海尔星级服务中心，于是老人托邻居去求援。郑州海尔星级售后服务中心得知这一情况之后立刻派出了两名技术人员，顶着高温扛着维修工具飞奔至客户家。到了之后，他们不但为老人修好了冷柜，还免费帮他更换了冷柜已经有些老化的电容，防止以后还会出问题。看着满头大汗的维修工程师，两位老人感动得热泪盈眶，特意写了感谢信给海尔集团。在这件事之后，海尔星级售后服务中心的管理人员特意组建了小区上门维修小分队，为该小区的军民提供免费上门检测维修、保养机器的活动。现在该小区以及小区附近的居民都成了海尔忠实的"粉丝"。

类似这样的故事在海尔集团人人都能说上几件，海尔人把情感融入了服务当中，让原本冷漠的商业行为变得富有人情味，星级规范的服务将更安心更诚心的服务送给了消费者。

海尔用完美的服务带走了客户的烦恼，留下了海尔的真诚，而中国质量万里行的调查结果也是对海尔服务的一种肯定，或许在不远的将来，海尔的服务意识和理念将会成为全国乃至全球家电行业的楷模。

服务是企业永远的责任

现如今，海尔以一个现代化大型跨国集团的形象出现在了人们的面前。海尔之所以会如此成功，除了不断追求卓越、创新的理念，更有"用户永远是对的"、"以对用户的忠诚度换取用户对海尔品牌忠诚度"、"真诚到永远"等服务观念，这些服务理念共同构筑了海尔独特的企业文化，成为海尔人共同遵循的价值观与行为准则，成为了引导和促进海尔不断创新、拼搏的源泉，也为打造知名品牌起到了巨大的推进作用。

其实，海尔的真诚服务从最初就以一种不同凡响的姿态出现。

"张瑞敏砸冰箱"是一个许多人都知道的故事,而这也是海尔"真诚服务到永远的"肇始点。

  1985 年,张瑞敏受命担任青岛电冰箱总厂厂长(海尔集团的前身),有一天,一位客户要买一台电冰箱,结果挑选了很多台都有毛病,到了最后才勉强拉走了一台。这件事引起了张瑞敏的警觉,于是,他派人把库房中的400 多台冰箱全部检查了一遍,发现一共有 76 台冰箱存在各种各样的缺陷。于是张瑞敏集合全厂员工,问大家该怎么办。很多人提出,这些冰箱大都是一些小毛病,不如低价处理给员工算了。当时一台电冰箱的价格是 800 元,相当于一位普通员工两年的收入。

  76 台冰箱的价值对于一个库存只有 400 台的小厂来说不是一个小数字,大多数职工认为冰箱虽然有缺陷,但是依然可以使用,就算不卖出去,处理给职工也是一个"两全其美"的好办法。但是张瑞敏却并不这么想,因为他考虑到了工厂的未来,他当着全体员工的面说:"我如果允许把这 76 台冰箱卖掉,就等于我要看着你们明天继续生产 760 台这样的冰箱!"随后他宣布,这些冰箱要全部砸碎,谁干的谁来砸,说完便抡起了大锤自己砸起了第一锤。

  在海尔人挥动大锤砸向自己冰箱的那一刻,他们已经把优质的观念摆在了最重要的位置。张瑞敏亲手告诉了大家这样一个理念:有缺陷的产品就等同于废品。

  没有责任感的企业不可能会生产出优质的产品,这个砸冰箱的故事曾被一再引用,这说明了张瑞敏的这一锤意义深远,他不仅砸在了冰箱上,他更是砸在了整个中国企业界的良心上,他让中国的企业认识到:"要想做出优质的产品,自己首先就要具备强烈的责任感,企业应该用产品来开创成功的事业。"

  现代经营的一个先决条件就是"先消费者一步",因为只有这样才能在经营中占据主动,经营者是没有第二次赢得消费者的机会的,很多企业的最终目的就是把产品推销给消费者,但是这种心态如果表露明显而且具备较强的功利性的话,往往会招来消费者的厌恶。只有在具体的经营中远离这个目的,让它融入生产经营的各个环节,让消费者感觉自己不是在购买商品,而是在购买一种感觉、一份心情、一种生活……就好比麦当劳和可口可乐传达的就是美国的生活方式,只有认识到这一点,才能使企业取得经济效益和社会效益的双赢。

那么,如何才能做到这一点?对于企业来说,首先要结合自身产品的情况,明确自己的经营理念,也就是说要明确自己能带给消费者什么。海尔的经营理念就是"真诚到永远",而海尔在各方面工作中均是围绕着这一理念进行的,因此海尔获得了成功自然是理所当然的。有了目标,今后的各种工作活动就都会有了目标,朝着这个目标不断前进,企业肯定会越来越优秀。

靠着目标的指引,海尔人拥有了一种信念,那就是:自己并不是在向消费者提供自己的产品,而是让消费者享受经营理念所带来的全新消费感受。

当"真诚到永远"作为一句广告语面向社会的时候,海尔就已经紧紧抓住了一个"情"字,情贵真诚。广告作为一种宣传行为,在获得宣传价值的同时,也需要在人与人之间寻找一个枢纽和沟通点。以情动人,以情感人,正是海尔这句广告语的成功之处。海尔之所以能够在开发、销售和售后三大环节中都获得客户的好评,就在于其秉承的"真诚到永远"这句口号的无穷魅力,这句口号向消费者袒露了海尔的一颗赤诚的心,无论市场如何变化,海尔都将永远的真诚对待消费者,用真诚的消费来换得真诚的回报。经过不懈的努力,今天的海尔早已让消费者对其产生了深深的信任感和依赖感。海尔已经成为消费者心中的完美品牌,消费者不容许它有一丝缺憾。而这对创造完美品牌的海尔来说,无疑是一种永远的责任。真诚或许不难做到,但是"真诚到永远"却是现阶段大多数企业无法企及的一个高度。

海尔的特色服务护照

海尔是国内家电企业中第一家将服务纳入市场推广体系的企业，也是第一家让消费者感到自己也可以是上帝的企业。在计算机产业，海尔推出了全新的服务概念——海尔护照"一对一"服务。

海尔电脑推出"一对一"的服务概念，目的就是为了让用户拥有自己的"个人电脑顾问"，有任何问题都可以与自己的顾问直接交流，这样一来就彻底解决了用户在使用产品的过程中遇到问题后不知道具体找谁的情况。海尔护照的使用非常方便，客户在购买海尔电脑之后，服务中心就会为客户和电脑建立一份服务护照，客户可以凭借这个护照随时获得海尔的售后服务，海尔电脑也将凭借此护照号码来确认客户的服务信息。一本小小的海尔护照整合了保修卡、三包凭证、维修记录单、产品配置表等功能，极大的方便了客户的使用与保管。对于客户来说，购买海尔的电脑之后就等于拥有了一本详细的服务指南与一本记录全部服务内容的"记录本"。

海尔护照的推行，大大缩短了售后部审查客户服务信息的流程，使海尔的客户可以在第一时间内得到最专业的解答和最快速的维修服务响应。指定专业的服务工程师对客户实施终身服务，真正体现了海尔电脑"一对一"的服务理念，客户可以真正享受到专人专职的服务。

自从 1998 年进入计算机市场以来，海尔凭借着其在家电领域赢得的声誉以及其丰富的经验深入研究了计算机行业的服务特点，秉承着"先用户忧而忧，后用户乐而乐"的服务宗旨，为拥有优秀品质的海尔电脑制定了全面超越国家"三包"标准的"星级三包"服务。

一般情况下，国家规定的"三包"主要内容为：

1."7 日"规定：产品自售出之日起 7 日内，发生性能故障，消费者可以选择退货、换货或修理。

2．"15 日"规定：产品自售出之日起 15 日内，发生性能故障，消费者可以选择换货或修理。

3．"三包有效期"规定："三包"有效期自开具发票之日起计算。在国家发布的第一批实施"三包"的 18 种商品中，如彩电、手表等的"三包"有效期，整机分别为半年至一年，主要部件为一年至三年。在"三包"有效期内修理两次，仍不能正常使用的产品，消费者可凭修理记录和证明，调换同型号同规格的产品或按有关规定退货，"三包"有效期应扣除因修理占用和无零配件待修的时间。换货后的"三包"有效期自换货之日起重新计算。

4．"90 日"规定和"30 日"规定：在"三包"有效期内，因生产者未供应零配件，自送修之日起超过 90 日未修好的，修理者应当在修理状况中注明，销售者凭此据免费为消费者调换同型号同规格产品。因修理者自身原因使修理超过 30 日的，由其免费为消费者调换同型号同规格产品，费用由修理者承担。

5．"30 日"和"5 年"的规定：修理者应保证修理后的产品能够正常使用30 日以上，生产者应保证在产品停产后 5 年内继续供符合技术要求的零配件。

其实这些内容从消费者的层面来理解，只能属于被动服务的范围，更多的是"补救性"措施。而海尔电脑则正是看到了这种服务模式缺乏"主动性和前瞻性"所以提出了全新的服务概念——星级三包。而星级三包的主要内容有：在消费者选购阶段就开始介入，提前对客户的消费进行引导，了解不同客户的实际需求，从售前、售中、售后全方位多角度来体贴和关怀用户，并且把星级三包服务与海尔护照进行了完美的结合。海尔电脑的服务口号是："每个用户拥有自己的'个人电脑顾问'，向用户提供最直接的交流和服务。"

京东商城
——亲情 360 度全方位服务

京东商城是中国最大的综合网络零售商,是中国电子商务领域最受消费者欢迎和最具有影响力的电子商务网站之一,在线销售家电、数码通讯、电脑、家居百货、服装服饰、母婴、图书、食品、在线旅游等 12 大类数万个品牌百万种优质商品。2012 年第一季度,京东商城以 50.1% 的市场占有率在中国自主经营式 B2C 网站中排名第一。目前京东商城已经建立华北、华东、华南、西南、华中、东北六大物流中心,同时在全国超过 300 座城市建立核心城市配送站。

京东商城提供了灵活多样的商品展示空间,消费者查询、购物都将不受时间和地域的限制。依托多年打造的庞大物流体系,消费者充分享受了"足不出户,坐享其成"的便捷。2009 年初,京东商城斥资成立物流公司,布局全国物流体系。目前,京东商城分布在华北、华东、华南、西南、华中的五大物流中心覆盖了全国各大城市,并在沈阳、西安、杭州等城市设立二级库房,仓储总面积达到 50 万平方米。

服务是京东的发展根基

京东商城素来以客户服务为企业发展的根基,为了更好地服务客户,从 2009 年至今,京东商城陆续在天津、苏州、杭州、南京、深圳、宁波、无锡、济南、武汉、厦门等超过 130 座重点城市建立了城市配送站,为用户提供物流配送、货到付款、移动 POS 刷卡、上门取换件等服务。2010 年,京东商城在北京等城市率先推出"211 限时达"配送服务,在全国实现"售后 100 分"服务承诺,随后又推出"全国上门取件"、"先行赔付"、7×24 小时客服电话等专业服务。2011 年初,京东商城推出"GIS 包裹实时跟踪系统";3 月,京东商城获得 ACER 宏碁电脑产品售后服务授权,同期发布"心服务体系",京东商城开创了电子商务行业全新的整体服务标准。

京东商城在为消费者提供正品行货、机打发票、售后服务的同时,还推出了"价格保护"、"延保服务"等举措,京东商城通过不断优化的服务引领网络零售市场,率先为中国电子商务行业树立了诚信经营的标杆。

创新的服务理念

服务理念是人们展开服务工作的主导思想和意识,反映了人们对服务工作的认识和态度。它决定着企业以及企业员工为客户服务的态度与观念。服务理念是企业的一面旗帜与精神,它是企业做好服务工作的前提与基础。那么,具体的服务理念究竟有什么呢?以下是一些现代服务理念,它可以帮助拓展视野,强化你的服务意识,提高你的服务主动性与科学性。

要想学习服务理念,首先就要科学地界定客户在自己心中的位置:

1.客户就是父母,要以客户为中心

客户是一家企业最宝贵的资源,直接决定了企业的生死存亡。因此客户可以说就是你的衣食父母,而客户的要求就是你的工作范围,客户的满意就是你的工作标准。

2.客户是朋友,要热心对待

服务人员要经常与客户进行情感交流,以情感人,广结善缘,提供亲情化服务。

3.客户就是自己，要将心比心

服务人员应该有换位思考的能力，要把客户的事当成自己的事来办，并且用心去办。

4.客户就是检查员，要用真情换真心

服务人员应该牢记 25 理论，即：一名客户不满意而且会将不满意转递给他周围的 25 个人。因此服务人员应该善待每一位客户，珍惜每一次服务的机会。

5.客户永远是对的

服务人员要有容让的胸襟与气度，有理要让人，无理更要道歉。要把"对"让给客户，客户对你刁难，你以笑脸应对。不去争辩谁是谁非，给客户一个台阶，你的服务就上了一个台阶。

6.来者是客，一视同仁

服务人员应该认真对待每一位客户，认真对待每一个服务的对象，要记住"来者是客"的道理，对所有客户一视同仕，不应持有偏见。

7.客户可以创造

客户是可以创造出来的，只要服务人员善于发掘潜在客户，那么你的服务能力肯定会越来越强。

除了认识客户对自己意味着什么，服务人员还要了解服务究竟是什么：

1.服务是分工，客户是自身

每个人都是服务链中很重要的一环，你在提供服务的同时也在享受着服务。

2.服务是资质和本分

服务是社会对你的能力素质的一种认定。每一位拥有劳动能力的人都只有为社会服务才能从社会上获得回报，才能生存下去。

3.服务就是市场

服务就是经营、服务就是效益、服务就是生命线。服务是赢得客户的赛跑,今天的服务现场就是明天的销售市场,客户的满意是永恒的市场。

4.服务创造价值

服务是一个双赢战略,服务可以为产品增值,同样一件产品,如果服务好可以卖出 200 元,如果服务不好,50 元或许都无人问津。

5.服务是管理

如果你是一名管理者,那么你就要保证带领你的队伍为客户建立一个完善的服务体系,建立大的服务机制与激励约束机制、快速反应机制和市场链机制,把服务看做管理的一部分。

6.服务是创新,服务要延伸

服务人员应不断丰富服务的内涵与外延,由浅入深地把服务循序渐进地提供给客户。

7.服务是便利,操作要简单

服务人员要把最复杂最难办最容易出错的工作留给自己,把最简单最省事的操作方案留给客户。

8.服务是事业,服务是灵魂

服务是一种工作,更是一种追求,还是一种人生观价值观体现的渠道。服务是社会高品质生活的纽带与灵魂。服务是一种事业,是一种乐趣,更是一种人生。服务是工作生活乃至生命中的重要组成部分,人生因服务而精彩,因用心服务而美丽。

观念是财富,观念更是资源,观念不变原地转,观念一变天地宽,服务人员如果能够彻底吸收以上这些服务理念,那么你的服务水平肯定会节节攀高,而你的企业也会持续健康地发展!

做到区隔服务

在服务的过程中，每位客户对于服务的标准和要求都不尽相同，所以，服务人员在服务的过程中要注意因人而异的服务技巧。例如，有的人喜欢喝咖啡与红酒，有的人喜欢喝雪碧和可乐，这都属于个人爱好。而针对不同的客户需求来提供不同的服务，这就是因人而异的区隔服务。在实施区隔服务之后，企业就会拥有一批相对稳定的客户。

那么，究竟为什么会产生区隔服务呢？我们先来了解一下区隔服务的理论基础：

1.一种产品不能满足所有人的需求

在现实生活中，企业为了满足不同阶层，不同个体的需求，往往会实行产品多元化。单一的产品永远不能满足各个阶层的总体需求，你不能要求一位 60 岁高龄的老人来穿 3 岁宝宝的衣服，你也不能让一位 20 岁的年轻人去用一位 80 岁行动不便的老人的轮椅，因此产品就需要区隔化。同理，服务也需要区隔化。比如餐厅的服务人员在了解客户的喜好和需求之后再点菜，或者主动安排的时候就应该推荐相应的食物。这些就是因人而异的服务，能够根据不同客户的要求来提供差异化服务，从而满足各种各样客户的需求，这就是区隔服务。一种服务永远无法满足所有客户的需求，只有区隔服务才能让不同的客户分别得到满足。

比如中国移动在推出了短信业务之后，有些用户觉得只看屏幕上的文字进行沟通有些不方便，他们希望能够听到声音。于是中国移动又开通了语音消息服务。后来有人觉得单单几行文字有些枯燥单调，中国移动便又推出了表情短信服务，通过不断地创新与区隔，抱怨的客户越来越少，中国移动满足了绝大多数客户对短信的需求。

而在通讯方面,中国移动也针对不同的客户推出了各种不同的产品服务:有些用户平时只在本地活动,针对这些客户,移动推出了"神州行"服务;有些客户经常会出差,中国移动就为他们量身打造了"全球通"业务。这些都说明了中国移动对满足不同客户需求的重视以及对区隔产品的肯定。

2.一种服务标准不能满足所有客户

产品的多元化对达到客户满意有着很重要的意义。同理,单一的服务标准也不可能满足所有的客户需求。因此,企业应该根据客户的需求来对服务标准进行区隔划分。比如现在最流行的足疗,足疗师傅就会询问客户水温是否合适,如果客户觉得水温过高足疗师傅就会加冷水,客户觉得水温较低足疗师傅就会加一些热水。而足疗师傅不可能让所有的客户都用一种温度的水,因为每个人对温度的需求标准不一样。

再比如,在进行足底按摩的时候,足疗师傅也会就按摩的力度来征求客户的意见,针对不同的需求来采取不同的服务标准。

3.客户功能性满足与心理性满足

所谓的让所有客户都满意,就是设定一个因人而异的标准,然后满足客户各种各样的不同需求。而满足客户有两种含义:功能性的满足和心理性的满足。

所谓的功能性满足一般包括以下几个方面:第一,产品本身的功能和质量让客户满足;第二,服务人员的服务态度和质量让客户满意,比如服务人员态度热情、效率高、介绍产品详尽准确、有耐性,等等;第三,服务制度的本身让客户满意,这就需要企业拥有严格的服务标准与快速活跃的机制。比如客户在购买家电的时候,家电的质量和款式让客户满意,或者家电本身很普通,但是导购员态度非常好,这也能使客户感到满意。

而心理性满足为:有的产品本身并没有特殊之处,但是功能性结合整体服务让客户从心底感到满足。比如,购买一台人人都有的名牌手机就可以满足客户的从众心理;或者购买一款名牌包可以让客户产生尊贵的感受;除此之外,如果服务环境整体的硬件设施和空间氛围发挥得当,也可以提升客户的心理满意度。

以上就是区隔服务的理论基础,知道理论之后,自然需要实践,下面就是一些区隔服务的实际应用案例:

1.经济舱和商务舱

在飞机上,经济舱和商务舱之间有着很大的差异。商务舱的乘客在用餐、阅读报纸和杂志时拥有很多选择。而且在商务舱的客户可以自由调整座椅的高度、脚部的位置、前后的距离,空乘人员随叫随到。这些服务在经济舱都是略逊一筹,因此商务舱的价格是经济舱的一倍之多,这就是区隔服务所带来的分别满足。

2.VIP 窗口和普通窗口

在很多银行和典当铺之类的场所,一般都会提供一种 VIP 服务:只要客户的存款额或者交易量达到一定的数值,就可以直接成为 VIP。拿银行来说,一般的客户只能坐在大堂中等待叫号码排队,而 VIP 客户则有专门的 VIP 窗口,无需排队,一进去就有人接待,每人一个小房间,由资深的银行职员为客户服务。这种服务又叫 One To One,即一对一的服务。

由于 VIP 客户对银行的贡献值很高,而且还有理财、投资、外汇等各方面的业务,能给银行带来很大的收益,所以银行也会给与其特殊的服务,以便能够留住这些客户,而这种服务的深度与广度无一不是为了切合客户的身份与地位,以此拴住客户的心。

3.一般会员和 VIP 会员

现在很多商场都会采用会员卡制度:当客户购买的商品额度累计达到一定的高度,商场就会赠送该客户一张 VIP 贵宾卡,在逢年过节时会向客户赠送小礼物。这些小礼物一般都很精致,而商场每年这个时候就会提醒这些客户,是某商场送给客户的节日礼物。而此时客户往往会十分高兴,也会更加认同这个商场。这是一种很有效的经营策略。因此,通过与一般客户进行区隔,对吸引一些大客户是很有帮助的。

4.城市冰柜与乡村冰柜

很多冰柜的设计师设计的产品都具有差异性,为了适应市场的不同需求,城市市场的冰柜往往会设计得比较精美大气,而且制冷型很强。而农村市场由于相对贫困,所以设计师往往会设计一个两层冰柜,有个分离式的压缩机,在省电的时候可以只使用上层,大大降低了农村客户的用电成本。

5.自助无人服务

现在有很多商家的服务都是自助式无人服务,并不像一些小店铺一样,你要什么我去拿给你,比如超市,超市就是开放式的,客户要什么都可以自己去拿。这种服务会让客户感到十分自由和满足。因此,服务并非是强制需要人来做,自助式的服务同样有效。还有 24 小时的自助银行,自动取款机以及自助餐,都是类似案例。

总而言之,一种产品永远不可能满足所有客户的需求,一种服务标准也不可能满足所有客户,企业在提供服务的过程中一定要注意因人而异的服务技巧,及时了解不同客户的需求,针对客户的不同标准为其提供差异化服务,这是企业吸引客户的一个非常重要的策略。

格兰仕
——让客户感动

格兰仕集团是一家定位于"百年企业世界品牌"的世界级企业,在广东顺德、中山拥有国际领先的微波炉、空调及小家电研究和制造中心,在中国总部拥有13家子公司,在全国各地共设立了60多家销售分公司和营销中心,在中国香港、首尔、北美等地都设有分支机构。

通过与世界100多个国家和地区的广泛经贸交流,2009年格兰仕集团的总产值约为300亿元。目前,5万多名格兰仕人正在致力于推动微波炉、空调、小家电、冰箱和洗衣机及相关配套产业的全球化发展。作为中国制造和中国民营企业的杰出代表之一,格兰仕过去30年实践中稳健成长、发展和壮大的历史,是中国改革开放成功推进的一个企业标签:在第一个10年里,格兰仕荒滩创业,创出了一个过亿元的轻纺工业区;在第二个10年里,格兰仕从轻纺业转入微波炉业,成为中国首批转制成功、建立现代企业制度的乡镇企业之一,并迅猛赢得微波炉世界冠军;在第三个10年里,格兰仕开始打造一个以微波炉、空调、冰箱、洗衣机、生活电器为核心的跨国白色家电集团。

通过努力让客户感动

2010年,格兰仕集团为了更好的为客户服务,成功启动了"全球领先的综合性白色家电品牌"战略,并且制订了从 2010 年至 2013 年集团年销售额超过 1000 亿美元的新目标。世界领先的格兰仕微波炉、空调、生活电器等优势产业的产销规模正在不断增加,在 2011 年,格兰仕更是斥资 10 亿元人民币扩建了冰箱、洗衣机新基地。在 30 余年的发展中,格兰仕已经培养出了具备自己特色的企业文化,而"努力,让客户感动!"的经营宗旨更是使格兰仕在全球市场树立了一个良好的企业形象,也为格兰仕的辉煌奠定了文化基石。

"努力,让客户感动!"是格兰仕的董事长梁庆德先生的经典名言,而这也成为了格兰仕的一如既往的经营宗旨。或许很多人都听过"努力,让客户感动!"这句话,但是如何让客户感动,其中隐藏的深意又是什么,却始终没有人能完全理解。下面,就让我们从格兰仕实际的工作出发,来彻底了解一下"努力,让客户感动!"这句话的含义。

从书面的意义来看,客户就是指购买企业产品的人,也就是人们所说的消费者。

而在格兰仕,格兰仕人所谈的客户就是与格兰仕产品有联系的组织或个人,根据这一核心概念的理念,格兰仕的客户一共分为两大类:第一大类就是那些直接购买格兰仕产品的消费者;第二大类就是和格兰仕发生间接联系的个人或者组织。这就代表着,在外部,包括格兰仕的经销商、代理商、分销商,还有格兰仕原材料的、半成品的供应商;在内部,包括普通员工、管理者、职业经理人、董事长,都是格兰仕的客户。

比如在格兰仕的生产车间,在每一条格兰仕生产流水线上,上一道工序与下一道工序之间也是客户关系,而格兰仕的管理层和上下级之间也是客户关系。

为什么格兰仕要制定一个如此奇怪的客户观呢?因为人们都知道"客户就是上帝"这样一句服务理念,而围绕这一崇高的理念,格兰仕人一直用虔诚和专注的态度来为格兰仕所有的客户提供最完美的服务,而格兰仕的客户观可以使格兰仕人的完美服务不断拓展,使格兰仕收获得更多。

在服务行业,有一种"满意"文化,即让所有的客户都满意,但是很多人都不知道,在格兰仕,"满意"文化只是一种初级文化,格兰仕还有一种更高级的"感动"文化。

在很多服务型企业,人们经常会听到这样一句话:"如果您满意,请告诉您的朋友;如果您不满意,请告诉我的主管。"企业通过这样一句话来强调自己对客户的关注与服务态度。而在格兰仕,没有任何理由和条件,格兰仕人必须让客户"感动"!或许有人会疑惑,"满意"和"感动"有什么区别呢?从字面上理解,"满意"就是停留在自己意愿层面的一种满足,是对某一行为或事物的认可。而"感动"则是一种内在情感的表达,是一种心灵的触动。从哲学角度来说,根据量变引起质变的原理,人们也可以尝试理解,从满意到感动的过程其实就是一种量变到质变的过程,满意是停留在意愿上的量变阶段,而不断的满意最终会引发质变,成为"感动"。

那么格兰仕人是如何让客户"感动"的呢?最常见的做法就是,格兰仕人会用自己的产品和服务使客户得到"超乎想象"的满足。这一点,从格兰仕董事长梁庆德身上得到了完美的体现。

让客户感动,从董事长做起

从 2002 年 7 月中旬开始至 2003 年 9 月底,格兰仕董事长梁庆德带队,率领公司的"新一代"管理者开始了中国企业界前所未有的"万里行"和"新长征"。梁庆德先后 9 次出征,历时 15 个月,跑遍了全国 30 多个省市,近百个地区,数千个商家与终端,亲自在一线进行调研和考察,每到一个地方,梁庆德都是直接去终端,先看市场,看终端的环境,再看终端工作的流程与细节;亲自与一线促销员沟通,了解每个地区的销量与竞争对手的情况;拜访其他商家,了解当地市场;在当地开座谈会总结。

有一次,梁庆德来到青岛考察,他发现在一个终端市场中格兰仕产品的宣传广告字体和颜色很不显眼,在商场其他五彩缤纷的产品宣传中无法脱颖而出,于是他建议用大字体和醒目的颜色来重新设计广告;而后,他又在另一个商场发现促销员的站位有些偏后,客户一进门,就会被格兰仕的竞争对手中途拦截,于是梁庆德便亲自教这位促销员如何抢占销售的"制高点"。

现如今,梁庆德已经把自己"万里行"的故事编撰成书(《彻底沟通》),并且公开发行,这本书刚一面世便受到了热烈的追捧。一位武汉的空调经销商曾对湖北营销中心的经理说:"我宁愿少要一点优惠,多给我 100 本梁总的《彻底沟通》,我要送给下面的员工!"

众所周知,从事家电行业的人都是比较累的,而在格兰仕工作的员工更累,首先,格兰仕在进入家电行业之时,市场已经是一片血雨腥风,格兰仕面临着内忧外患,格兰仕人必须要比自己的竞争对手和客户付出更多的努力才能成功抢占市场、赢得客户,最终立足于家电市场。

那么,格兰仕人努力的方向都有哪些呢?总结起来有以下几点:研发创新上的努力、生产制造的努力、管理改善上的努力、营销创新上的努力以及服务精神的努力。多年来,格兰仕人一直在朝着这几方面不断前进。拿研发创新和研发制造来说,创新和研发都离不开专业的人才,而格兰仕在每年的10~11 月都会从全国重点本科院校中招聘大量优秀的大学毕业生。这些选择加入格兰仕的大学生将会在第二年 7 月接受一次规模盛大的"向日葵"培训,培训结束之后,他们将会被分配到各个岗位进行锻炼和在职培养。

接受过专业的培训和训练的大学生们在真正开始工作之后展现出了无与伦比的朝气,源源不断地为格兰仕注入新的活力。而格兰仕校园招聘的速度与专业度也成为了全国各大企业校园招聘中的佼佼者。从宣传、演讲到综合笔试、专业考试,再到领导小组讨论、心理评测、结构化面试,这些校园招聘的流程在格兰仕消耗的时间为3天,而且这3天还包括确定录用名单。而这种专业一流的速度也深受大学生的欢迎,因为在别的企业还在慢悠悠地宣传演讲的时候,格兰仕已经先人一步,早早的把最优秀的人才揽入了格兰仕的怀抱。

在格兰仕校园神速招聘的背后,是所有招聘项目团队成员每天工作到凌晨两点,只休息4个小时便继续工作的努力。虽然很苦很累,但是每个格兰仕人都无怨无悔。

"从来就没有什么救世主,也不靠神仙皇帝"。格兰仕人深深了解到,想要在市场上处于不败之地,是没有什么诀窍和捷径的,不管经济爆炸还是金融危机,都要回归本源,回归客户,回归产品,回归努力与勤奋,正是这些理念,才有了格兰仕的今天。"努力,让客户感动!"一直是格兰仕人不变的经营宗旨与理念。

优秀的服务没有定式

当下,整个世界的服务市场都在改变,客户对服务的期望也比以前更为挑剔。这听起来似乎并不是一个好消息,其实不然,如果服务人员勇于接受这项挑战,就能够在为客户服务的过程中得到自我提升与丰厚的报酬。

每一位服务人员都希望能把自己的工作做得更好,都希望通过自己的努力来增加自己的收入,提升自己的职位,获得公司的认可,没有人愿意庸碌一辈子。服务人员如果在自己的工作中实在找不到实现自己价值的台阶,这就是退步或者离开。

成功源于付出,源于更好的为客户提供服务。因此服务人员要有这样一个意识:"不但要做最好的员工,还要做更好的员工。"

那么,一名优秀的员工都要具备哪些优秀的品质呢?

他们从不抱怨，不会因为一些小事而耽误工作。

他们有着自己的计划和目标，会循序渐进地开展自己的工作。

他们会不断学习吸收新的知识，努力地提升自己。

他们富有团队精神，他们知道只有依靠团队的力量才能更好地完成自己的工作，而且他们能够在团队中学习，在新的环境与新的工作中学习。

他们会把自己的全部精力都倾注在工作上，他们付出远远超过自己的职责内的精力。

他们尽职尽责，在公司和工作的需求中总是积极主动地完成每一件事。

他们时刻把公司的利益放在第一位。一位优秀的员工一定是一位视公司利益为首位的人，在任何时候他们都不会以公司的名义去牟取私利；在任何时候他们都会为公司保守秘密，他们绝不会因为私利而迫害公司的利益，他们不会对工作任务沉重有任何的怨言。

如果你已经具备以上这些优秀的品质，那就代表你是一名优秀的员工了。

凡客诚品
——服务有起点，满意无终点

凡客诚品由卓越网创始人陈年创办，正式运营于 2007 年 10 月 18 日，公司先后获得联创策源、IDGVC、软银赛富、启明创投、老虎基金、淡马锡等多轮投资。

VANCL 成立 4 年来，业务迅速发展，产品种类也由 2008 年的男装衬衫、POLO 衫两大类几十款，发展到现在的男装、女装、童装、鞋、家居、配饰、化妆品等七大类。

凡客诚品创始人、董事长兼 CEO 陈年认为，只有用户体验造就的品牌认同，才是最好的品牌实践。4 年间，凡客诚品用心关注用户需求，不断以微创新方式提升客户体验，推出了当面验货、无条件试穿、30 天内无条件退换货、POS 机刷卡等服务，极大提升了用户体验与品牌美誉度，积累了大量的忠实用户和良好的口碑效应。

随着产品种类的不断丰富，以及对用户体验的关注，VANCL 在中国服装电子商务领域品牌影响力与日俱增，已经成为中国网民购买服饰的第一选择。全球著名会计师事务所德勤审计后认为：过去 3 年，凡客诚品是亚太地区成长最快的品牌。艾瑞咨询《2009-2010 年中国服装网络购物研究报告》显示，VANCL 在自主销售式服装 B2C 网站中排名第一，同时也是客户满意度最高的自主销售式服装 B2C 网站。

服装界的服务竞争

电子商务在中国已经有了 10 多年的发展历史,也是一个前景光明的行业。马云在 1999 年创建的阿里巴巴成为了 B2B 电子商务网站的一颗明星。而之后,他在 2003 年创建的淘宝网同时开通了 B2C 和 C2C 的业务,解决了几十万人的就业问题。在马云的淘宝网中,有无数的人变成了百万富翁。这些成功的案例激发了无数人的创业激情。而陈年,就是其中一个。

陈年 1969 年出生于山西闻喜县,1995 年提前一年大学肄业,他倒卖过钢材,收集过建材信息;后来受到朋友的邀请担任《好书》的主编,并且在随后的日子里创办了文化界知名刊物《书评周刊》;2000 年受朋友之托放弃了自己的文化事业一头扎进了他当时并不精通的互联网,而且这一扎就扎在了网络经济的核心部分——电子商务,这一做就是 4 年。

在这期间,他创办了卓越网并且获得了巨大的成功。在卓越被收购之后,不甘寂寞的陈年并没有停下他的脚步,有一天,他在网上看到了 PPG 公司,当时 PPG 的轻资产结构模式和快捷优质的客户服务理念吸引了陈年,他认为这是一个机遇,因为如果几个年轻人创办的 PPG 都能成功,那么他这个既有人脉又有经验的"老人"又怎么会失败呢?因此,他决定,进军服装电子商务领域,与 PPG 进行竞争!

有了这个想法之后,陈年第一时间就告诉了自己的好朋友雷军,两人一拍即合。从决定做服装电子商务到着手创办,陈年和雷军研究了 3 个月,毕竟服装这个领域他们俩谁也没有涉足过,十分陌生,在那段时间里,他们天天找朋友聊天,天天研究 PPG 的服务模式和自己的优势。

而他们最终研究出的结果是,他们这次创业的最大优势就是前卓越网的团队。如果他们能够聚集旧部,重塑当年完整的经营团队,再把创办卓越网的很多经验直接拿过来用,那么他们就可以少犯很多错误。事实也的确如此,当陈年和雷军成立 VANCL 之际,他们登高一呼,那些散落在江湖中的老部下就迅速地聚集到了一起,没有任何人谈条件。团队的优势在关键时刻决定着这群创业者的起点就与他人不同。丰富的实战经验、低廉的磨合成本、成熟的思维模式,这些都使年轻的 VANCL 自诞生之日便开始斗志昂扬。这一番举动,被陈年笑称是"揭竿而起,密谋举事"。不过回顾当时,陈年十分坦诚地说:"当时 PPG 对于我们而言是个庞然大物,无论是规模,还是销售额、客户对其服务的认可度以及市场上的名声,都让我们觉得无法超越。毕竟是新进入这个市场的企业,我们当时严阵以待,非常认真地在学习。我认为一个好的团队要有学习、创新、批判的能力,而且要同时具备。"

经过充分的准备,雷军和陈年终于可以放开手脚大干一场了。但是让他们没想到是,虽然他们准备充分,但是在一开始还是被媒体给误导了,他们相信了媒体所言,把 PPG 当做一个互联网上的衬衫品牌。而在此之前,虽然互联网中出现了很多成功的企业,但是从来还没有一个产品的品牌是从互联网诞生的。

当 VANCL 真正开始做的时候他们才发现,原来 PPG 的网站根本没有太多的流量,他们真正的销售渠道来自平面媒体和电视的广告投放。而 PPG 在互联网上的品牌只是被商业模式所影响,而不是产品本身在互联网中创造了品牌,其实与其说它是一家电子商务公司,不如说是一个电话邮购公司。而当时电子商务的概念被热炒,消费者都喜欢这种新奇的服务模式。媒体又总是喜欢把新的营销模式与高科技绑在一起,因此 PPG 被贴上了电子商务的标签,而 PPG 作为经营者也乐于被这样炒作。

VANCL 的团队中没有人接触过服装行业,因此他们在开始的时候十分认真地学习 PPG 模式,甚至连投放广告的平台和广告的风格都是一模一样的。

对此,陈年很认真地说:"这是我的一个特点,你要学别人就要把所有过去的经验都先放在一边,先研究别人、学习别人。"就这样,一直到了2008年2月,也就是VANCL正式运营一个半月之后,陈年和雷军才开始了独立思考。

2008年年初,一篇有关PPG的小报道引发了陈年和雷军的兴趣。这篇报道披露了PPG拖欠供应商和广告投放媒体接近上亿的资金,虽然在企业的运营中有一定的上下游负债是很正常的事,但是陈年还是嗅到了一丝不同寻常的问题,他认为,这个问题虽然对PPG来说并不是什么大问题,但是对VANCL来说,可能会出大事。因此,VANCL立刻由学习状态切换到批判状态,他们在重新审视PPG商业模式的同时也开始回过头来检讨自己,结果发现如果完全按照PPG的路走下去,风险会很大。

在陈年和雷军的世界观中,一切竞争都只不过是表面的,而当情况到了要撼动整个刚刚成型的商业模式时,事情才真的变得严重起来。

2008年1月初,VANCL的产品还十分单一,而且当时是衬衫销售的淡季,陈年他们正在对PPG的模式进行质疑和思考,就在此时,南方恰巧下起了大雪。当时陈年就想:"天气这么冷,如果卖棉服怎么样?客户会不会喜欢这种应季提供的服务?"他的这个想法得到了其他高管的认同,VANCL立刻着手做了一批棉背心,没想到卖的非常好。

此时,陈年和他的团队开始思考,VANCL真的只能卖衬衫吗?或许是处于一个互联网团队的本能,此时VANCL开始考虑真正通过互联网进行销售。

"虽然不是一个好的时间点,但是我们开始坐下来讨论。在研究PPG这个事情上,我肯定不会像媒体那样仅仅看看就完了,因为这事关我们的生死。"陈年说。VANCL最开始融来了200万美元,加上年底的第二轮融资获得的1000多万美元,虽然有了一些钱,但是和PPG相比还是较少的,所以如果要调整,必须要迅速。

当时各种想法都在讨论中被提及,甚至VANCL的内部讨论过要不要拿钱铺路，等剩 500 万美元的时候再转型。

"还好，我们没有砸，我们只是最开始找了几个投资回报率较高的媒体做了些尝试，但很快发现不能这么做。"回忆起当初，陈年不免有一些庆幸。"我们做过很长时间的企业，知道什么问题出来是很危险的。一旦你负债额太高，说明你的现金流出现了问题，这种负债是可以把一个公司拖死的。更何况对于一个新公司而言，这会损坏在推广与供应链两个领域的声誉，接下去就没法做了。我们虽然察觉出来，对于 PPG 而言可能会有更多的危机，但是我还是很痛苦，因为这条路走不下去了。"

2008 年 2 月，VANCL 团队终于形成共识——立刻调头！陈年认为，既然做是电子商务，那么就把销售和推广以及服务都放到互联网上吧！而且在互联网上的尝试是服务成本和经营成本最低的一种，即使失败也有东山再起的机会，最重要的是，互联网的传播和反馈速度非常快。一旦确定下来，"凡客"出手不凡，在互联网上掀起了一波推广热潮，VANCL 在一些比较大的网站，特别是门户网站上投放广告，效果立竿见影。而且除了这些大网站，VANCL 还与网站联盟进行合作。20% 的提成极大的鼓励了中小网站的参与。仿佛在一夜之间，VANCL 的广告已经铺满了整个中文互联网。

网站联盟是 2002 年经济泡沫破灭之前由亚马逊发明的。而此时，VAN-CL 团队过去的经验就派上用场了，他们在互联网做推广服务简直太顺手了，因为他们在卓越网的时候做的就是这些工作。"他们有的人在卓越网待的时间比我还长，他们上来就告诉我该怎么做。"提及 VANCL 团队，陈年骄傲地说。

VANCL 的这段经历可以用一句古诗来形容，那就是"山重水复疑无路，柳暗花明又一村"。VANCL 一度在模仿 PPG 的道路上迷失方向，而他们更是发现了自己追寻的这条道路充满凶险，因此直到溯本清源，回归到自己最擅长的互联网服务中，VANCL 似乎才真正找到了属于自己的路。

历史的车轮滚滚而过,而 VANCL 的命运,也由这一个小小的转折所改变。

当 VANCL 尝试通过互联网进行推广服务和销售之后,陈年发现在营销结构中,70%的网络营销和推广服务成本给自己带来80%的营业额,这让陈年十分惊喜。依靠着网络营销带来的巨大成功,VANCL 在 2008 年 3 月份就实现了 2000 万人民币的销售额。

经过几个月的努力,VANCL 的业绩开始扶摇直上,到了 2008 年秋天,VANCL 已经成为了中国服装电子商务行业的龙头老大。

此时,VANCL 迫切地需要进行一次升级,它们需要引入一些国际一线品牌的供应商来提升 VANCL 的品质和档次,因为陈年深知:产品的品质和口碑是一家公司的命脉,只有给客户最优质的服务,才能让客户认同自己。而后,陈年立刻行动,加紧了自己提升 VANCL 质量的脚步,在 2008 年年末,VANCL 已经全面完成了升级,而在当年的客户满意度调查中,VANCL 的客户满意度为 98%。而客户对其最多的评价就是:"便宜实惠,性价比高。"VANCL 真正的坐稳了自己中国服装电子商务行业的龙头老大的位置。

从模仿者到创新者,从跟随者到领路人,VANCL 的成长充满了戏剧性的味道,但是从商业逻辑上来讲,这又显得十分自然,而且似乎是早已经注定的必然。VANCL 重视服务,知道自己应该朝着哪个方向去努力,宁肯浪费一些资源来保证自己的服务,以此赢得消费者的心。

观察客户的个性

要想成功地为客户服务,就要深入地了解客户。因为每一位客户的个性都不同,所以他们的需求也不同。每一位客户都是抱着某种需求才走进商店的,因此,服务人员要尽快了解客户的真实需求,这样才能为客户提供最满意的服务。然而,客户的需求来源于他们的想法,而非服务人员的想法。不同的客户由于需求不一样,所以会产生不同的购买行为,就会购买不同的产品,选择不同的服务。基于此,在做完产品和服务展示之后,服务人员有必要运用一些方法揣摩客户的个性,找出客户真正的需求。

那么,如何才能了解到客户的个性,进而知道他们的真正需求呢?服务人员可以采取以下几种方法:

1.观察购买信号

服务人员可以通过观察客户的动作与表情来洞察客户的个性,找出客户的真正需求与购买意愿。

(1)观察动作

如果客户是急匆匆地快步走来寻找一件商品或者点名需要某些服务,那么这位客户就是已经有了心头所好,所以此时服务人员只要顺从他们的选择,来帮助他们更快更好地完成购物旅程即可。反之,如果客户是漫不经心地打量,在各个产品之间来回观察,这就代表这位客户还没有选择的对象或者还拿不定主意,此时服务人员要上前主动介绍一些产品来供客户挑选。

(2)观察表情

当你给客户介绍产品的时候可以观察客户的脸上是否露出感兴趣的表情,是面带微笑还是表现出失望和沮丧;当你向客户介绍产品的时候,他是认真倾听还是左顾右盼。如果两种情况都是前者的话,那么说明客户对你的产品基本满意,如果是后者,就代表他们对你的产品不感兴趣。

在采用观察法的时候一定不要以貌取人。因为衣着简朴的人也可能是一位百万富翁,而一身名牌的人或许穿的全是假货。因此,服务人员一定不要凭着主观感觉去对待客户,要学会尊重客户的愿望。

2.推荐产品法

假如你通过观察法并没有准确地把握住客户的个性,了解客户的需求,那么你不妨试一下推荐法。通过向客户推荐一两件产品来观察客户的反应，这样就可以了解客户的需求了。

比如一位客户正在仔细观察一款胃药，那么此时药店的服务人员就可以采用以下方法来探测这位客户的需求："这种胃药十分有效。"

客户："我不知道这种药是不是医生给我开的那一种，我之前吃过一次，很有用，但是现在忘了是什么名字了。"

服务人员："您再好好想一想，想好了再告诉我，当然您也可以去问一问我们这的坐堂医生。"

客户："哦，我想起来了，就是这种。"

就这样，服务人员只用了一句简单的问话就促成了这笔交易。

3.询问法

从上面的例子中我们不难看出，"询问"其实在了解客户需求的过程中发挥着很重要的作用。但是很多客户都很讨厌被别人探查，他们讨厌被审问的感觉。有时候当服务人员想通过直接提问去了解客户的个性与需求的时候，往往会发现客户出现抵触情绪，他们会选择逃避和拒绝，而不是坦诚相告。因此，服务人员在提问的时候一定要有技巧，要注意从侧面询问客户。

服务人员在提出问题的时候一定要精心选择，并且礼貌地询问客户，而后再加上有技巧地介绍商品和对客户进行赞美，以此引导客户充分表达他们内心真实的想法。在询问时可以遵循以下 3 个原则：

（1）切忌单方的一味询问

有些缺乏经验的服务人员经常会犯这样的错误，他们总是过多地询问客户一些不太重要的问题，或者是接连不断地向客户提问题，最终使客户产生一种"被调查"的感觉，从而对服务人员产生反感最终不肯说实话。

（2）询问与产品展示要交替进行

因为产品展示和询问如同鸟的两个翅膀，要一起挥动才能推动服务工作,服务人员可以用这种方式一点点地探寻客户的个性与需求,不要一味询问,也不要一味地介绍,要交替着来。

(3)询问应循序渐进

服务人员在询问客户的时候可以先从比较简单的问题着手,如"请问,您买这份产品是要给谁用的?"或者"您是想买瓶装的还是想买盒装的?"然后通过客户的回答来确定是否进行下一步提问。就如同上面的案例一样,逐渐从一些普通的问题来提升到购买核心问题。当问到比较敏感的问题时,服务人员要稍微移开视线,一边减少客户的压力一边观察客户的表现与反应。

4.倾听法

在一场慈善晚会上,一名富商正在和一位科学家交谈。这名科学家谈性很浓,他给富商讲一些高分子材料和新型能源的一些事情,而这位富商对这些根本就不了解,但是他只是恭恭敬敬地坐在一旁,倾听科学家的讲解,并且不时地示意科学家继续往下说,而科学家后来也给这位富商提供了一些投资新型能源的建议,富商都欣然地接受并且表示感激。

后来宴会结束,这位科学家意犹未尽地拉着富商的手,俨然已经把富商当成了知己,而且在对周围的朋友评价富商时,都会说:"他是一位富有魅力、见识广博、谦虚谨慎的真正的商人。"并且表示跟富商聊得很投机,度过了一个很愉快的晚上。这位富商知道之后回忆说:"天哪,我几乎什么都没说。"

"喜欢说,不喜欢听"是人类的共性之一。每个人都有诉说的愿望,而从心理学角度上来讲,善于倾听对方的话可以使对方心情愉悦,会换来对方的好感,会使对方吐露出内心真实的想法,最重要的是,它还能够使倾诉者感觉自己被重视,可以感觉到自身存在的价值。满足了对方的自尊心理,而双方的交往也会因此变得更加愉快,这就是在心理学中的倾听定律。但是如果一位服务人员只会一味地去表达自己的观点,可能就会引起争论或者马上使客户忘掉你刚刚说的话。而优秀的服务人员善于掌握倾听原则,让客户畅所欲言。

那位富商之所以会获得科学家的极高评价，就是因为他一直处于一个倾听的状态。从科学家的角度来说，他把富商当成了一名兴趣相投的聊友；而从富商的角度来看，他觉得自己本身就是一名听众，只要不停地鼓励对方说话就可以。所以两人一拍即合，科学家说得尽兴，富商也学到了知识，两人度过了一个愉快的周末，而这一切正是倾听定律产生的效果。

如果你仔细观察过寺庙中的佛像，那么你就会发现，这些佛像大都是耳朵大，嘴巴小。从这一点上看来，你就不难理解多听少说的重要性了。佛像尚且如此，更不要说我们人类了。在人际交往当中，倾听总是发挥着十分重要的作用。

善于倾听，别人就会认为你是一个谦虚好学的人；善于倾听，别人就会认为你专心稳重；善于倾听，别人就会觉得你诚实可靠。善于倾听的人能够给别人充分的空间诉说，让对方感觉到自己被尊重，因此对其产生好感。

因此，善于倾听的人总是会获得意想不到的收获和惊人的成就。齐恒公因为善于倾听被奉为明主；刘玄德因为善于倾听鼎足于世。

相反，不会倾听而只会滔滔不绝发表自己想法的人，他们的人际关系大多很失败，言多必失，讲的太多了就容易出现错误，那么出现错误就会容易得罪人。这样的人一般讲话的欲望非常强烈，强烈到了引起别人的反感。比如，别人正在就一件事情发表自己的意见，他突然打断别人的话语，发表自己的意见，而这些意见却毫无道理，甚至与所讲的这件事情毫无关系。还有就是别人正在兴致勃勃地同他们说话，他们却心不在焉，不是四周张望，就是拨弄自己的手机，这样的人，谁会愿意和他们进行交往？谁会喜欢跟他们做朋友？而向客户服务亦是如此。

试想一下，当你在进行人际交往的时候，如果你观察到对方在你谈话时很耐心地倾听你讲话，或者是常常打断你的思路，或者是心不在焉地玩弄手机或做其他事情,这3种人你喜欢那一种?

倾听对别人来说是一种尊重的表现,我们在服务客户的过程当中必须要学会倾听,因为如果在对方说话的时候我们显得心不在焉,那么,对方就会对我们产生厌恶感,从而失去这位客户。

善于倾听是一种修养,是经过长期锻炼才能形成的;同时,善于倾听的人往往拥有谦逊的品德,有着温和的性格和宽广的胸怀。

人与人的交流可以分为两部分,一部分是说,另一部分则是听。而想说的人太多了,所以善于倾听的人永远都是深得人心的。

但是,现在社会节奏飞快,很多服务人员都没有耐心听客户讲话,因为他们是"专家",他们认为自己比客户懂得多。这些人每天疲于工作,来回奔波,因此就会显得很不耐烦。客户刚一张口,他们就会露出不耐的情绪,全然不管客户的意见,而是按照自己的套路向客户介绍。而这类服务人员说话的目的就是想要通过自己的口才来展示自己的能力,想给客户留下一个能力很强的印象。但是这样做的结果却是表面上看来达到了目的,事实上却得不到客户的认同,无法建立真正的友谊,达到沟通的目的。从古至今很多例子都证明,成大事者,一般都是善于倾听的人。如果有的服务人员说自己忙得连听客户讲话的时间都没有,那么只能说他不会合理安排自己的时间,或者说他是一个心胸狭隘的人,因此没有客户会喜欢他,落得孤家寡人的处境。因此,倾听——用心听客户讲话,对任何一位服务人员来说都是一句终生受益不尽的忠告。倾听如此重要,那么究竟该如何洗耳恭听呢?

(1)做好"听"的准备

在听之前,服务人员应做好各种准备,首先是心理准备,要有耐心倾听客户的讲话;其次是业务上的准备,服务人员要对自己的产品了如指掌,要预先考虑到客户会问什么问题,自己又该如何回答,以免到时候无所适从,十分尴尬。

（2）不要分神

倾听也是一门深奥的学问，当客户说话太快或者与事实不符的时候，服务人员绝对不能因此显得心不在焉，更不能流露出不耐烦的表情。否则客户一旦发觉你没有认真听自己的讲话，那么你就会立刻失去客户对你的信任，从而导致客户对你的服务不满意。

（3）从倾听中了解客户

客户的内心总会有意见、需求、疑问，等等，服务人员必须要让客户的意见发表出来，从而了解客户的需要，并且解决客户的疑问。在服务人员了解到客户的真正需求之前，就要学会引导客户诉说，让客户不断地倾诉，这样不但可以避免因为听到一些片段而产生错误的判断，而更能使服务人员从客户谈话的内容、声调、表情、身体等动作中观察、揣摩其真正的需求。

（4）注意锻炼

听他人讲话也是一门艺术，服务人员在平时与朋友、家人、客户交流的时候随时都可以锻炼自己倾听的能力，掌握倾听的技巧，慢慢地就可以使自己的倾听水平有很大的提高，而且也可以从倾听中学习到很多有用的知识。

最后，提醒广大服务人员千万不要自以为很了解客户，知道他们想要什么，必须要仔细倾听客户所说的每一句话，而且通过与客户的谈话来确定客户的需求，最后根据他们的需求提供最合适的服务，这样才能收到事半功倍的效果。

了解客户的心理

为什么很多服务人员很努力地工作也达不到客户的期望？就因为他们只了解你公司的期望，却不了解客户的心理。

如果你不了解客户心中想什么，那么客户又怎么会回头选择你们呢？他又怎么会向自己的亲朋好友介绍你的产品和服务呢?因此,作为一名优秀的服务人员,你必须要学会掌握客户的心理。

一旦你掌握了客户的心理,那么你就能够马上了解客户的期望,就能全力以赴地满足客户的期望。而后你的每一个满意的客户都会向周围的朋友宣传,为你带来更多的客户,每一个客户也都会成为你忠实的长期客户。这样一来,公司内部的任何目标你都可以轻松完成,老板的任何期望你也都能帮助他实现。

也许你会问,我怎么可能知道客户的心里想什么?我又不是他肚子里的蛔虫!错,你当然可以知道客户心中想的是什么,如果你不知道,那说明你没有做到以下 3 件事情:

1.你没有认真听客户说话

如果你真的想要了解你的客户,那么你从他的话语中就可以听出他正在想些什么。如果你听不出来,说明你还没有迫切想要探究他心理的愿望。

2.你没将心比心

试想一下,如果你是客户,你想要得到什么样的服务?假如你是客户,你会满意现在自己这种服务态度和服务方式吗?你想要别人怎么对你,首先就应该怎么对别人。

3.你有没有询问客户需要什么

了解客户最简单的方法就是直接询问客户。如果你从来不问客户到底想要什么样的服务与待遇,那么你又如何去揣摩客户的心理呢?

如果你做到了以上 3 点,但是对客户处于什么心理还是无法判定,那么下面这 11 种客户常见心理会帮到你:

1.爱实

爱实是所有的客户尤其是中国的客户普遍存在的一种心理动机。他们在购买产品的时候,首先要求产品必须具备实际的使用价值,他们才会出手购买,这种客户最讲究实用、性价比高。

2.爱新

这是人们在追求商品潮流和新颖为主要目的的心理动机,这类客户在购买商品时重视"时髦"和"奇特",热爱时尚。这类人在经济条件较好的城市青年男女中较为多见,在西方国家的一些客户群中也比较常见。

3.爱美

爱美之心人皆有之,爱美是人的一种本能与普遍需求,喜欢追求商品的欣赏价值与艺术价值,中青年妇女和文艺界人士居多,在经济较为发达的国家比较普遍。这些客户在挑选商品时往往会注重商品本身的造型、色彩、工艺,等等,会注重商品对环境的装饰、对人体的美化,以便达到艺术欣赏和精神享受的目的。

4.爱利

这类客户会存在一种"少花钱多办事"的心理动机,其核心就是"廉价"。有求利心理的顾客在挑选商品时,他们往往会对同类商品之间的价格差异进行仔细地比对,还喜欢选择打折或者处理的商品,具有这种心理动机的人往往是那些经济收入较低者。当然,也有经济收入高的却比较节俭的人。有些希望从购买商品中获得较多利益的顾客,对产品的质量、样式都很满意,爱不释手,但是由于价格比较贵,一时下不了购买的决心,便会讨价还价。

5.爱随大流

这是一种仿效式的购买动机,其核心是"不落后于人"或者是"胜过他人",这类客户对社会风气和周围的环境十分敏感,总是想跟着潮流走。有这种心理的顾客在购买某种物品时并非是急切需要,而是为了赶上他人,超过他人,以此获得心理上的满足。

6.爱特殊

这是一种以满足个人特殊爱好和欲望的购买心理。有偏好心理动机的人喜欢购买某一类型的商品。比如有的人爱养花,有的人爱收藏古玩,有的人爱摄影,有的人爱字画,等等。这种偏好往往同某种专业、知识、生活情趣相关。因此偏好性购买心理动机也往往比较明智,指向性也很明确,具有经常性和持续性的特点。

7.爱面子

有这种购买心理的顾客在购物时既追求商品的使用价值又追求精神方面的高雅,他们在购买之前就希望他们的购买行为能够受到销售人员的热情接待。经常会有这样的情况:有的客户满怀希望地去购物,一见销售人员满脸冰霜就会转身而去,到别家商店去买。

8.爱询问

这是一种瞻前顾后的购物心理动机,他们的核心理念是怕"上当吃亏"。他们在购物的过程中会对商品的质量、性能、功效等持怀疑的态度,怕不好用,怕上当受骗。因此他们会向销售人员询问,仔细地检查商品,并且非常关心售后服务的工作,直到心中的疑虑完全解除才会掏钱购买。

9.爱安全

这种心理的人在购买商品时最关心的就是产品的安全。尤其是像食品、药品、洗涤用品、卫生用品、电器用品和交通工具等,不能出现任何问题,因此,他们会十分注意食品是否过期、药品是否正规、洗涤用品是否有化学反应、电器用品是否漏电、交通工具是否安全等。在销售人员解说、保证之后他们才会放心地购买。

10.爱隐秘

这种人在购物的时候不愿意让其他人知道,通常会采取"秘密行动"。他们一旦选中某件商品而周围没有人观看时他们就会迅速成交,年轻人在购买与性有关的商品时经常会出现这种情况,而一些知名度很高的名人在购买奢侈品的时候也会有类似的情况出现。

11.爱名声

这是一种以购买商品来彰显自己的地位和威望的购买心理,他们多会选购名牌,以此来"炫耀自己"。具有这种购买心理的人普遍存在于社会各个阶层,尤其是在现代社会当中,由于名牌效应的影响,衣食住行选名牌成了人们统一认可的一个标准,是一个人社会地位的体现。

只要你能够掌握住客户的心理,参透他们是怎么想的,那么你就会有无穷的办法来满足他们;而一旦你能满足客户,客户自然也会青睐你,成为你的回头客;只要你拥有一群回头客,那么你的事业自然也会蒸蒸日上。因此,服务人员有必要努力提升自己的从业技能,增加自己的个人力量,以便更好地服务客户。以下有几点提升自己个人力量的方法:

1.对自己要完全负责

你一定要记住,你就是自己生活中、事业上的老板,你要对你所接触的一切工作负责。你要控制自己的思想和情绪,把"我负责"挂在嘴边。这句话可以消除你的负面情绪,并且降低你的愤怒,排除你的烦恼,让你开始积极地思考解决问题的办法。"我负责"可以让你抓住自己生活的方向盘。

如果你成为了一位完全负责的人,你对任何事情都会拒绝找借口,成功,则坦然接受功劳;失败,也敢于肩负起责任,在下一次做得更好。

勇于承担责任的人永远是想答案而不是想问题;责任永远是解决问题而不是抱怨,你作为一位完全负责的人,遇到逆境,你就会立刻停下来说:"我负责。"然后,你就会把那些已经发生的问题抛在脑后,此时你的脑子只有下一步该如何做。

完全负责的人会把精力集中在未来的机会而绝非是过去的问题上。他们不会因为打翻一瓶牛奶而哭泣,因为他们知道有些事情一旦发生是无法挽回的。所以他们会把每一次挫折和失败都当成一次珍贵的经验,而且会对自己说:"下一次,我一定会成功。"

你不妨把这句话作为自己的座右铭："如果问题无可避免,我必须负起全责。"

2.用积极的解释方式

所谓的用积极的解释方式,就是对自己身上降临的事采取积极的解释方式。遇到好事,你会感激,遇到困难和挫折,你会视作一次经验和教训。你从不会让问题在你心中挥之不去,或者是归咎于自己的无能。你会耸耸肩膀轻松地说:"下次就好了。"

乐观的人总是习惯用积极的方式来解释问题,悲观的人总会把所有的问题都往悲观方面想。乐观的人会把错误抛在脑后,他们不会因为遇到挫折而烦恼;而悲观的人一旦遇到挫折就认为是自己无能,或者是他们服务质量不高的证明。乐观的人会不断思考自己究竟该如何做得更好;悲观的人往往会把思维停留在自己失败的地方,变得堕落和沮丧。

3.为自己许下卓越的承诺

想要变得优秀,首先就要下定决心要在自己的行业中做得出类拔萃。一定要把自己的标准设定在卓越的程度,给自己订下一个目标,并且全力以赴,不断前进。

很多人都对自己不自信,不愿意承认自己是一个优秀的人。甚至当他们通过自己的努力来获得某些成就的时候,也会倾向于否认或者单纯地把成功归功于运气和偶然。在他们自己选择从事服务行业之时,他们对自己并不自信,他们不相信自己拥有最优秀的能力,能把自己的服务做到最优。一个人在成长历程中最糟糕的事就是对实至名归的说法感到怀疑。很多人都觉得自己达不到自己理想的成功水平,认为自己一辈子只能是一个平庸的人。这实在是大错特错,请你一定要相信,你坚持努力所获得的成功是实至名归的,不存在任何运气与偶然,因为运气也是实力的一部分。你配得上你所期待与向往的任何事情。你经过努力与发展所获得的报酬是你应得的。你和所有优秀的人一样好,你可以得到任何你想得到的成就。

有很多顶尖的服务人员,他们每个人都是真正承诺自己要在行业中出人头地之后才获得的成功。一旦他们下定决心与承诺,就会义无反顾地朝着这个目标而努力。

想要达到自己的目标或许要花费好几个月甚至好几年的时间,但是你终究是会办到的。而你一旦达到自己的目标,就要继续给自己设置下一个目标,不断前进,不断成长,最终你会爬到行业中最崇高的位置,会被周围的人尊敬,而这一切都来源于你最初的卓越承诺。

4.坚持

坚持是什么?坚持就是你比别人晚半小时下班,比别人工作更努力一些;坚持就是你肯回家还复习自己的专业知识,努力地提升自己;坚持就是在周末依然会持续学习,不断地充实自己;而坚持通常会给你的生活带来很大的变化。比别人坚持得更久的人通常会在事业和生活上逐渐超越他人,因为他从来不会轻言放弃。

坚持是许多优秀品质的组合。坚持是对你自身价值以及能力的一种评价。你可以在困境中依然坚持自己的意愿,以此来了解自己的信心究竟有多大。你可以在诱惑中依然坚持自己的原则,以此来了解自己的定力究竟有多深。坚持是一种行动力的自我约束,也是对自己个性的一种评价。

坚持与勇气是不可分割的。假如勇气的第一部分就是面对不确定的状况的能力,那么勇气的第二部分就是在没有成功把握的情况下继续坚持。如同一位哲学家所说的:"勇气是美德,坚持是信念,信念加美德才能铸就完美的人生。"没有坚持,就不会有成功。

5.正直

正直,也就是对你自己和对他人的完全诚实。作为一名诚实的人,你要敢于面对自己以及自己的底线。因为只有在那个时候,你才能对自己和他人完全诚实。

诚实是一位客户决定是否长期信赖一位服务人员，或者一家企业的重要品德。而这也是为什么所有的服务业人员都把诚实作为自己的第一原则，他们绝对不会把不合适的服务或者虚假的服务提供给客户，而他们的客户也相信他们。

正如同信任是人际关系的基础，而正直就是这种信任的具体表现、所有的顶尖服务人员和客户之间关系都会好到他们推荐什么服务客户就会照单全收。因为他们凭借着自己对客户的了解，会给客户提供最适合他们的服务。

正直对于建立自信也是十分重要的。当你诚实地对待自己的朋友和客户时，你就会发现自己已经成为了一个人人都喜爱的人。正直的人在内心都会对自己深表认同。正直会让你成为一个他人无法拒绝的服务人员，而且会不断受到客户的好评和推荐。

6.感激

感激的基础是增加报酬法则，也就是说，当你对自己的收获心存感激的时候，你就会得到更多值得你感激的事物。感激的态度是一个人正直可靠的证明。一个心存感激的人会在每天生活中看到美好的事物，并且会对此表示感激，而非是抱怨。

心存感激的人一定是一位乐观的人。他们通常很快乐，无论在什么情况下，这种人永远都会说出正面而积极的话。即使是面对最难缠的客户，他们也会非常友善地心存感激，这种感激有时甚至会让最冷漠的客户不好意思。

感激的心态是可以培养的。当你表现出感激的态度时，甚至不用太长的时间，感激的心就会成为你人格的一部分，而你也会成为一名热情友善的人。

到那时你就会发现，无论你走到哪都会受到大家的欢迎。大家都乐于跟你交往。而你生活的每一个层面都会因此改变。

当你在和未来的客户相处时，千万不要把自己的问题和苦恼带给客户。

即使你处于人生的最低谷,你也一定要做到守口如瓶。当别人问你现在的情况如何时,你一定要说:"一切都好,好的不能再好了。"

当你告诉他人你的生活和工作是多么愉快的时候,你就会越来越信以为真,不久之后,你就会真的觉得自己一切都好,工作愉快了。

每天进步一点点,日久天长,慢慢地你就会得到很大的提高。就如同上面第四条所说的一样——坚持,只要你努力坚持下去,你一定会获得成功。

国外篇

21 世纪是一个与国际接轨的时代，我们探讨服务理念也不能仅仅局限在国内的企业中，更要放眼世界。与本土的服务特色相比，国外的服务也是别有一番天地，提及世界性的服务典范人们会情不自禁地想到：联邦快递、星巴克咖啡、希尔顿酒店、雅芳、宝洁等，这些世界名企都是如何践行服务理念的？又在服务方式上有着怎样的创新？这些服务又为企业带来了怎样的收益？在下面的章节中，我们来对这些问题加以分析，从中你能够体味到"服务"二字的精髓。

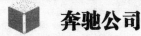

奔驰公司
——一流的质量，一流的服务

梅赛德斯-奔驰(Mercedes-Benz)，德国汽车品牌，被认为是世界上最成功的高档汽车品牌之一。梅赛德斯-奔驰以其完美的技术水平、过硬的质量标准、推陈出新的创新能力，以及一系列经典轿跑车款式令人称道。在国际上，该品牌通常被简称为梅赛德斯(Mercedes)，而中国内地称其为"奔驰"，台湾译为"宾士"，香港译为"平治"。

自1900年12月22日戴姆勒汽车公司(Daimler-Motoren-Gesellschaft，DMG)向其客户献上了世界上第一辆以梅赛德斯(Mercedes)为品牌的轿车开始，奔驰汽车就成为汽车工业的楷模。其品牌标志已成为世界上最著名的汽车品牌标志之一，100多年来，奔驰品牌一直是汽车技术创新的先驱者。

自从奔驰制造了第一辆世界公认的汽车后，100多年过去了，奔驰汽车早已度过了他的百岁寿辰，而在这100多年来，随着汽车工业的蓬勃发展，曾涌现出很多的汽车厂家，也有显赫一时的，但最终不过是昙花一现。到如今，能够经历风风雨雨而最终保存下来的，不过三四家，而百年老店，仅有奔驰一家。

奔驰发展史

让三叉星徽在全世界闪耀是奔驰公司一个多世纪以来的梦想，也是他们矢志不渝的追求。经过了 100 多年的发展,"奔驰"这两个字如今已经成为了全世界汽车行业里最具吸引力的品牌代名词。

奔驰公司是总部设在德国的斯图加特,是世界十大汽车公司之一。它的前身是戴姆勒-奔驰股份公司。100 余年过去了,公司的名称虽然几经更迭,但是人们一直习惯将其简称为奔驰公司。

如今的奔驰公司是一家跨国大型集团有限股份公司,旗下共有 4 家子公司。而梅赛德斯-奔驰则是其中最大的一家子公司。多年以来,"奔驰"在人们心中始终是一种尊贵、地位和权利的象征。在世界十大汽车公司中,奔驰公司是年产汽车量最小的,但是他的利润和销售额在世界上所有汽车公司中却一直排名前五。一直以来,奔驰公司始终把"良好的产品品质、优质的售后服务"奉为自己的经营宗旨,而也正是这一宗旨在一直推动着奔驰在汽车制造界屹立不倒,长盛不衰。

奔驰公司是世界企业工业的鼻祖,它的历史最早可以追溯到 1886 年。那一年,奔驰公司的创始人卡尔·本茨和戈特利布·戴姆勒创办了奔驰,奔驰汽车公司的名字就是以卡尔·本茨的姓名命名的。

1844 年 11 月 25 日,卡尔·本茨出生于德国南方的一个小城卡尔斯鲁厄,他的父亲是一名火车司机,母亲是一位裁缝。卡尔·本茨从小就对发动机充满了兴趣。他在毕业之后先后当过制图员、设计师以及厂长。1871 年,卡尔·本茨脱离原公司创办了自己的企业,并且开始着手研制两冲程引擎。经过 8 年的努力,卡尔·本茨终于获得了成功,他很快就为自己的发明申请了专利。

1883 年,卡尔·本茨创建了"本茨公司"。1886 年 1 月 29 日,卡尔·本茨又发明了"安装有汽油发动机的交通工具",于是就有了世界上第一辆汽车。这辆汽车最初只有 3 个轮子,时速最高为 15 公里。

卡尔·本茨成功后便兴奋地向自己周围的人展示自己的发明,并且让自己的妻子开着这辆被他命名为"奔驰1号"的汽车去100公里以外的一个亲戚家做客。这次"汽车之旅"对于本茨公司有着十分重要的意义。他让奔驰汽车一炮"走红"。1890年，本茨公司制造出了603辆汽车，其中有341辆汽车被运往国外。从此之后，本茨公司成为了当时世界上最大的汽车制造商和汽车销售商。

本茨公司的另一位创始人戈特利布·戴姆勒则于1834年3月17日出生在德国的一个面包师家庭。和卡尔·本茨一样，戈特利布·戴姆勒同样从小就对燃气发动机很感兴趣。在他38岁时，他已经成为了当地著名企业"道伊茨"公司的一名技术经理。而为别人打工当然不是他的终极目标，他的梦想就是创办一家真正属于自己的公司。因此，在1882年，戈特利布·戴姆勒毅然决然地离开了"道伊茨"公司，舍弃了高薪职位，创办了自己的工厂。工厂刚一成立，戈特利布·戴姆勒便开始专心研发小型高速四冲程引擎。

1883年，戈特利布·戴姆勒发明了世界上第一台快速内燃发动机，这台发动机每马力可以带动80公斤重量，转速高达600转/分。1885年，戈特利布·戴姆勒把这个发动机安装在了一辆两轮车子上，而这个带有单缸发动机的两轮车就是世界上第一辆摩托车的雏形。1886年，戈特利布·戴姆勒又成功地把这个发动机安装在了一辆四轮马车上。在这个发动机的带动下，这辆马车的时速达到了每小时18公里。就此，世界上第一辆具有现代意义的四轮汽车诞生了。

4年之后，已经具备一些经验和实力的戈特利布·戴姆勒创办了"戴姆勒公司"。很快，"戴姆勒公司"开始了研发"凤凰牌"汽车的研制。到了1900年，戴勒姆成功地研制出了第一款轿车，这款汽车被戈特利布·戴姆勒命名为"梅赛德斯"，在西班牙语中，"梅赛德斯"，是祥和、幸运的意思。一年后，"梅赛德斯"正式投入生产，而且获得了巨大的成功，而"戴姆勒公司"也因此成为世界著名的汽车企业。

　　"梅赛德斯"汽车最初是由戈特利布·戴姆勒的好朋友威廉姆·迈巴赫设计的,它采用的是四缸发动机,功率为 40 马力,最高时速可以达到 75 公里,由于"梅赛德斯"汽车在很多赛车比赛中屡屡夺冠,因此"梅赛德斯"的名气越来越大,逐渐成为了当时德国最著名的汽车公司。

　　1918 年以后,经济危机席卷了世界,德国的汽车工业没能幸免受到了沉重的打击。而此时,在大洋彼岸的美国,他们也在汽车工业上发展起来,对于德国来说,这无疑是一个巨大的威胁。而"戴姆勒公司"和"本茨公司"也都在此时陷入了困境。

　　当时美国的汽车公司已经开始了流水线作业,廉价的福特 T 型汽车自问世以来便以低廉的价格打入了德国汽车市场,对德国的汽车公司构成了巨大的威胁。随着 T 型车源源不断地涌入德国市场,"戴姆勒公司"和"本茨公司"逐渐开始意识到单凭自己的力量是无法与 T 型车相抗衡的。为了应付美国汽车公司的挑战,渡过难关,两个公司在 1924 年达成了协议,集中各自的优势开始合作生产汽车以求降低生产成本,提高生产质量。

　　1926 年 6 月 29 日,两个公司正式合并,取名"戴姆勒—奔驰汽车公司"。自此,世界汽车工业中一颗耀眼的新星以及它的三叉星商标正式诞生了。

　　1933 年,戴姆勒—奔驰公司又进行了一次调整,将公司的名字改为梅赛德斯—奔驰汽车有限公司。两年之后,奔驰公司研发出了一款新车——梅赛德斯—奔驰 770 型"布尔曼"轿车,该车采用 7655 毫升八缸发动机,功率为 150 马力,最高车速达 140 公里/小时,由于该车性能良好,成为了日本天皇的御用汽车。

　　1957 年,奔驰公司又研发了新车——奔驰 300S,采用了排量为 7 升的增压发动机,它在保留使用燃油喷射的基础上,增加了 3 个化油器,并且体积只是普通发动机的一半,但是具有更加好的动力性能。

　　1959 年,奔驰公司又在车身上获得了创新突破,开发了一款更为安全的车身,将刚性车身和能量吸收变形进行了充分的结合,并且成功推出了"尾鳍车型"——奔驰 220、220S 和 220SE。这是世界上第一次进行安全车身设计的汽车。

从 1965 年到 1988 年,奔驰公司先后设计生产了 5 款梅德赛斯—奔驰汽车,每一款汽车都成为了经典,都是当时的最具舒适性、安全性和可操控性的汽车。而 300SEL、450SEL、S600 等车型无疑也成为了当时顶级的车型,而这也代表了奔驰的理念。其中最优秀的是 1973 年生产的 "梅塞德斯450SEL619"轿车,获得了"本年最佳汽车"的殊荣,成为了汽车制造业的荣耀。在 20 世纪 80 年代中期,奔驰公司再次获得了突破,率先采用了前低后高,以弧形曲线为主的车型设计理念,引领了当时汽车行业的发展。

而奔驰公司首次登录中国是在 1986 年,落脚点为香港。从 20 世纪 90年代开始,奔驰公司再次在汽缸技术上获得了突破,独家研发并采用了四油门汽缸技术,这种技术既可以缩小汽缸的提及,又能增加马力。

但是到了 20 世纪 90 年代初,奔驰公司连续两年开始出现利润下滑。为了应对这种情况,奔驰公司在 1993 年开始了一次彻底的改革,并且对企业进行了一次重新定位,那就是成为广大普通家庭都可以买得起的物美价廉的中小型汽车,而不是单纯的高档汽车,并且在美国的阿拉巴马州建立了第一个海外汽车制造厂。

1998 年,奔驰公司又和美国克莱斯勒汽车公司进行了合并,成立了新的汽车公司——戴姆勒—克莱斯勒汽车公司。其中奔驰公司占新公司的53%股份,克莱斯勒公司占剩下的 43%,而这也成了汽车业界历史上最大的一次合并。

2000 年,奔驰汽车再次创造了历史,成功地研发出了世界上首辆安装陶瓷制动器(C-Brake)的汽车,并且同步采用了 Fleet.Board 信息通信辅助网络服务。

2001 年,奔驰公司首次把 SBC 电液制动系统成功应用于大规模生产。2002 年,奔驰公司在新的 S 级汽车上,成功地推出驾驶员及乘客保护预防性安全系统(PRE-SAFE)。并且在同一年,由德国慕尼黑 SEMION 研究所主办的"2002 年度德国品牌 50 强价值排序"中,"奔驰"成为第一名,其品牌价值高达 300 多亿欧元,折合 2100 亿人民币。

现如今,奔驰汽车在汽车领域的地位不用多言。作为世界最顶尖的汽车,奔驰一直都是身份和地位的象征。也正因如此,使它成为了很多国家元首的首席座驾。

奔驰是世界上少有的几家拥有百年历史的汽车公司,在其 100 多年的发展过程中,奔驰汽车素来以先进的技术和完美的质量以及卓越的性能著称。一提到奔驰,人们就会把它和"安全"、"品质"等词汇联系在一起。毫无疑问,在世界上所有的汽车爱好者心中,奔驰汽车都是一个充满了传奇色彩的神话。人们一方面在感叹着它的辉煌,一方面又在疑惑。究竟是什么造就了奔驰的成功?其实奔驰公司成功的秘诀可以总结为 10 个字,那就是:一流的质量+一流的服务。

用一流的服务创造一流的质量

奔驰公司除了拥有质量一流的产品以外,奔驰公司的服务也是世界一流的。

奔驰公司在全球拥有一个完整而方便的服务网络,这个服务网络包括两个系统,一个是推销服务网,分布于德国的各个大中城市。而在推销处,客户们可以看到各种车型的图样,了解到汽车的性能。

当客户订购奔驰汽车的时候,可以根据自己的意愿来提出自己的要求,比如车辆的颜色、空调设备、音响设备乃至于保险车门钥匙的样式。对于客户的这些要求,奔驰的设计师与生产技术人员都会一一给予满足。

在服务网中的第二个系统就是维修站。维修环节是奔驰公司最注重的一个环节,为了向每一位奔驰的客户提供最优质的维修服务,奔驰公司在德国共设立了 1244 个维修站,工作人员 5.6 万人。也就是说,你在德国公路上走不到 25 公里,就可以找到一家奔驰的维修站。而在国外 171 个国家和地区,奔驰公司共设有 3800 个服务站,而这些维修站的工作人员个个技术高超,态度热情。

奔驰汽车一般每行驶 7500 公里就需要换一次机油,每行驶 1.5×10 公里就需要进行一次检修,然而客户并不用为此担心,因为这些服务奔驰公司都会派人在第一时间安排好,如果在更换机油的时候维修站发现车子某个零件有损耗,维修站还会主动打电话通知车主询问车主是否更换零件。如果车子在中途抛锚,开车的人只需要给就近的维修站打一个电话,维修站就会立刻派人到现场处理,或者将车拉回维修站。

星徽理念是奔驰公司专门针对中国市场提出的一个具有全球化标准的服务理念。截止到 2012 年,奔驰已经在中国大陆地区 80 多个城市建立了180 多家采用全球统一标准的授权销售和服务中心以及展厅。和全球所有地区一样,每家奔驰授权销售中心门外都有一个醒目的梅赛德斯-奔驰三叉星徽标识,这既是奔驰公司高品质的象征,也是奔驰公司全球统一的标准——"星徽理念"的显著标志。

服务需要跨文化

奔驰公司为什么会成功?它靠的就是跨文化的服务,它能够适应世界各地的各种文化,一边坚持自己的服务理念一边适应当地的文化,做到服务与文化相结合,最终打造出自己的特色服务。

有服务界的专家曾根据服务的对象以及服务范围的不同把服务分为3种：

第一种就是作为社会经济的重要组成部分——服务性行业，比如娱乐场所、银行、公共事业(火车、公交车、地铁等)等；

第二种就是一些产品的售后服务支持。比如修理、维修、技术咨询等；

第三种就是一些抽象为服务质量的客户服务。

由于服务具有无形性和即时性以及不可分性(生产和消费同步)，所以服务一直缺乏一个统一的标准，人们很难辨别服务的孰优孰劣，客户经常是根据品牌和企业的声望来推测、判断服务的质量。而此时，想要在良莠不一的服务界中脱颖而出，企业必须像奔驰公司一样学会跨文化的服务。那么跨文化服务具体究竟是什么呢?以下是关于跨文化服务的几点介绍：

1.服务营销的跨文化影响

现如今，服务业在国民经济中的地位不断上升，服务业的贸易额已经占到了世界贸易总额的20%~30%之间，并且以每年20%的速度飞快增长。然而，服务业的国际化也存在着一些明显的障碍，而且这种障碍现如今越来越明显，例如：绝大多数国家的非关税壁垒都是针对服务业的，就总体形势而言，这些潜在的障碍包括：国际间劳动力流动导致劳动密集型服务业的国际化难度加大；服务产品流动性差；基础服务设施没有统一的标准；然而，最关键的问题就是文化差异性，对于一个具体的服务项目来说，缺乏文化之间的通行性，是让服务业国际化困难的首要原因。因此，要想使企业服务国际化，首先就要做到地方化，因为不同的地区有不同的文化差异，不同的行业也有不同的服务特点：

(1)金融业：不同的民族文化有着不同的消费观念，以中国和美国为例，在中国的消费主要以现金为主，而在美国消费的主要支付工具为信用卡。

(2)娱乐业：电影是美国唯一真正成功的国际性娱乐行业。但是在法国、德国、日本，当地的政府采取各种各样的措施抵御所谓的美国电影文化。因为娱乐对文化极为敏感,对国外不良文化污染本国文化的担忧,以及对本国娱乐业的保护,导致很多国家在法律方面都对娱乐服务业十分警惕,中国亦是如此。

(3)旅游业:旅游是世界上最大的服务行业,它的产值可以占到世界GDP总值的10.1%。而游客在其他地区旅行时,难免会因为文化差异而导致很多不愉快。比如一个地区迎合美国人价值观的旅游方式让美国游客十分开心,但是却会让印度游客感到厌恶,这就是文化的差异对服务业产生的影响。

2.售后服务的跨文化差异

售后服务主要包括培训、维修、安装、送货、担保、客户服务、远程支持,等等。而售后服务是一个产品从生产到获得利润的重要组成部分。如果没有完美的售后服务,产品的形象很容易受到极大的损害。而售后服务也是企业竞争的强大武器,不仅可以留住客户,还能够扩大自己的销售额。

在日本,高质量以及优质售后支持的期望已经成为大多数日本企业的经营理念,而日本公司成功的秘密就是以客户为中心的公司战略,要永远对客户负责。

3.服务质量的跨文化差异

(1)服务质量与文化

服务的第三种定义就是客户服务,包括服务质量、如何提供服务和客户对服务的满意度3个方面。从本质上讲,质量是描述一个产品或者服务,让他们获得满足感的认同程度。而由于服务具有特殊性,服务质量无法向普通的商品质量一样容易衡量。

不同国家和地区之间由于文化的差异,对服务质量的判定也不一样,一般来说,在美国,评价服务质量优劣的主要是责任心和可信度,在欧洲却并非如此,欧洲人更关心服务的保证力和有型设施,而在东南亚,客户最关心的就是感化力。由此可见跨文化对服务质量评判的影响。

（2）文化背景决定客户的服务期望

不同的文化背景也决定着不同地区的客户对服务需求内容的期望值与认同感，决定着他们如何沟通、怎样沟通、双方应该注意什么以及如何反馈，等等。美国式的服务是亲和友善，而欧洲国家则期望质量和舒适度，而日本则追求效率与速度。

（3）关注不同的文化

由于服务质量和客户期望的服务密切相关，而不同文化背景下的客户的期望又并非特别清楚，因此企业很难精准地度量服务质量。除此之外，客户的满意度又具有很强烈的文化倾向，不同文化的服务质量差异也很大。因此，企业应对不同地区文化进行深入了解，对症下药，给不同地区的客户提供最适合他们的服务。

4.成功的跨文化服务

服务营销与商品营销有着本质上的差别，而这种差别在处理不同地区的跨文化因素时显得更为重要，比如河南的 KTV 在江苏就很难开展业务，浙江的商城在河北也很难取得进展，因为各地文化不同，消费者的需求也不同。那么，在跨文化服务营销中如何才能获得成功呢？以下有几点必备因素：

（1）灵活的营销方式；

（2）积极适应当地市场；

（3）提供支持服务；

（4）了解当地的基础设施并且进行服务营销调研；

（5）积极地给客户做出承诺并且保证实现；

（6）在发现问题时及时修正，避免走上岔路。

宜家
——品质服务 = 核心竞争力

宜家家居(IKEA)于1943年创建于瑞典,"为大多数人创造更加美好的日常生活"是宜家公司自创立以来一直努力的方向。宜家品牌始终和提高人们的生活质量联系在一起,并秉承"为尽可能多的顾客提供他们能够负担、设计精良、功能齐全、价格低廉的家居用品"的经营宗旨。

在提供种类繁多,美观实用,老百姓买得起的家居用品的同时,宜家努力创造以客户和社会利益为中心的经营方式,致力于环保及社会责任问题。今天,瑞典宜家集团已成为全球最大的家具家居用品商家,销售主要包括座椅/沙发系列,办公用品,卧室系列,厨房系列,照明系列,纺织品,炊具系列,房屋储藏系列,儿童产品系列等约一万个产品。

目前宜家家居在全球38个国家和地区拥有310个商场,其中有11家在中国大陆,分别在北京、天津、上海(两家)、广州、成都、深圳、南京、无锡、大连、沈阳。宜家的采购模式是全球化的采购模式,它在全球设立了16个采购贸易区域,其中有3个在中国大陆,分别为:华南区,华中区和华北区。目前宜家在中国的采购量已占到总量的18%,在宜家采购国家中排名第一。根据规划,至2012年,宜家在中国内地的零售商场将达到11家,所需仓储容量将由现在的10万立方米扩大到30万立方米以上。中国已成为宜家最大的采购市场和业务增长最重要的空间之一,在宜家的全球战略中具有举足轻重的地位。

让购买家具变得更快乐

宜家的服务理念是："让购买家具变得更快乐。"因此,宜家在商场布局和服务方式的设计上力求自然、和谐,让每位客户到宜家就像是"一次外出旅行"。

宜家的门店大都建在城市的郊区,在商场内还有一些附属设施,比如咖啡厅、快餐店以及儿童游乐场。如果你感觉累了,你就可以在环境优美的宜家餐厅点一份正宗欧式甜点,或者要一杯咖啡,亦或是单纯的休息一会儿,没有人会打扰你。而宜家经营这些餐厅的目的绝非是为了盈利,而是为了给客户营造一次难忘的购物经历,这才是宜家的最终目的。

在卖场气氛的营造上,宜家可谓是煞费苦心。光顾宜家的人没有一个不觉得清新和舒适的。而宜家要传递的正是"再现大自然、充满阳光和清新气息,朴实无华"的清新家居理念。宜家非常善于"色彩"促销,每当重大节日临近的时候,宜家总是会沉浸在色彩的海洋里。比如春节和情人节,宜家推出了"红色恋情"、"橙色友情"和"蓝色亲情"的梦幻组合,让整个宜家卖场都充满了人情味。

对于一些组装比较复杂的家具,宜家在商店中会反复放映安装录像和使用挂图来为客户展示如何组装这些家具。为了让客户了解到相关的商品知识,宜家的每件产品上都有一个十分详细的标签,宜家总是会提醒客户"多看一眼标签",因为那上面包含价格、尺寸、材料、颜色、功能、购买程序、使用规则及保养指南。宜家也是第一个向客户介绍节能灯好处的零售商。在宜家家居的门柱上写着:"1、一只节能灯泡的寿命相当于8只普通灯泡,你可以少换几次灯泡;2、节能灯泡可为一个家庭一年节省约400元;3、11瓦节能灯泡相当于60瓦普通灯泡的亮度。"

有些商家往往不能或者不愿意向客户提供有关产品的全部真实信息，总是对产品的缺点避之不谈，或者弄虚作假，隐瞒商品的最大缺点。但是宜家却从来不这么做，宜家认为，只有客户彻底了解你的产品，才会更加信赖你和喜欢你。因此宜家为客户提供咨询服务，让客户能够了解想知道的各种商品信息。并且宜家还提供选择服务，让消费者在产品的规格、质地及诸多颜色中挑选自己最喜爱的标准。这种透明和公开的服务非但没有妨碍客户的购买行为，反而激发了客户更多的潜在需求，而这也是宜家能如此受欢迎的原因。

设身处地地为客户着想

　　想要成为一名优秀的服务人员，首先就要把自己看成是顾问而非是服务员，你一定要有这样一个信念：我们是用产品和服务来为客户解决问题的。

　　世界第一汽车销售员乔·吉拉德认为，"销售是在服务之后"，他曾说："一旦新车子出了什么问题，客户找上门来要求修理。我会叮嘱有关修理部门的工作人员，如果知道这辆车子是我卖的，那么就立刻通知我。我会马上赶到，设法安抚客户。我会告诉顾客，我一定让人把修理工作做好，一定让他对车子的每一个小地方都觉得特别满意，这也是我的工作。没有成功的维修服务，也就没有成功的推销。如果客户仍然觉得有严重问题，我的责任就是和客户站在一边，确保他的车子能够正常运行。我会帮助客户要求修理厂做进一步的维护和修理，我会同他共同战斗，一起去对付汽车制造商。无论何时何地，我总是和我的客户站在一起，与他们同呼吸、共命运。"

　　车子销售给客户之后，如果客户没有和乔·吉拉德进行联系，他就会主动与客户取得联系，不断与客户接触，时常打电话问客户："您好，您以前在我这里买的车子现在情况如何？"甚至有时会亲自登门拜访，问客户汽车是否合用,并且帮客户检查车况,在确定客户的车辆没有任何问题之后才离开。他还会告诉对方,在保修期内应该将车子仔细地检查一遍,在这期间检测是免费的。

乔·吉拉德的努力最终获得了丰厚的回报,很多从他这里买车的人都会向自己的亲朋好友介绍乔·吉拉德的优秀,并且鼓励他们去乔·吉拉德那里买车。于是这些客户的朋友、亲人在买车时首先想到的就会是乔·吉拉德。而这些客户又为乔·吉拉德介绍客户,就这样如同滚雪球一般,来找乔·吉拉德买车的人越来越多,而他也成为了世界第一汽车的推销员。乔·吉拉德的故事告诉我们:永远站在客户的立场考虑,那么客户就会永远地站在你这里,而不是你的竞争对手那里。

宁愿自己吃亏也不要让客户受累

在你的服务工作中,无论因为什么原因导致你的客户受到损失,或者给客户带来了不便,只要不是客户自己的原因,你都要主动承担全部的责任,因为客户没有义务为你承担任何责任或者是损失。

在日本有一位企业家旗下的产业被日本公众称为:"日本人的脸",他就是堤义明,他所经营的事业和他所领导的西武集团影响着整个日本的经济。而在他的经营哲学中,有一条非常精妙的语录:"经营的目的不仅仅是赚钱。赚钱永远只是结果而不是目的。只要把你的事业做好了,钱自然而然地追随你而来。如果把赚钱当作目的,往往就赚不到钱。我要追求的境界,是常人所达不到的,那就是'共享愉悦'。"堤义明的这种精神就是我们经常会提及的"服务至上"。

服务至上就一般意义上而言,就是指服务行业视客户为上帝,全心全意地满足客户的要求。

堤义明就"服务至上"精神所做的事远不止于此,他不仅要求自己所经营的每一个产业都要为每一位客户服务好。在更广泛的意义上,堤义明还希望西武集团可以为社会、为整个日本的民众服务好。堤义明已经把自己的事业当作了民族事业来做,他是以一种振兴民族,服务百姓的心态来工作的。

　　众所周知,饭店在淡季的时候通常没什么客人,这在全世界都一样。而堤义明领导的休闲饭店也一样,休闲饭店是西武集团旗下的一个重要的组成部分。在淡季虽然客人少,但是也并非一个客人都没有,这样一来就会出现一大群服务员围着少数几个客户转的情况,这样无疑造成了一种资源浪费。

　　面对这种情况,一般饭店的处理方法就是暂时关闭店门,让服务员去休息,以此降低饭店的经营成本。事实上,饭店的淡季加起来一共有6个月左右,如果让服务员在6个月内全部放假,势必会给客人造成很多不便,无法给客户提供优秀的服务,让客户对企业充满失望。

　　而且,长时间的休假会使饭店的服务人员变得业务生疏,服务水准下降,不能保持以往的服务水准。因此堤义明从不这样做,他采用半休息半工作的方式来解决这一难题。而这种半休息、半上班的服务模式虽然让饭店受到了一些损失,但是对客户享受的服务质量有了保证。这就是堤义明的经营宗旨——宁可自己吃亏,也不让顾客受损失。

　　堤义明靠着这种经营服务理念使自己的事业不断壮大。当他的休闲饭店走过淡季之后,旺季一来,人们就纷纷来到堤义明的饭店中。因为他在淡季的经营模式与服务吸引了许多老客户再次光临。

　　经过不断地口碑相传,堤义明饭店的生意越来越好,以至于淡季都人满为患了。这就是宁肯自己吃亏,也不要客户受损失的好处。

 微软

——客户永远是对的

微软（Microsoft，NASDAQ：MSFT，HKEx：4338）公司是世界 PC(Personal-Computer，个人计算机)机软件开发的先导，由比尔·盖茨与保罗·艾伦创始于1975 年，总部设在华盛顿州的雷德蒙市（Redmond，邻近西雅图）。目前是全球最大的电脑软件提供商。微软公司现有雇员 6.4 万人，2005 年营业额 368亿美元。其主要产品为 Windows 操作系统、InternetExplorer 网页浏览器及MicrosoftOffice 办公软件套件。1999 年推出了 MSNMessenger 网络即时信息客户程序，2001 年推出 Xbox 游戏机，参与游戏终端机市场竞争。

微软的前世今生

比尔·盖茨的传奇故事一直被人们所津津乐道，而微软崛起的故事知道的人却并不多，下面，就让我们走进微软，寻找隐藏在它背后的秘密。

1975 年 19 岁的比尔·盖茨从哈佛大学退学，和他的高中校友保罗·艾伦一起卖 BASIC(Beginners' All-purposeSymbolicInstructionCode)，又译培基。培基意思就是"初学者的全方位符式指令代码"，是一种设计给初学者使用的程序设计语言，当盖茨还在哈佛大学读书时，他们曾为 MITS 公司的 Altair 编制语言。后来，盖茨和艾伦搬到阿尔伯克基，并在当地一家旅馆房间里创建了微软公司。1977 年，微软公司搬到西雅图的贝尔维尤(雷德蒙德)，在

那里开发 PC 编程软件。

1979 年,MITS 公司关闭,微软公司以修改 BASIC 程序为主要业务继续发展。公司创立初期以销售 BASIC 解译器为主。当时的计算机爱好者也常常自行开发小型的 BASIC 解译器,并免费分发。然而,由于微软是少数几个 BASIC 解译器的商业生产商,很多家庭计算机生产商在其系统中采用微软的 BASIC 解译器。随着微软 BASIC 解译器的快速成长,制造商开始采用微软 BASIC 的语法以及其他功能以确保与现有的微软产品兼容。正是由于这种循环,微软 BASIC 逐渐成为公认的市场标准,公司也逐渐占领了整个市场。此后,他们曾经(不太成功地)试图以设计 MSX 家庭计算机标准来进入家用计算机市场。1980 年,IBM 公司选中微软公司为其新 PC 机编写关键的操作系统软件,这是公司发展中的一个重大转折点。由于时间紧迫,程序复杂,微软公司以 5 万美元的价格从西雅图的一位程序编制者 TimPatterson(帕特森)手中买下了一个操作系统 QDOS 的使用权,在进行部分改写后提供给 IBM,并将其命名为 MicrosoftDOS(DiskOperatingSystem,磁盘操作系统)。IBM-PC 机的普及使 MS-DOS 取得了巨大的成功,因为其他 PC 制造者都希望与 IBM 兼容。MS-DOS 在很多家公司被特许使用,因此 20 世纪 80 年代,它成了 PC 机的标准操作系统。1983 年,微软与 IBM 签订合同,为 IBM-PC 提供 BASIC 解译器,还有操作系统。到 1984 年,微软公司的销售额超过 1 亿美元。随后,微软公司继续为 IBM、苹果公司以及无线电器材公司的计算机开发软件。但随着微软公司的日益壮大,Microsoft 与 IBM 已在许多方面成为竞争对手。1991 年,由于利益的冲突,IBM 公司、苹果公司解除了与微软公司的合作关系,但 IBM 与微软的合作关系从未间断过,两个公司保持着既竞争又合作的复杂关系。

微软公司的产品包括文件系统软件 MS-DOS 和 Xenix:Xenix 是 Unix 操作系统其中一种个人电脑上的版本,由微软公司在 1979 年开始为 Intel

处理器所发展的，它还能在 DECPDP-Ⅱ 或是 AppleLisa 电脑执行。继承了 UNIX 的特性，XENIX 具备了多人多工的工作环境，符合 UNIXSystemV 的接口规格(SVID)、操作环境软件(窗口系统 Windows 系列)、应用软件 MS-Office 等、多媒体及计算机游戏、有关计算机的书籍以及 CDROM 产品。1992 年，公司买进 Fox 公司，迈进了数据库软件市场。1983 年，保罗·艾伦患霍奇金氏病离开微软公司，后来成立了自己的公司。艾伦拥有微软公司 15% 的股份，至今仍列席董事会。1986 年，公司转为公营。盖茨保留公司 45% 的股权，这使其成为 1987 年 PC 产业中的第一位亿万富翁。1996 年，他的个人资产总值已超过 180 亿美元。1997 年，则达到了 340 亿美元，1998 年超过了 500 亿美元，成为理所当然的全球首富。Windows 操作系统(中文翻译为"视窗")是微软公司最著名的产品，它占据了全世界几乎所有个人电脑的桌面。

20 世纪 80 年代末 90 年代初，微软在其 MS-DOS 操作系统的基础上推出了 Windows3.x 系统，进行了一次尝试。1995 年，微软推出了独立于 DOS 系统的 Windows95 操作系统，它迅速占领了全球的个人电脑市场。微软乘胜追击，在 1998 年，微软推出了 Windows98 操作系统，这是其历史上影响时间最长、最成功的操作系统之一，在此基础上，微软推出了 Windows98 第二版(SE 版)以及千年版(Millennium 版，即 ME 版)接着又推出了 Windows2000、WindowsXP、WindowsVista、Windows7 以及现在微软推出的最新版本 Windows8 都为微软赢得了很大的市场。

在服务器应用领域，微软先是推出了 WindowsNT 系列操作系统，接着在此基础上推出了 Windows2000 系列操作系统、WindowsServer2003 系列操作系统和最新的 WindowsServer2008 系列操作系统。

2001 年，微软结合 Windows98 和 Windows2000 系列的优点，推出了 WindowsXP 操作系统，XP 的意思是"体验"。XP 系统重点加强了安全性和稳定性，首次在 Windows 操作系统中集成了微软自己的防火墙产品。它还拓展了多媒体应用方面的功能。XP 系统主要有家庭版和专业版两种，其中专业版保留了 Windows2000 中的用户管理、组策略等安全特性，并使其更加易用。WindowsXP 又一次成为软件发展史上的经典之作。

2007 年，微软正式推出 WindowsVista 操作系统，"Vista"有"展望"之意。Vista 系统引入了用户账户控制的新安全措施，并且引入了立体桌面、侧边栏等，使界面更加华丽。它还添加了家长控制等实用功能。Vista 拥有 7 个版本。然而，由于 Vista 对系统资源的占用过大，它在推出后市场反应不佳，主要用户集中在 OEM 领域，大多数人还是愿意使用经典的 XP 系统。

为了挽回市场，微软正在酝酿新一代的 Windows7 系统，该系统的正式版已经上市，这将是微软的"救命稻草"！

在专业应用领域，继 Windows2000 后，微软又推出了 WindowsServer2003 系统和 WindowsServer2008 系统。

在 IT 软件行业流传着这样一句告诫："永远不要去做微软想做的事情。"可见，微软的巨大潜力已经渗透到了软件界的方方面面，简直是无孔不入，而且是所向披靡。微软的巨大影响已经对软件同行构成了极大的压力，也把自己推上了反垄断法的被告位置。连多年来可靠的合作伙伴 Intel 也与之反目，对簿公堂。2001 年 9 月，鉴于经济低迷，美国政府有意重振美国信息产业，拒绝拆分微软。至此，诉微软反垄断法案告一段落。公司目前在 60 多个国家设有分公司，全世界雇员人数近 9.1 万人。

永远以客户为中心

十几年前，美国使用计算机的人并不算多，但是由于微软公司开发出了操作如此简单实用的 Windows 系统，致使美国使用计算机的用户呈几何数增长。可以说，微软的出现带动了整个美国计算机行业的迅速发展，也为自身的发展创造了一个收获的黄金季节。正是基于此,比尔·盖茨在企业发展的过程中始终没有放弃过征求客户的意见。

当年比尔·盖茨把自己的大学同学鲍尔默请来一起工作时,鲍尔默就很好地领会和贯彻了注重客户的精神。在销售策略上,鲍尔默从来没有盲目学习当时的电脑巨人 IBM 公司。鲍尔默从不把精力都放在建立强大的直销与宣传队伍上,而是根据客户的需要,建立起了系统专销与顾问一体的销售网络,让客户在购买前后都可以方便自如地学习和掌握计算机使用技术。这一点是 IBM 无法做到的,因此,微软的销售企业在 1997 年上交的税款高达 40 亿美元,位列当时美国企业前列。

随着微软以客户为中心的意识不断增强,微软在 1982 年就已经占领了操作系统霸主的地位。而当时应用系统软件领域正被可视、莲花、微处理公司分而食之。看到这一情况,争强好胜的比尔·盖茨坐不住了,他决定进入应用系统软件领域。

为此比尔·盖茨不但建立了一个一流的应用系统软件开发团队,还建立起了一支完善的销售和售后服务支持队伍。1984 年 5 月,比尔·盖茨任命曾在 IBM 工作过的杰瑞·拉藤伯为零售部门的副总裁。随之,一支由 60 余名技术人员和 30 多名其他工作人员所组成的客户服务队伍也宣告成立,专门负责回答客户咨询、技术维修等工作,自此,微软正式告别了粗放式客户服务的时代。

从 1985 年起,微软开始从支持工程师那里收集客户遇到的问题,到了 1991 年,微软又开始逐步地构建经常性的反馈环。最初,微软利用电话系统来收集数据,后来他们又开发出了各种各样的工具,比如电子邮件、因特网新闻组合、万维网之类的资源来收集数据,到了现在,微软利用的是第三代基于计算机的客户反馈系统来收集的意见与建议。

现如今,在微软内部已经树立起了以客为中心的企业文化。在对待客户服务方面，微软更加强调"自我检讨，自我改进，不断追求完美，坦诚而负责"，努力为客户提供更多更好的服务。为此，微软在内部制定了几个硬性指标，比如90%的客户反馈的问题必须要在两天之内回馈，3天之内要找到解决问题的方案。微软所有员工的年度奖金都与全球客户满意度直接挂钩，公司高层也是如此。

微软现任总裁鲍尔默就是一位十分注重客户反馈的典型代表。他的家就在微软公司总部附近，虽然他上有老下有小，家庭负担比较重，但是他每天都要优先保证两件事，一件是公司的高效运转，二是最大限度地满足客户的需求。而且在微软公司所有的用户中，任何人在任何时候都可以直接打电话给鲍尔默，即使他正在医院看望生病的儿子。

这似乎听上去有些不可思议，但是鲍尔默的确是这样一个人。美国ABC广播公司的副总经理理金德·希尔对此深有感触，几年前，当ABC广播公司的视窗NT出现问题的时候，鲍尔默千里迢迢从西雅图赶到纽约来为他们解决问题。鲍尔默对客户需求如此敏感，以至于他们头一天提出的问题，第二天就被完美解决了。这就是微软的效率，很显然，这并非是鲍尔默刻意表现自己，而是微软的企业文化推动着他。

在开发新产品的过程中，微软更是注重倾听客户的声音。微软不仅在产品研发方面投入大笔资金，还专门设立了一些倾听客户需求与提升客户体验的部门，微软企业工程中心就是其中的代表，其目的就是为企业客户模拟出一个真实的应用环境，让微软的客户与微软的产品组一起讨论与测试，了解客户的需求，解决客户在使用微软产品时遇到的实际问题，让客户能够顺利地实施应用方案。

在微软技术服务中，专门负责把客户反馈的坏消息变成好消息的部门叫做PI（产品完善）组。PI组有一整套成系统的事故管理和分析的办法，每年大约有七八百万条原始客户的数据等待处理，其中有90%来自支持现场，而这些意见能够迅速地通过微软完善的客户反馈与改善系统输送到开发人员那里去。在倾听客户反馈意见的过程中，微软可以很轻易地发现软件产品的缺陷，并且可以用最短的时间来弥补这些缺陷。从这一点上我们不难看出微软为什么能成为软件领域的龙头企业。

客户有多少需求，微软就提供多少服务

美国学者西奥多·莱维特曾经指出："新的竞争不是发生在各个公司的工厂生产什么产品，而是发生在其产品能提供何种附加利益（如包装、服务、广告、顾客咨询、融资、送货、仓储及具有其他价值的形式）。"

随着全球经济不断发展，产品为王的时代即将结束，服务制胜已经站在了市场发展的前端。

一旦产品最终生产出来，那么产品本身的价值就已经达到了极限。而伴随着产品的销售，服务便承载着巨大的无形价值。产品是消费者需要的果核，而服务则是消费者同样需要的果肉。

在享受产品价值的同时更要体验服务的价值，这已经成为了消费者购买产品时的普遍意识。对于现代消费者而言，精神层面的享受已经冲破了物质欲望的原始壁垒。因此，基于产品之上的服务也被置于服务营销的天平之上，服务体现出了自己真正的外延价值。

客户满意是客户对某一品牌或是企业忠诚的前提，只有对产品满意的客户才能够成为对企业忠诚的客户，才能真正接受、传播和推荐你的企业和产品。

根据麦肯锡公司曾做的一项调查结果表明：当产品和服务达到并且超过客户的期望值之后，客户的满意就会变得更加明确与肯定，而客户对企业的情感也会变得明朗与积极，最终会成为欣喜。而欣喜的客户会再次购买或者向其亲友、同事推荐自己的这一产品。

尊重客户是服务的关键。尊重客户的审美、情趣等精神愉悦的需求、充分感受客户内心愉悦的需要,并且满足客户精神愉悦的欲望,这就是做到优秀服务的秘籍。

补救服务是服务营销的后期工程,服务营销的致命缺点就是丧失客户的满意,客户的抱怨是服务营销的天地。一旦调查发现客户存在抱怨情绪或者开始投诉,服务人员就必须在企业规定的范围内根据问题的性质以及客户的重要性来采取补救措施。

在微软公司内部就有一套关于补救服务的4A行动计划:

预见(Anticipate)并预防服务差错;

承认(Acknowledge)已发生的服务差错,不推卸责任,不辩解;

真诚地道歉(Apologise);

弥补过失(Amend),采取修正错失以及弥补错失,及时为客户解决问题。

亡羊补牢,尚未晚也。根据美国服务协会的一次调查,零售业、银行业、旅游业、汽车服务业的补救服务平均可以获得30%~150%的投资收益率。一次有效的补救可以给企业带来十分明显的经济效益。补救服务绝对不是狗尾续貂,而是承载着整个企业服务环节最重要的一环。

随时掌握客户的反馈

一家企业想要在客户心中树立起良好的信誉,得到客户的信任,就必须要做到随时掌握客户动态。实施销售跟踪服务,随时掌握客户的状态有两方面的积极效应:第一是可以为新一轮的产品生产、销售提供建议;第二方面是可以为客户解决实际问题,减少客户购买企业产品之后产生的抱怨,提高客户服务的水平。

既然随时掌握客户的动态如此重要,那么,有什么简单的方法吗?营销专家们从营销实践中总结出了与质量跟踪有关的 3 项连带性销售服务跟踪措施：

1.发放质量信誉卡

质量信誉卡是商家为了抵抗假冒伪劣产品和服务、对企业自身进行约束而采取的一种新型产品、服务质量管理措施。质量信誉卡的基本内容包括：销售单位、商品或服务的名称、规格与型号、质量等级、售出时间、售出数量、销售价格、注册商标、生产厂家、用户姓名等，企业将卡发到客户手中可以发挥一定的质量担保作用与社会监督作用。

2.做好在线服务

在线服务是客户服务中的一个重要组成部分，如果企业拥有自己的网站，有客户咨询的电子邮件地址，那么请务必重视在线客户服务工作，一定不要让客户因为等待时间过长而感到失望，因为回复用户电子邮件咨询的速度是评价一个公司客户服务水平高低的重要指标之一。

国外有一家咨询调查机构曾有一项研究显示，有 89%的消费者因为产品或者服务出现了问题向企业发送过电子邮件，而在发送电子邮件的客户中，有 61%的客户希望能在 24 小时之内获得回复，还有 16%和 6%的客户分别希望在 4 小时、1 小时内得到回复。等待的时间一旦超过 24 小时，80%的客户就会失去等待的耐性。因此不难发现，24 小时是大多数客户期望的心底界限。

对客户的服务质量直接影响着企业的收益，该咨询调查机构认为，有超过一半的消费者会因为在线客户服务不满意而终止了交易。不过值得庆幸的是，还有 75%的客户表示他们会因为一家企业的在线服务质量高而购买产品。

当然，如果你的回复只有短短的几句话或者千篇一律的自动回复，那也是没有意义的，相反还会让客户感觉自己受了欺骗。除此之外，回复邮件内容答非所问的情况也时有出现，这些都是客户服务质量差的表现。要想获得客户的忠诚,企业首先就要尊重客户的感情,尽快认真地回复客户的咨询,努力解决客户提出的问题。

3.处理客户信息反馈

接待客户的来信、致电以及来访是服务人员的岗位职责,服务主管必须要求服务人员及时接洽和处理消费者的来信、致电以及来访,避免消费者因为企业的原因造成越级投诉。

在处理客户信息的反馈,尤其是处理客户的抱怨时,服务人员一定要小心谨慎,避免给企业带来不利的影响。处理好客户抱怨的关键有以下几个方面:

首先要有一个良好的态度,无论客户的抱怨是因为什么,都要承认自己的服务不周,要向客户道歉;其次要耐心地倾听客户的意见,同时要学会站在客户的立场上来看待问题;最后,要拿出处理客户抱怨的方案,并且把处理结果及时反馈给客户。

跟踪客户的情况可以为企业创造成功的机会,服务人员要把销售跟踪视为自己的责任,积极地和客户配合,打造卓越的企业服务。

微软离破产永远只有 18 个月

比尔·盖茨曾有句名言:"微软离倒闭永远只有 18 个月。"然而,他的这一句话与著名的"青蛙效应"有异曲同工之妙。

19 世纪末,美国康奈尔大学曾进行过一次著名的试验:实验者首先将一只青蛙放在煮沸的大锅里,青蛙触电般地立即蹿了出来。之后,实验者又把青蛙放在一个装满凉水的大锅里,青蛙在凉水中感到十分舒适,便自由自在地游起了泳。实验者用小火慢慢将凉水加热,青蛙感觉到了外界温度的变化,但因惰性而没有立即往外跳,直到后来热度难忍失去逃生能力而被煮熟。

经过分析,科学家认为这只青蛙第一次之所以能"逃生",是因为它受到了沸水的强烈刺激,于是便使出所有的力量跳了出来。由于第二次没有感受到明显的刺激,青蛙便因此失去了警觉,丧失了危机意识。然而当它察觉到危机的到来时,已经没有能力从水里逃出来了,这就是青蛙效应的由来。

人天生就有惰性,总是喜欢安于现状。不到迫不得已,大多数人都不愿意去改变已有的生活。

而"青蛙效应"告诉人们,商场中的竞争环境大多是渐热式的,不管是企业主管还是普通的服务人员,如果对环境的变化丝毫没有疼痛的感觉,最后就只能像这只青蛙一样,到被煮熟、被淘汰的时候已经无能为力。一个人既不要满足于眼前的利益,也不要沉湎于过去的胜利和美好之中,这种没有忧患意识的安逸感不仅会让我们忽略周遭环境的变化,更让我们失去了很多机会。殊不知,忘掉危机的逐渐形成,看不到失败一步步逼近的结果,就会像青蛙一样在安乐中死去。

相反,一个人如果能够居安思危,在适当的时候宣扬危机,给自己适度加压,就能够唤醒身处危境而不知危境的自己,使放慢脚步的我们加快脚步,不断超越自己,超越过去。

2011年被媒体誉为科幻特效年。3月24日,中新网报道:到目前为止最引人关注的两部电影,其一是重燃赛博朋克风的《创·战纪》,其二是在全球范围内引发热议的《洛杉矶之战》。其中,《洛杉矶之战》在内地上映一周票房就已经破亿,成为整个春季档乃至2011年最卖座的电影。

曾有人说,科幻电影是关于"变化的电影"。从20世纪30年代诞生科幻电影以来,在近20年的时间里,整个影坛都处于对二战的恐惧以及新生科技的兴奋和好奇之中;到了60年代,科幻电影又逐渐成为揭露战争黑暗、批判其残酷的电影类型;直至80年代,一部叫《E.T》的科幻片又让整个时代回归到了家庭与人性的主题;发展到90年代,好莱坞乐观积极的心态一直影响着科幻电影的走势；然而到了21世纪，各种各样的天灾人祸出现，日本强地震的破坏性、核辐射危机、法美英三国炮轰利比亚的战火，无时无刻不在牵动着人们的心。

如今，一部《洛杉矶之战》把外星人到地球的目的设为掠夺地球上的水资源，这是人类在未来道路上必定要遇到的问题。面对地球上日渐稀缺的资源，人类应该如何处理？是采取自我保护措施，还是去另外一颗星球上掠夺？电影中没有给出明确的答案，但每个人的心底应该都会有自己的见解。《洛杉矶之战》之所以让人们想去了解，是因为其中渗透着一种强烈的危机感，它满足了人类对忧患的心理需求：资源紧缺、残酷战争、人性黑暗、外来入侵，这些都在时刻激发着我们的危机意识。类似于《洛杉矶之战》这类能真正触动人内心的灾难战争电影，必将成为科幻片未来发展的大势。这种科幻电影，始终和我们的心理弱点紧紧结合在一起，同时又非常精炼地表现了这个时代的主题——危机感。也正因为如此，《洛杉矶之战》才把如此众多的观众吸引到电影院去一探究竟。

我们看电影，不仅仅只是看人物、看情节，未雨绸缪、居安思危、有危机意识，这是我们从中应该领悟到的。青蛙效应强调的，就是这样一种"生于忧患，死于安乐"的道理。

逆水行舟，不进则退。在刚开始对客户服务的时候，大多数人都愿意努力工作，既想取得一定的成绩，又想拥有辉煌的时刻。这些本都是好意向，但有的人容易被眼前的胜利冲昏头脑，认为自己已经到达相当的高度了。当自己还在原地停留徘徊的时候，后面的同事已经远远地超过我们跑在了前面。

现代社会的竞争总是残酷无情。物竞天择，适者生存，这是自然法则，也是商场生存的真理。这再一次验证了，比尔·盖茨的那一句："微软离破产永远只有18个月。"正是这种高度危机感，推动微软不断走向一个又一个成功。每个服务人员都应该具有居安思危的思想，时刻保持对危机发生的警惕性,以便能够做到防微杜渐、临危不乱。

德国奔驰公司董事长埃沙德·路透是一个具有强烈危机意识的人。他的办公室总是挂着一幅巨大的恐龙照片,照片下面写着一行醒目的大字:"在地球上消失了的,不会适应变化的庞然大物比比皆是。"不管是一个庞大的企业,还是刚入职场的新人,都应该保持高度的危机意识,只有这样才能使企业长久持续地繁荣,使个人稳步地迈向成功。

英特尔成立初期,葛罗夫在研发部门工作。1979年葛罗夫出任公司总裁,刚一上任便发动攻势,声称要在一年内从摩托罗拉公司手中抢夺2000个客户,结果英特尔最后赢得了2500个客户,超额完成任务。葛罗夫发动此项攻势源于其强烈的危机意识,他担心英特尔的市场会被其他企业占领。

1982年,经济形势恶化,公司发展极其缓慢。于是葛罗夫推出了"125%的解决方案",要求雇员必须发挥最高效率,以战胜咄咄逼人的日本。他时刻都保持着危机感,担心日本已经超过了美国。在一次销售会议上,身材矮小、其貌不扬的葛罗夫激情飞扬地说:"英特尔是美国电子业迎战日本电子业的最后希望所在。"那一刻,几百名青年男女热血沸腾,都被一个共同的命运所吸引——他们要把生产出来的芯片全部卖掉,以战胜日本电子业。这种危机意识,已经渗透到了安迪·葛罗夫经营管理的每一个细节。

1985年的一天,面对强劲对手的挑战,葛罗夫与公司董事长兼CEO摩尔讨论公司目前面临的困境。他问:"如果我们下台,另选一位新总裁,你认为他会采取什么行动?"

摩尔犹豫了一下,说:"他会放弃存储器业务。"

葛罗夫说:"那我们为什么不自己动手,现在就去做?"

于是在1986年,葛罗夫为公司提出了新口号——"英特尔,微处理器公司"。浓厚的危机观念,使英特尔顺利地渡过了这一劫难,成为商界的强者。

取得辉煌和成功是每个人的理想。但是要想获得成功,就必须具备强烈的职业危机意识，使自己面对的每一个任务都是一种机会和挑战。

孟子曾经说过："生于忧患，死于安乐。"直到 2000 多年后，这句话仍具有强烈的现实意义。一个人常处于安乐的生活中就会没有忧患意识，不思进取，最终只能走向灭亡。就像是太平盛世，在虚假的太平表象下，如果没有危机感，整个国家的人们都放松警惕，那么一旦遇到内忧外患便会立即土崩瓦解，顷刻间灰飞烟灭。

所有想要在服务界成就一番事业的人，都必然要在内心和身体各方面经受一番痛苦与曲折的磨炼，并以此来增长自己的才干，正所谓"天将降大任于斯人也，必先苦其心志，劳其筋骨，饿其体肤，空乏其身，行拂乱其所为，所以动心忍性，增益其所不能"。随时保持强烈的危机感，拒绝"安乐死"，在这种循次渐进的进步中，你最终会迈向成功。

惠普
——"我用心，您省心"

HP 来源于惠普两位创始人的姓氏，通过抛硬币决定的公司名称。1939年，在美国加州帕罗奥多市（Palo Alto）爱迪生大街 367 号的一间狭窄车库里，两位年轻的发明家比尔·休利特（Bill Hewlett）和戴维·帕卡德（David Packard），以手边仅有的 538 美元，怀着对未来技术发展的美好憧憬和发明创造的激情创建了 HP 公司，开始了硅谷的创新之路。惠普创业的车库，如今已经被美国政府命名为硅谷的诞生地。

惠普研发有限合伙公司（Hewlett-Packard Development Company, L.P.）（简称 HP）（NYSE:HPQ）位于美国加州的帕罗奥多，是一家全球性的资讯科技公司，主要专注于打印机、数码影像、软件、计算机与资讯服务等业务。2002 年收购了美国著名的电脑公司康柏电脑（2001 年 9 月 4 日宣布收购，2002 年 5 月 3 日完成收购）。

为了更好地为客户服务，不断开拓新的市场，HP 每年在研发方面的投入达 40 亿美元，用于开发产品、解决方案和新技术。HP 发明、设计和提供推动商业价值、创造社会价值，以及改善客户生活的技术解决方案，并在 UNIX 服务器、Linux 服务器、Windows 服务器、磁盘存储系统、存储局域网系统（SAN）、外部 RAID 存储系统、工作站、台式机、笔记本电脑、手持设备、喷墨打印机、激光打印机等多个市场领域暂时占据领先地位。目前惠普正重点关注云计算、设备的可连通性以及软件服务领域的发展。

中国惠普有限公司总部位于北京,在上海、广州、沈阳、南京、西安、武汉、成都、深圳等都设有分公司。其中在中国大连设有惠普全球呼叫中心,中国惠普在重庆设有生产工厂。

比认真更重要的是用心

有人问惠普中国大区的总裁孙振耀:"惠普成功的秘诀是什么?"孙振耀不假思索地说:"用心!"而后,孙振耀给大家讲了一个自己的亲身经历:

我在美国的拉斯维加斯曾经住过两家酒店,这两家酒店都是五星级,都非常的富丽堂皇,服务态度也都彬彬有礼,但是我在两家酒店分别住了一次之后就果断地在其中一家办理了会员卡,日后每次去拉斯维加斯时我都会去那里下榻,知道这是为什么吗?

其实说起来,它们之间最大的区别就在于服务态度上,我在 A 酒店,也就是我没有办理会员卡的那家酒店入住的时候,我每天早上醒来都会有服务员热情地问候:"先生,早上好。"当时我的确很满意,然而在 B 酒店,也就是我办理会员卡的那家酒店,我在入住后早上出门时,那的服务人员会十分热情地对我说:"孙先生,早上好!"这就是差别。而且不仅仅是问候上的区别,我在 A 酒店告诉那的服务生我需要一张地图的时候,那的服务人员迅速找到了一份地图并且交给了我。而在 B 酒店时,服务员不仅给我找来了地图,还关切地问我:"孙先生,您要去哪?我可以帮您在地图上找到,并且画出最佳的线路,如果您需要车子,我们也可以帮您安排。"诸如此类的例子还有很多很多,而这也是我为什么选择 B 酒店的原因。

很显然,这两家酒店的服务给孙振耀的感受与体验是截然不同的。前者虽然遵循标准,但是后者却能够创造惊喜;前者是认真服务,而后者是用心服务。为客户创造快乐与舒适的体验,一家企业服务是否能够成为优秀服务的企业困难不在于技术,而在于有没有用心去服务。用心服务是要求站在客人的立场上去思考,努力为客人提供尽善尽美的服务。

很多企业都不会站在客人的角度上思考问题。例如,很多酒店提供的毛巾虽然是新的,但是上面却黄斑点点;酒店提供免费洗衣服务,但是客人想洗衣服却找不到洗衣服的袋子;客人向服务人员咨询某些事情,被服务人员告知打某个电话,但是那个电话往往不是无人接听就是占线,甚至会出现电话转来转去,客户的问题得不到及时解答的情况;再比如有些饭店不管客人的承受力与消费能力,只是一味地向客户推荐昂贵的菜品,让人十分反感;还有就是最典型的看人下菜碟,对看起来消费能力强的人谄媚,对消费能力低的人不假辞色,这一切都反映出了服务的欠缺。

那么,如何才能做到用心服务呢?以下有几个小技巧:

1.善于换位思考

换位思考,也叫设身处地。当你在为客户提供服务的时候应该经常在心里这样想:"如果我是客人我会怎么看待我的服务呢?"这是十分必要的,通过换位思考你可以把麻烦留给自己,把方便与舒适留给客户。

2.善于观察客人

观察能力比较强的服务人员善于从客人的一个眼神、一个动作、一句话中就判断出客户对服务的需求,以及隐藏在客户心底的情绪,并且根据客户的需求和情绪来迅速做出积极的反应。

3.善于持续创新

以酒店为例,很多酒店的菜单经常更新,但是餐厅装饰、餐桌的布置与餐具的样子却许多年来一直不变,这就会让客户感到厌倦。因为只有不断地创新才能造就优秀的服务。从观念、思维到行动,从程序、方式再到方法,乃至于整个企业的形象不断地创新,才能保证企业的服务形象越来越完美。

服务标准一定要恰到好处

服务的标准具有两面性,对于企业和服务人员来说,服务标准是约束要求和努力的目标;对于客户而言,服务标准则是企业对客户的承诺,是选择、信赖一家企业的理由。服务的标准应该是一种能够满足客户要求,能够具体描述的。在制定服务标准时,企业一定要掌握好一个度,如果服务标准订的高了,企业就会负担过大,员工难以长期坚持下去,服务的收益难以抵补成本;而如果服务标准过低,就会降低服务质量,就没有办法满足客户的要求,让客户对企业失去信任,从而抛弃企业。

服务质量可以分为两个方面,技术性质量和功能性质量。所谓的技术性质量指的就是客户与企业直接交易所得到的实质性内容,比如饭店的饭菜、酒店的房间、搬家公司的搬家服务,等等。技术性质量可以通过客观的方式加以评估,并且成为所有客户对某些服务评价的重要依据。而功能性质量即服务的技术性要素是被如何移交给客户的,主要是由“过程”和服务体系中的人决定。功能性质量包括以下几个要素:员工的态度、员工的行为、员工之间的关系、与顾客有接触经验员工的重要性、服务人员的外观、服务对于顾客的可及性、服务人员对于服务的态度。功能性质量虽然一般不能用客观来评估,但是同样也是客户对企业服务评价的一个重点。

因此,服务标准的制定也主要从技术性质量与功能性质量这两个方面来分解。对于技术性的质量标准,企业应该从“规范化与技能化”方面入手,让员工掌握必要的知识与技能,按规范作业,解决客户的难题。对于功能性质量标准,企业应努力提高“服务人员态度和行为”、“服务的可亲近性和灵活性”、“服务的可靠性”、“服务体系的自我修复”等方面,特别是要赋予客户一定的监督权力。大多数客户都希望在服务交易的过程中有一定的控制权,而不是总受到企业的摆布,如果客户的这一需求可以得到满足,将会大大地提高服务满意的程度。

服务标准应该针对服务的过程与结果有着直观、具体的量化要求,以便于服务人员和客户衡量评价。同时,标准要牢牢抓住服务质量的控制重点,简单明了地规定出哪位服务人员、在什么时间、什么地方、做到什么程度,以便于执行与检查。除此之外,服务标准的制定过程应该让执行的服务人员一同参与,因为他们才是最了解情况的人,只有得到他们的理解与认同才算是一个高效的服务标准。如果制定的服务标准无法与现实情况相靠拢或者服务人员难以认同该标准,那么服务标准就很难得到充分贯彻执行。只有服务人员理解和认同的服务标准,才能把服务标准彻底执行,减少服务过程中的差错。

努力提高客户的满意度

现如今,高新技术的发展可谓是日新月异,人们在享受高科技所带来的便捷时也逐渐发现了一个问题——科技的发展在某种程度上使广大的服务企业离客户越来越远。而在这个以服务为主导的时代,远离客户无异于自我放逐。

在当今这个服务为王的新经济社会。服务的优劣直接决定着企业的存亡。因此,为客户提供卓越的服务是每一家企业的最高追求,而如何提高服务质量,提高客户对服务的满意度也成为了每一家企业都深思的问题,而下面的一些小故事可能会给你带来一些启发。

1.“没问题”

日本神奈川县有一家公司名为荣木杂货店,这家杂货店在当地十分有名,人们都非常喜欢来这里购物,有时甚至会出现一整天都有客人络绎不绝地进出的情况。荣木杂货店是如何获得这么好的业绩的呢?经过总结,他们把功劳全部归结到一个词的身上,那就是——没问题。"没问题"这几个字在荣木杂货店的所有角落都能见到,而"没问题"也是荣木杂货店对客户所有要求的回答,也是对自己良好业绩的一个回答。

如果企业能够把"没问题"的观念引入内部,那么这家企业就能真正的获得客户的友谊。但是在服务的过程中真的可以一直"没问题"吗?答案是否定的。但是这并不是企业拒绝采用以服务为导向的战略理由。你必须要意识到,虽然"没问题"的观念有一些冒险,但是从统计的结果来看,这么做的收益远远大于风险。

有权威机构曾调查显示:低水平的服务并不是客户拒绝与企业打交道的最大原因。服务人员的漠不关心才是客户抛弃商家最主要的原因。有75%的受调查者表示,如果在购物的过程中受到服务人员的冷遇就会放弃和这家公司的接触。因为人们无法和态度冷淡的人交流。如果他的服务态度恶劣,人们可以向他提出抗议,甚至投诉,企业还有改进的机会,但是如果碰到一个冷淡的人,人们就毫无办法了。

2.如何才能使客户高兴

事实上,让客户高兴并不困难。服务和客户的情绪直接相关,因此服务人员通过自己的身体语言、非语言交流、接触和态度等都可以使客户开心起来。有统计结果表明,当服务让客户感到舒适的时候,人们对价格就变得不那么敏感了。

老杰克的理发店位于一片富人区,是那种专门迎合讲究奢华的客户所设立的理发店。而老杰克也为此花费了很大的心思,从豪车接送到理发时送上咖啡、甜点,再到轻音乐环绕的舒适环境,老杰克通过这些细微之处的服务让客户在这里体验到了超值的服务,同时老杰克也为自己赢来了大笔生意。

3.让客户认同自己比产品更重要

麦肯锡公司曾在美国做过一次调查,而调查的结果令整个美国企业界吃惊。麦肯锡公司发现,当人们在选择一个品牌的时候,并非是把产品质量和样式等放在最前面,大多数人都会把认同放在所有条件的前面。认同有很多形式,但是对于认同一位客户来说,关键就是把他/她看作是自己的伙伴。客户服务对于客户和企业来说都是一项长期的事业。它必须像擦窗户、倒垃圾、坐公车一样不断地延续下去。而企业也必须把客户服务当作是一种企业文化来渗透到自己的商业过程中去,这对改善企业的服务质量至关重要。

4.赢得一个新客户比留住一个老客户要难 10 倍

你会因为 1 块钱而舍弃 10 块钱吗?答案是显而易见的。那么,想象一下,如果你是一家集团的老总,你会冒着失去一个忠诚老客户的风险去拉拢一位新客户吗?答案也是显而易见的,一位老客户能够创造的价值比一位新客户多 10 倍。因此,一旦你拥有了忠诚的客户,那么你就要去努力维持和他们的关系,要永远把他们抓在手里。

5.所有人在选择时都会害怕

人们在选择和谁做生意的时候,担忧和害怕是大多数人都会出现的情绪,而这种情绪是可以通过服务人员与客户的简单交流来解决的。

一般的客户对较为专业的产品和服务所知甚少。因此他们只能希望碰到一位正直善良的商家来指导他们购买。他们希望能用一个合理的价格来获得自己需要的东西,甚至是超出自己期望的东西。而这些东西或许是无形的,比如一个微笑、一次握手,甚至是一个简单的询问。

现在你应该发现,其实要把服务做到卓越并不困难。只要你发自内心的去关心客户和满足他们的需求,并且通过服务来让客户了解到这一点,那么客户就会看到你的卓越,欣赏你的卓越,为你的卓越而付出。

联邦快递

——强调人与服务的完美结合

美国田纳西州的孟菲斯是联邦快递的全球总部所在地,其服务范围遍及二百余个国家和地区,它在中国香港特区设立了亚洲总部,在加拿大安大略省的多伦多设立了加拿大总部,在比利时的布鲁塞尔设立了欧洲总部,在美国佛罗里达州的迈阿密设立了拉丁美洲总部。或许你觉得其规模的庞大令人震惊,实际上,其发展的速度更是令人意想不到:联邦快递仅仅用了不到30年的时间便跻身于世界财富500强和美国企业500强的行列之中。它之所以能够有如此辉煌的成绩,这与其为顾客量身定制解决方案是息息相关的。

有使命,必完成

史密斯曾经表示:顾客的满意度是从对员工的满意开始。所以,它们提出了这样的公司理念:"员工、服务、利润就是使命。"包括史密斯在内的联邦快递领导人一再强调他们的员工必须要培养成服务至上的理念。

曾服役于海军陆战队的弗里德里克·史密斯成为联邦快递(Federal Express)的现任总裁,他不但战胜了众多的竞争对手,而且还设定了一系列重要的措施。

弗里德里克·史密斯在服役期间曾经两次远赴越南,在这样的军旅生涯中他遇到了一位脾气乖戾的海军陆战队军官。这位军官这样告诫史密斯:

"想要赢得战役的胜利,你必须将3件事情牢牢铭记于心。那就是射击、行动和联络。"这句忠告让史密斯在战场和事业上都有着颇丰的收获。近日,史密斯为了兼并标准产业集团(Caliber System)花费了27亿美元。史密斯之所以要兼并这家集团是因为它是标准集团属下的RPS子公司,其所掌握的运载量仅次于联合运输公司(United Parcel Service)。

为了将大批的客户招至联邦快递的麾下,史密斯在联运(UPS)工人中进行四处游说,企图改变长达半个月的罢工所导致的市场空白局面,终于史密斯为自己构建了和公司职员紧密联系的方法,这让他如虎添翼。事实证明,老板与雇员的齐心协力确实能够创造前所未有的奇迹,联邦快递在华尔街的股市上也得到了巨额回报:其单股价格在一年内提高了70%。股市上的成绩让联邦快递开始构思更加雄伟的蓝图,他们希望将全球飞机和货车都统统地利用起来,每一种交通工具在联邦人看来都是获取利益的途径。

在过去的几年中,联邦快递从来没有获得过如此骄人的成绩,面对曾经徘徊不前的股票价格,他们也常常感到懊恼,没有哪一次回报率能够突破3.2%,这让53岁的史密斯感到为自己的集团注入新鲜血液的必要性,他渴望着RPS的加盟。联邦快递一旦拥有RPS,那么便有了发展壮大的理由。RPS实力相当雄厚,它拥有着13500辆货车,这些固定资本能够在很大程度上增强联邦快递与联运竞争的实力。

联邦快递对RPS实施兼并后实力大增,以亚特兰大为中心的联运(UPS)受到了前所未有的威胁感。比格·布朗作为联运的总裁迫于竞争压力不得不向客户保证该集团中再也不会发生诸如1996年夏天这类的员工罢工事件。此时,联运董事会也为客户的投诉事件忙得焦头烂额。在这种关键时期,如果快递公司再不将客户放在第一位上,那么不用说找不到新的客户资源,即便是老客户也会插上翅膀向联邦快递的天空中飞去。克文·摩尔菲作为摩根·斯坦利的分析家对这两家针对客户的竞争给予了这样的分析:联邦快递在招揽客户上所做的努力已经使得它成功地从联运手中夺去了2%的市场份额,其势力的不断扩张让它的市场占有率突飞猛进,已经达到43%。

对于联运来说,它所遭受到的打击远不止是联邦快递的挑战,它自身更是被无法平息的劳资纠纷所困扰相比之下联邦快递的集团领导人与员工之间则显得格外默契:史密斯的雇员们不但对他们自身所获得的待遇感到满意,而且对客户、对集团领导都表现出忠诚的热情,这让整个团队变得紧密团结。联运的工人们却表现出恰恰相反的举动,他们与董事会形成两个派别,双方分歧不断,一个完整的整体被间隙割开,随着时间的发展并没有相应的决策出炉,只能眼睁睁看着员工与董事会之间的矛盾愈演愈烈,一场又一场的罢工运动接连不止。

迈克尔·埃里克森作为驻俄勒冈州波特兰市的航空运输公司副总经理针对这种现象指出:"罢工之前,顾客通常选择价格低廉的运输公司,联运通常以较低的价格取胜。但是现在许多顾客由于担心再次发生罢工,把业务投向了他处。"

和众多企业家相比,史密斯似乎更具有自己的领导特色,他的身份虽然是一位老板,但是却有着很强的耐心和深厚的亲和力,如果有可能他会对工作中的事情身体力行,这让他能够及时掌握集团一线的具体情况,也能够符合时宜地制定出各种正确有效的决策。史密斯在生活中不苟言笑,他很少提及自己的私人生活,但是在事业中所具备的野心却是难以隐藏,他更善于用各种多变的方法来实现自己的抱负。

根据客户的需求来量身定制方案

凭借着独创性的服务精神和特有的工作效率,联邦快递将自己的客户服务网络向全世界蔓延开来,它的足迹占据了全球国民生产总值90%的区域。通过电子信息网络站，联邦快递公司能够同全球百余万重点客户和合同客户进行随时随地的电子通讯联系，让服务变得无所不在。在 24~48 小时中向 215 个国家和地区提供周到的服务，并保证服务的快速和可靠性。其所利用的电子信息网络站包括"电子托运工具"，即运用电子计算机的全球网络对客户进行全程跟踪，实现"门口到门口"的服务，这让联邦快递在市场竞争中获得了相应的时间优势和较为有力的客观条件。

比如说，当客户选择联邦快递进行托运时，客户能够一次性了解高达 25 个包裹的最新动态，联邦快递的货件追踪信息网络能够为客户随时提供收件人的包裹的始发地、目的地以及签收人的姓名等，当然，客户也能够随时了解包裹在运输途中的具体情况。当货件按时送达目的地后，客户也能够利用联邦快递网络在同一时间向 3 个人发送电子邮件告知货物的收取情况，这样就方便了客户查询货件动态。

随着国际经济，特别是亚洲经济在过去 10 年中的快速发展，快递被越来越广泛地运用到人们的日常贸易、联络通信和生活交往中。各行各业也开始将重心集中在各自的核心业务中，"外包"作为供应链及后勤物流作业的模式便出现了。"外包"的日渐风行让快递成为世界上最重要的经营方式之一。

在全球快递氛围下，联邦快递应运而生，并且在有利的大市场环境下得到了飞速发展的机会。面对客户的各种要求，联邦快递都会为其提供出整合式的供应链解决方案，无论对方的目的是将货件托运到亚洲还是世界上的其他地方，在联邦快运看来这都是一件能够并且必须完成的事情。联邦快递所提供的高效率的供应服务链能够帮助客户实现重要的目标，同时也能够降低成本且获得较高的利润，除此之外，客户一旦选择联邦快递还能够享受到以下服务：

其一，供应链中存货流动的透明状态。

其二，不必需要面对很高的存货情况，可以享受随到随服务。

其三，联邦快递服务人员的优质周到的服务。

其四，减少不必要的仓储成本。

客户之所以能够获得这样的服务，正是得益于联邦快递"度身定制的解决方案"，该方案配合经过专业培训、严格考核、经验丰富的联邦快递专业团队便能够让客户的各种需求都得到满足。正因为如此，联邦快递在过去几十年中都依赖于这条服务链来效力于客户，尤其是卓有成效的供应链管理效率更让客户自身获得了利润。

不要用忙来作为忽视顾客的理由

企业存在的基础是客户的存在，这也正是为什么自古以来商家都想尽各种方式来收揽客户的原因。随着时代的进步，社会分工有了进一步的发展，最初仅有几个工人的小作坊变成了拥有数十、数百甚至千万工人的大企业，企业管理者的经营模式也由最初的直接管理向间接管理转换。也就是说，企业管理者并不能直接管理其中的每一个经营细节，而需要将这个管理重任交托给具有相同管理经验的人士来共同经营。

对于企业管理者来说，包括身边工作伙伴在内的人都可以称得上是自己的服务对象。他们不得不将很多的时间花费在这些人身上：自己的老板、主管、股东、董事会成员、银行家、合伙人、供应商以及下属、同事、卖方、营销者和一线员工、勤杂工等。

企业成立后的前3年至为关键，如果在这3年中企业出现了滑坡而引发倒闭危机，那么企业管理者则必须承担以上所提及人员的更多义务，当然，在对这些义务履行的过程中还有可能会接连不断地出现各种问题，企业管理者千万不可因此而泄气，恰恰相反，越是这种关键时期越要保持自己的创造力和服务精神。对企业的员工都坚持着服务的原则，那就更不必说对企业的客户了。企业管理者对客户的态度决定着企业的业绩，因此，无论你的企业如今处于一种怎样的发展阶段中，在服务方面都需要小心翼翼，服务对企业管理者来说永远不是一件轻而易举的事情。

作为企业管理者的你不妨回头查看一下每天与你打交道的人物当中是不是忽略了一个人？那便是客户。企业管理者作为企业的高层人员并不能像一线员工那样有很多与客户直接接洽的机会，但是对客户的服务意识却丝毫不能减少，这是成为一名优秀企业家的必要条件。

有的企业管理者用"难题"来形容客户提出的要求，对于一些特殊性的要求，他们则会用时间过紧、问题太多来搪塞，结果让抱怨之声充斥在与客户的交流中，投诉事件不断发生。这些负面事件又会成为企业管理者面临的新压力。之所以会出现企业人员对客户的抱怨现象，究其根本还是因为对服务理念的缺乏。试想，如果一个企业的管理者在一开始就树立一种"客户是企业生命之源"的理念，那么他们还会在客户提出需求的时候推三阻四吗？

企业之所以能够得到生存和发展的机会，这都是因为商品交换的结果。既然是商品交换，那么也就不存在哪一方出现损失的情况，客户只是用他们的钱来换取企业的产品和服务，既然是等价交换，企业就理应服务到底，对客户视而不见难道不正是在剥夺客户的权利吗？

真正成功的企业会将客户视为至尊，奉为衣食父母，将其供若神明。对运行了 3 年及其以上的企业进行调查，便不难发现在企业刚刚成立的第一年中，越是想将企业做大就越会在意客户的想法，企业管理者需要时时刻刻思索如何能够揽下更多的生意，如何能够将自己推销出去，如何能够寻找新的客户资源，什么样的服务才是更易被客户所接受的，怎样的一种模式能够让成本在最短的时间中收回？企业刚刚成立的第一年是一道关键的门槛，有半数以上的小企业都因投资不足而在这一年中不幸夭折。

如果你的企业有幸度过了第一年的难关，那么在第二年中同样不可掉以轻心,这是挖掘新客户的关键时期,但企业管理者又不得不被一些其他的事情所干扰,比如说雇员、文件、纳税、融资、人力资源配置、存货、资产管理等。尽量不要被这些事情所干扰,争取做到在维持老客户的同时开发新客户,很多人都败在这个环节上,他们在企业盈亏持平或开始盈利的时候便放松了对客户的服务,而将工作重心转移到其他一些管理问题之上。这时客户便会清晰地分为三大类别:既来之则安之,来也匆匆去也匆匆,静待门前犹豫不决。

倘若你的企业很幸运地闯过了第二年的难关,那么这是值得庆幸也是需要紧张的时刻,因为企业管理者的肩膀上承担了更重的责任,一不小心出现服务的疏忽就有可能让自己的潜在客户投向他人。正如巴里·玛纳斯所提醒的那样:千万不要以为现在你的客户对服务感到满意而沾沾自喜,实际上这些客户有很大一部分都只是暂时性的,竞争优势往往稍纵即逝。因此,企业必须做更多的事情,避免客户的流失。

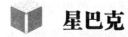

星巴克
——随时随地服务客户

星巴克作为咖啡连锁的巨头经历了神话般的发展,在短短40年之内,它从最初的一家咖啡小店,发展到1.7万余家店面遍及全球50多个国家,并被公认为咖啡帝国,这段发展历程足以用"神话"二字来加以形容。在消费者的眼中,星巴克绝不仅仅是一家洋溢着浓郁咖啡之香的咖啡厅,而是一个时尚、一种文化的象征符号。

星巴克的服务理念

无形性(intangibility)、不可分离性(inseparability)、可变性(variability)和易消失性(perishability)是服务所具备的4个基本特征。企业管理者想要更好地服务于客户则必须根据其每一种特性制定相应的策略,比如说企业可以采取有形化和技巧化策略来应对服务的无形性,采取关系化策略来应对服务的不可分离性,采取标准化策略来应对服务的可变性等。星巴克作为咖啡界的领头人就非常重视这些服务策略的运用,并将其充分运用于自己的"体验营销"之中,正因为如此,它才能够将店面开遍四大州。

星巴克有别于其他的咖啡厅,它不仅仅是销售咖啡,更是营销一种文化和理念,它提出了"第三空间"生活观。美大星巴克一直与媒体保持着积极的联系,它不会轻易放过任何一次咖啡讲座的机会,也格外重视相关的市场活动宣传和咖啡文化的传承。在业务上更是提出了咖啡行业的最高标准,顾客服务、产品质量、店面设计和外在环境氛围等都力求做到最好。客户来到这里总能够感受到前所未有的美感,这就是"星巴克体验"。星巴克一直在探索能够将无形服务与有形技巧相结合的策略,它希望能够用一些物质作为载体将无形的服务转化为有形的特质,这样客户的体验也能够变得更加立体客观。

在处理与客户的关系时,星巴克充分认识到了服务所具有的不可分离性特点,正因为它是不可被分离的,所以在服务的过程中需要有客户的积极配合,良好的服务是建立在客户与企业双方互助的基础之上的,"双赢"一词也来源于此。星巴克的企业理念中明确包含着"以顾客为本"和"认真对待每一位顾客,一次只烹调顾客那一杯咖啡"等,这样的理念为星巴克迎来了飞速崛起的机会。

正是因为认识到服务过程的主体是客户,所以星巴克格外注重客户的感受。每次推出一款新的咖啡,它都会将客户的反馈及时记录下来,任何客户前往星巴克时,都会额外地获得星巴克推出的新咖啡,服务人员会细细询问客户对新产品的感受。另外,星巴克非常重视销售中的二次法则,也就是某位客户在该店中第二次要了同样种类的咖啡,则它会视为你对该款产品表示认同。那么,为什么客户会格外喜欢这种咖啡呢?这也是服务人员需要调查的事项之一,所以,他们会请客户填写调查问卷。这种互动方式能够让星巴克和客户维持一种良好融洽的关系,从而营造出产品的口碑效应。

服务质量的高低与很多因素有关,比如说:服务人员、服务时间、服务地点等,这说明,服务本身具有一定的可变性。服务的主题和对象都是人,所以服务人员自身素质会对服务产生较大的影响,为了保证服务的质量,星巴克采取了3种措施:

其一,招收高素质的服务人员,并进行严厉的培训。

其二,将服务过程向制度化和标准化方向引导。

其三,建立健全客户投诉系统,及时对客户的满意度进行追踪。

星巴克在对服务人员进行培训时,会涉及对公司适应性的介绍、店内工作技能、顾客服务技巧等,除此之外,员工还需要经历一个广泛管理层培训计划,在这个过程中会引领员工着重训练领导技能,以及客户的职业服务观。这样的培训能够让星巴克员工具备统一的企业文化理念和价值观,这也是星巴克员工流失率小于同行业水平的原因。

服务永远是与产品的质量互生互存的,星巴克在产品质量上也有着严格的标准。这种标准化体现在:无论是原料、运输、烘培、配制、配料的掺加还是水的滤除,以及将咖啡呈现给客户的那一瞬间,所有的一切都必须严格按照既定标准行事,保证行动的精确性。这样的标准化行动让星巴克咖啡保持了高端水平的市场地位,也让它能够更好地满足于客户。

服务的人性化策略可以说是星巴克服务的一大亮点,以美大星巴克分公司为例,所有员工都在致力于打造一种晚上的工作环境和彼此尊重、相互信任的工作氛围。这一切都体现了强烈的人性化特色。

星巴克公司每年都会对同行业间的员工进行一番薪资调查,与市场员工的工资水平进行比较后会实行调薪政策。对每周工作超过 20 小时的员工提供特别的辅助方案。

服务与营销之间有着致密关系

星巴克服务的人性化表现方式就是它极力打造的"第三空间"。当今社会的人们生活在一种极快的节奏下,而生活空间则比较单一,最常去的两大场所就是家中和办公室。在家中休息,在办公室中工作。巨大的生活压力,单调的生活方式让人们时刻处在一种封闭的环境中,人们迫不及待地想要呼吸一下其他地方的新鲜空气，也就是常说的"第三空间"。而星巴克正是抓住了人们的这一渴望，将"第三空间"的服务理念打造出来。

所谓的星巴克"第三空间"就是集产品、服务以及与顾客进行情感交流为一体，在店面设计上更是有别于传统的餐饮业店面，它将每一间店铺赋予了独特的设计，风格迥异。每一个店铺选好具体地址后，专业的设计师会根据当地的环境特点为新店铺进行独特布局设计。每一个细节上都营造出一种自然和人相和谐的氛围，无论是颜色风格、形状特色还是物品摆放都尽显温馨和独到。除此之外，咖啡的口味也是多种多样，客户们可以根据自己的喜好来挑选不同种类的咖啡。这一切都体现出星巴克的人性化色彩，它之所以能够在咖啡界处于名列前茅的地位，原因正是如此。

星巴克的内部营销更是有着不错的效果，那么，所谓的内部营销究竟是什么呢？企业对志愿聘用、培训、指导、激励和评价以及使员工保持正确思想和服务意识等这些都是内部营销的内容。其实质是一种管理策略，主要研究如何培养员工的服务意识，保证其具备正确的服务技能，在与客户融洽相处中完成工作任务。另外，企业还需要想办法保留住高素质的员工，让他们为企业效力，总体来说，内部营销做得越好，员工的流失率则越低，其服务意识则越强。

社会节奏的加快让人们对第三空间的需求有所增加，他们需要以此来调整自己的身心。星巴克抓住了这样的商业契机，并使之形成一种星巴克格调，一种典型性的第三空间。

星巴克不但力求在产品质量上达到客户的满意，而且特别注重于客户的情感交流，它将这种情感融入到对客户的服务之上。所以，客户走进星巴克之后不但能够品尝到咖啡的美味，而且能够从中品尝到服务人员的情感。

尝的方面如此，看的方面亦是。客户进入星巴克之后在视觉上能够获得全新的美感，每一间店面的设计都不尽相同，而是与店铺所在地的具体客观环境相结合而进行设计。在星巴克咖啡店的内部,环境整洁,布局别致,柔和的灯光环绕着整个店面,柔软宽大的沙发与光滑的木质桌椅摆放其中,吧台则是由磨光的大理石制作而成,咖啡制作器具精美绝伦,甚至连盛放礼品的杯子、杯垫都构思得匠心独运。此外,吊灯、墙壁和桌子的色彩都和咖啡的色调相一致,给人一种自然和谐的感受。

在听的方面,客户可以随意地坐在某张椅子上,静静放松身心,聆听慵懒的爵士乐,音乐弥漫在咖啡的香气中,整个室内都呈现出独特的星巴克格调,营造出一种"余音绕梁,三日不绝"之感。

在品的方面,客户可以根据自己的喜好来挑选不同口味的咖啡。星巴克为了满足不同客户的需求研制出不同品种的咖啡,比如说拿铁咖啡、卡布奇诺和焦糖玛奇朵等,浓香的诱惑让客户流连忘返。

这些服务让星巴克成为繁忙都市人的一片宁静之土,让忙于奔波的现代人获得了暂时放松身心的机会,他们能够沉浸在这片时尚雅致而极富有亲切感的星巴克环境下,将一天的疲惫得到冲洗,让惨淡的感情变得丰腴。正是因为星巴克的第三空间满足了客户的消费需求,所以才使得它的消费额保持在一个很高的层级之上。这种第三空间与"以客户为中心"的企业服务理念相得益彰,使其形成一种良性的营销模式:服务周到,客户满意,客户忠诚度提高,选择二次消费或多次消费,星巴克格调因此形成,并且收益颇丰。

让服务向更广阔的空间延伸

星巴克的服务一直被人称道,如今,星巴克在保证咖啡畅销的同时又在多种领域展开了服务延伸。让星巴克成为跨界尝试的新典范的标志是全美店内的免费 WIFI 和数字网络服务。星巴克的业绩在 2010 年再创新高,并且荣登福布斯杂志,被评为当年最理解消费者的企业之一。

数字网络是可以像咖啡一样冲泡的。在我们所生活的这个网络时代中，利用网络进行邮件收发、在网络上浏览新闻、观看娱乐视频、发表微博或是体验网上购物都已经成为人们平常生活中不可缺少的部分。一系列与网络相关联的物品更是层出不穷，诸如笔记本电脑、ipad、3G 网络、智能手机、无线 WIFI 等。在网络快速发展的大背景下，星巴克也开始将服务的足迹蔓延到网络中来，它将店内的实体服务与虚拟的互联网数字服务相结合，如此一来，客户能够在享受美味咖啡的同时也体验到数字网络的乐趣。

　　在免费上网的基础上提升服务附加值。星巴克牵手 AT&T 公司，决定在将"一键免费登录"的无线网络服务使用到全美 6800 家店内。"一键免费登录"并不是指为客户提供免费上网的信号，而是在此基础上提升免费 WIFI 服务附加值，也就是说，客户只要在星巴克店内就能够免费登录一些需要付费的网站，比如说华尔街日报浏览新闻是需要收费的，但是在星巴克店中却能够免费登录。此外还可登录苹果应用商店免费下载 5 首歌曲(每周)或是免费观看最新影视预告片等。为了给客户提供更为全面的网络服务，到目前为止，星巴克已经与 30 多家网站建立了合作关系。由此可见，星巴克确实将"第三空间"的服务理念在付诸于实际，如此一来，能够让消费者获得更优质的服务。值得一提的是，星巴克的服务质量远远不止这些，它还在向更远的领域延伸。正如其总裁舒尔茨所言：一切看似完美的服务都仅仅是一个开端而已。

　　服务没有边界，利用树立网络让服务向更远的地方延伸。通常来说，人们想到星巴克往往会联想到：享受最美味的咖啡，感受最温暖的服务。这样的评价对一个咖啡店来说已经是最好的评价了，但是星巴克却远远不会满足于此。它时刻都在思索为客户提供更加优质服务的策略，在原来的基础之上又进行一系列的创新，比如说，2010 年 10 月 20 日推出的"星巴克数字网络"服务。该网络服务建立在 yahoo 平台之上，包含了新闻、健康、娱乐、地区新闻动态、商业与职场，以及星巴克市场活动等 6 个频道，消费者在这里能够享受到免费的在线服务，包括：下载音乐、阅读文章、浏览当地新闻和收看视频等。为了将最全面的服务提供给消费者，星巴克特地设立了一个专门负责网络内容编辑的团队，及时为客户们提供最新资讯。

"星巴克数字网络"的建立与其说是它为了获得客户二次光临的机会，不如说是它用对消费者负责的态度在搭建"第三空间"的平台。我们不妨将星巴克从前的服务与如今的服务进行对比，从中不难发现它在新的服务策略上所下的功夫：从前客户在星巴克店中想要看书报则需要全款购买或是自行携带，如今星巴克提供了免费的网络服务，消费者们则可以带着笔记本电脑或是智能手机在此上网查询资料。最主要的是，这里所提供的那种舒适的环境和无与伦比的咖啡之香会让客户陶醉其中，这些都是星巴克提升服务附加值的具体表现。当然，这样的服务也获得消费者的回报——忠诚。

星巴克新老顾客对其所推行的数字网络服务给予了极高的评价，到 2010 年年底，星巴克数字网络的月访问量成功突破 3000 万次，甚至可以说星巴克的数字网络与独立的媒体别无二致。

星巴克的成功是否可以复制

在我国，很多快餐连锁店和咖啡店也已经开始涉足免费的 WIFI 服务，有的店中为了满足消费者，甚至连客户在店中停留的时间也不加限制，导致一些人进入店中购买一杯咖啡就足以坐上几个小时。实际上，国内服务行业并没有必要对星巴克的服务模式照抄下来。

既然不能完全复制星巴克的成功，那么我们需要从哪些方面来学习它呢？实际上，企业需要学习星巴克的内在服务精神，研究其对核心竞争力的把握力度，以及对服务营销的深度理解力。以下对这些方面做详细分析：

其一,学习星巴克的核心竞争力。

市场中虽然经常谈及"核心竞争力"一词,但是究竟核心竞争力到底为何却是众说纷纭。实际上,核心竞争力应该是企业获得利润来源、战胜竞争对手的独特能力资源,它能够引领企业迈向成功。一些知名企业之所以能够从众多竞争对手中脱颖而出,其必然具备了一些独特的能力,或是在管理模式上,或是在先进技术上,或是在品牌形象上和创新能力上等,只有表现出高于竞争对手的能力才能为企业在市场中打造出一片天地。

与其说星巴克的核心竞争力是"顾客体验"的服务模式,不如说它是因不断地开拓精神和创新能力而获胜。正如星巴克总裁舒尔茨所说:"对我来说最重要的一点就是创新、创业,而且要勇于突破条条框框,突破传统的原则和规律,只有具有创新的创业者才更有可能成功。""星巴克数字网络"恰是其深入洞悉消费者需求后的创新之举,其优势是创造力、创新型、冒险精神和梦想,这种在服务中的创新意识恰是我国服务企业需要认真学习的。

其二,学习星巴克深度服务营销理念。

始终关注顾客的需求变化是星巴克服务营销的核心所在,要想做到深度服务营销,企业必须对消费者的潜在需求倍加关注,从而建立一种企业同客户之间进行深入了解沟通的长效机制,以此作为关心客户的平台,争取与客户建立长久的、和谐的合作伙伴关系。

星巴克对消费者的深入洞察是其深度服务营销的首先表现。在对客户进行深入观察中不但对客户的显性需求有所了解(比如,客户对咖啡口味的偏爱等),而且还能够更进一步发掘客户的隐性需求。对客户隐性需求的发掘体现在对"第三空间"的营造上。在这个环节中,星巴克一方面将有形的产品销售给客户,另一方面更将其无形的产品"数字网络"奉献给了客户。

除了以上内容之外,星巴克还有一点非常值得我国服务行业学习,那就是"无限服务"的意识,他们认为服务是一种没有止境的事务,因此会想尽办法拓宽自己的服务边界。"星巴克数字网络"是对"异业合作"的具体尝试,另外,与《纽约时报》《今日美国》《华尔街日报》等报刊媒体的合作更是它企图涉足报刊业的具体体现。星巴克将服务客户的理念与实际完美的结合成为其获得成功的根本原因。

雅芳

——为女性生活增添新愉悦

美国雅芳产品有限公司(AVONProducts,Inc.)创立于1886年,公司总部位于美国纽约,如今是全美500强企业之一。雅芳色彩系列、雅芳新活系列、雅芳柔肤系列、雅芳肌肤管理系列、维亮专业美发系列、雅芳草本家族系列、雅芳健康产品和全新品牌Mark系列,以及种类繁多的流行珠宝饰品都属于雅芳的产品,属于一家名副其实的女性的公司。

粉红色策略漂染雅芳

雅芳致力于接触更多的女性,提供更好的服务。雅芳认为女性的进步和成功,就是雅芳的进步和成功——这正是雅芳的服务理念。

1992年,雅芳公司开始关注女性健康问题,并将自己的名字与各种公益活动相联系。雅芳公司在全球展开乳房防治计划,其中规模最大的活动则命名为"雅芳乳癌防治活动",此次活动在1992年英国发起,其宗旨是帮助那些收入低、缺乏医疗保险、少数民族的女性进行治疗,寻找根治乳腺癌的办法。1993年,"雅芳乳癌防治活动"扩展到美国,如今雅芳已经在50个国家推出相关疾病防治计划。在计划实施的过程中,雅芳公司独立销售代表会定期给客户分发健康教育材料,并且与客户一同参加徒步募捐活动。另外,雅芳公司为了人们提高乳腺癌的意识特地开发设计了粉红色护肤品丝带,将其分发给人们。

自 1992 年到 2002 年期间,"雅芳乳癌防治活动"为世界各地乳癌研究和医疗机构提供了高达 2.5 亿美元的资金支持。雅芳的筹款计划有很多,除了特殊的抗癌"粉红丝带"之外,还有雅芳乳癌防治活动雨伞、化妆箱和蜡烛等,以及用音乐会、长跑等特殊活动来加强"远离乳癌,健康一生"的全球宣传。其中雅芳公司的粉红色策略最为成功,总结其成功的原因,主要涵盖以下几方面:

其一,雅芳所选择的公益事业与自己的客户群体相吻合。30 岁以上的中年妇女是雅芳的主要客户群,她们深知乳腺癌对自己存在的隐形威胁,在对疾病的医治方案上已经有不少企业参与赞助,雅芳公司意识到:倘若自己也将援助的重点定位在研究方案上,那么则会被其他企业所引领,因此,它决定另辟蹊径,将目标转向那些医疗条件较差的或医治资金不足的妇女群体,这类群体最重要的健康需求就是做定期检查并及时就诊。雅芳特地将该项目命名为"雅芳抗击乳腺癌之旅",充分显示了自己的特色。

其二,雅芳在挑选公益伙伴的时候非常用心。雅芳负责人表示:抗击乳腺癌活动专业性非常强,加上此次计划的长期性,这需要与一家具有权威性和专业精神的全国性基金会组织作为固定的合作伙伴。在经过一番商讨后,它决定与中国癌症研究基金会正式签定合作协议,并将"雅芳爱心基金"设立起来,以此来帮助有关乳腺疾病普及教育和医疗防治的有力推行和延续。

其三,雅芳对活动做出了长期承诺,并鼓励全员参与。世界各地的雅芳独立营销代表是一个庞大的群体,仅美国的营销代表就有 50 余万人。"粉红丝带"抗癌活动产品样式繁多,包括了胸针、笔、杯子、蜡烛和玩具熊等,抗癌活动的所有产品都按照人们可接受的价格来出售,平均每件 5 美元左右,这就意味着所有人都有支持该活动的能力。雅芳用精美礼品盒包装每个产品,并附送免费的开放信息教育书册。

外在美给人视觉冲击,内在美给人心灵体会

企业对客户的服务大多都是通过一线员工来完成的,一线员工比企业中的管理者更有机会与客户进行直面的接触,也正是因为这样,企业对一线员工的服务质量格外关注,用各种方式来提升员工的服务素质。比如说:考核、培训、技能学习、理论研究等,甚至涉及到员工的站、立、行、言、神态等培训。通常情况下一线员工与客户进行接触的方式有 7%是通过语言信息完成的,38%通过语调传递完成,55%通过身体语言完成。

企业中的服务人员在工作中尤其要学会察言观色,要通过客户的各种外在表现来洞彻其内心的真实想法,同时要学会对客户的身体语言进行翻译。通常来说,客户内心不悦会出现眉头紧皱、表情僵硬,而客户感到满意时则会眼睛放大、侧耳倾听……服务人员掌握这些察人技巧很容易,但是世界上并不存在完全一样的两个人,不是所有人在不悦和兴奋时都会出现相同的表现,所以服务人员在察言观色中要尽量因人而异,不要对一些理论技巧过于依赖。

几年前深圳一家保险公司为了体现服务的统一性而推行了标准化的鞠躬礼,但凡有客户进入公司或业务人员前去拜访客户时都要行此鞠躬之礼。然而,在实践过程中,这样的服务反而让客户感到不自在,员工们也觉得十分别扭,在客户的提议下这项服务标准就取消了。

在现今的服务上,各个企业都开始挖掘更深层次的服务技巧,追求一种绝对统一的服务效果,将实践中的服务变成了一套纯粹的理论,殊不知这样一来,反而让服务的"本色"淡化。比如说在饭店中做菜的厨师们,他们想要

获得客户对自己厨艺的认同而在食物中添加各种配料,味道尝起来不错,但似乎总是少了某种东西。韩剧《大长今》中有一句话道破了其中的奥秘:"在做菜的时候一定要想着吃的人,脸上浮起微笑!"放到现代化的餐饮服务中就是4个字"心系客户"。想一想我们小时候在家中等待着妈妈在厨房炖的鸡,虽然没有太多的配料,但是仍然能够满屋飘香,这其中包含着母亲最深厚的爱,而这种源自于内心的爱就是企业应当追求的服务标准。

由此可见,仅仅用服务技巧是不能完全从心灵上感化客户的,各种关于服务程序的培训虽然是无可厚非的,但在学习服务技能的同时也要加强员工的内心建设,使他们明白真心诚意对待客户的重要意义,只有毫不动摇的服务心意才是客户最需要的。毕竟,企业与客户的关系并非一锤子买卖,而是要用发展的、长远的眼光来考虑,正所谓"路遥知马力,日久见人心"。真正能够让客户驻足在企业门前的因素,便是诚意的合作。

浅谈遇心服务和知心服务

根据服务的不同层次营销专家将其划分为遇心服务和知心服务两大类型,以下我们对这两种服务的技巧进行分析:

1.遇心服务技巧

想要获得客户较高的满意度,为其提供贴心的服务是必须的,在贴心服务上再上一个等级那便是遇心服务。也可以说遇心服务就是无论何时何地,但凡客户提出需求则要在第一时间为其提供相应的服务。一般来说,遇心服务的对象数量较为庞大,但客户提出的要求并不太高,主要是一般性的客户群体。遇心服务的体征是具有全面性和公平性,对待任何客户都抱有一种一视同仁的服务态度。

此外,遇心服务还具有一致化、标准化、品质化的特点,比如银行服务,它在各个城市分行中为客户提供的服务都是一致的,服务理念也具有统一性,不会因为地区的变更而在服务程度上出现差异。所以,想要做到遇心服务,则需要对员工进行统一的培训,做到遇心服务的典型企业有:麦当劳、肯德基和必胜客等。

遇心服务的质量有着明确的衡量标准,服务人员要对客户的感受保持较高的敏感度,将服务的细节贯穿在任何一个细节中,做到礼尚往来、宾至如归,这些细节主要包括人员服务礼仪、业务服务礼仪和电话服务礼仪等。

其一,人员服务礼仪。主要包括引导顾客、奉茶、介绍导购、送客、安排乘车等,正所谓有"礼"走遍天下,服务人员培养对客户的礼仪习惯是最基本的质量标准。除此之外,服务人员或企业代表在大厅中首次见到客户时的第一印象也十分重要,客户甚至会因为第一印象来考虑要不要继续与该企业进行合作,所以,服务人员的每个动作和眼神都要尽量透露出贴心之感,要留给客户难忘的印象。

其二,业务服务礼仪。提升服务的质量和效率非常重要,当有客户来到企业中时,该企业的服务人员马上为其提供接待式的前台服务,服务质量亲切而有效率则能够让客户感到可靠和值得信赖。当客户遇到疑惑时,服务人员要为其提供热心的服务让问题迎刃而解,这样的服务会给客户一种归属感。

其三,电话服务礼仪。电话服务过程中因为不能与客户直面相对,只能够通过语音来传递信息,所以,服务人员要尽力做到声声入耳、口齿清晰、口气轻柔、态度热忱、用词礼貌,当然还要主动热情。这些都是服务人员专业精神的体现,这样的电话服务能够让那个客户在挂断电话后仍有余音绕梁之感,甚至还想与电话服务者进行第二次的通话。

2.知心服务技巧

知心服务是与遇心服务相对来说的,遇心服务的客户群体是一般性的客户,而知心服务的客户群体则是开发出数量有限、要求很高的、具有独特性的 VIP 服务对象,这类的服务具有尊贵化、精致化、特殊化的特点,典型的代表有个人商务酒店、贵宾理财银行和飞机头等舱等。

知心服务通常是很难被普通客户享受到的,毕竟它是量少的、贵宾级的服务,加上在服务的过程中要实施区隔化、差异化才能满足客户的需求,普通用户更是很少涉及。举个最简单的例子:信用卡的使用,金卡会员收到账单的印刷品质要远远高于普通会员,并且有着进一步的专业咨询服务,其中包括查询详细的支出账单、帮助用户减少不合理的花费、为客户制定了理财的规划等。

服务的最高境界是人性化

服务行业有一个原则,即"客户就是上帝"一线服务人员是与客户打交道最多的一个群体,当然也应当对客户有着最为全面的了解。客户是企业的衣食父母,客服人员作为服务业的群体之一也应当全心全意为客户提供周到的服务,客户的满意不但能够让双方的关系得到提升,更有利于凸显出客户的重要意义和深度价值,让对方愿意期待第二次的合作。

在公司发展过程中,客户是一个重要的资源。公司于客户的关系实际上是一种前者依附后者的关系,公司是因为客户的存在而存在,所以,每天为客户提供高质量、人性化的服务是客服每天必须的工作内容。"服务"这个词是经常被强调的,然而什么样的服务才是最好的服务呢?这要根据服务的本源来决定。

客服为客户提供相应的服务,其目的是与客户达成一致的协议,并使得自己给出客户帮助的这个过程尽可能的轻松愉快些。优质的服务和劣质的服务是有差别的,其区分依据就是:前者能够带给人一种轻松、愉悦、快捷、方便和自然之感;而后者则更像是笨拙的举动,客人即便是接受了客服的服务，但是在这个过程中却常常感到不明就里，觉得对方的一些行为是自己所无法接受的。由此可见，只有从客户的角度来进行设计的服务才属于人性化的服务，它能够将自然舒适的感觉带给客户。

一直以来，服务业最常提及的一句话就是："全心全意为客户服务。"但是，全心全意是针对员工来说的，而客户则不一定能够感受到百分之百的满足，也就是说你的全心全意很有可能因为对方的不理解而变成了一厢情愿的付出。这种说法毫不夸张，有的服务流程的过程要复杂于电脑程序，客户虽然手拿详细的服务细节说明书，但是却要花费很多的时间去理解，结果还往往产生思想上的分歧，反而达不到服务的效果。

实际上，客户最希望的服务模式并不是公司设计出来的所谓的典型模式，而是一种适合于自己的、预想中的服务方式，本着人性化的原则，公司在为客户提供服务的时候，一定要考虑到他内心的真实愿望。做个最简单的比喻，客户更希望自己所接受到的服务迅速而面面俱到，他们希望服务变成一枚摆放在床头的伸手可及的台灯，当他希望看到整个屋子的时候只需要轻轻按动开关即可，不费事不费力也不用费心思。

"人性化"、"以人为本"等这样的字眼，更多的体现出一种重视人性，尊重客户的服务理念，当然，我们可以理解为——人性化的服务本质是一种安排在先的、积极主动的服务行为。它与救火式的服务截然不同，与其用"以备客户所需"来形容人性化服务，倒不如用"已备客户所需"来形容。微软广告将这种人性化服务描述得非常形象，即为"所见即所得，所想即所得"，这种想要什么就有什么的服务是最上乘的、最受客户青睐的服务模式。这种模式与传统的"我们提供什么，客户才能拥有什么"是不同的，它更包含了超前的、积极主动的因素。这类的服务简单且方便，能够获得更多客户的满意，在某些情况下他们甚至是在浑然不觉的情况中就体验到了服务的绝妙之处。

心理上的基本愿望得到满足是人们自我追求的目标之一，然而"满足"

却是一个极其抽象的词组，它没有特定的、具体的标准，所以，企业应当将不断满足客户的愿望为奋斗目标，在发展过程中不断创新、不断超越。从前那种"服务达标"和"服务合格"的自我评判模式已经不适用于当今服务业，取而代之的将会是"人性化的客户服务"和"不断深化客户满意度的服务"，这种服务趋势的到来已经成为必然，跟上它的节奏和方向，将自己公司的发展战略和服务目标明确下来，方能够在激烈的竞争中保持优势，立于不败之地。

企业想获利，可从个性化服务入手

个性化服务虽然流行于当今社会的企业之中，但是要论其发源时期，却是在农业社会中，当时流行一种"手工定做"的服务模式，其实质是一种个性化服务的雏形。工业时代中手工定做的服务模式得到了进一步的发展，但是与大规模机械化、标准化的生产方式相比，其力量却是甚为微弱的，因为没有绝对的市场竞争力，该模式逐渐淡漠下来。工业经济社会的到来让客户对产品的数量提出了更高的要求，只有数量上的满足才能够保证市场供给的合格，虽然这种模式能够保证数量的充足，但是终究无法满足消费者对产品多样化和个性化的要求，这样就导致供求关系出现矛盾。现代社会越来越注重对个性的弘扬和对创造性的肯定，所以，个性化服务也再次获得了市场的认同，经营的决策者不得不对个性化服务重视起来。

通俗来说，对特定的客户提供个别的服务就是个性化服务，实际上它将企业的目标市场进行了细致的划分：将每位客户都作为市场上的一个独立个体，在处于企业与客户关系的时候已经不再将客户作为产品的被动接受者，而将其视为产品的策划者和设计者，客户在这种服务模式下具有了更多的主动权，他们能够对自己所需要的产品进行详细地描述，企业需要尽最大的努力来满足客户的这些特定需求。

个性化服务能够带来较大的经济效益，它能够将以人为本的企业经营理念体现出来，又能够提升企业内在的核心竞争力。以下介绍个性化服务的作用：

其一，避免库存积压过多，库存成本得到降低。个性化时代的来临，让客户对产品的独特性也有了新的要求，企业可以在了解客户的实际订单后对产品进行规划设计和生产，坚持"以需定产"的原则能够让企业仓库中避免出现产品积压的情况，如此一来，产品在尚未投入生产之前就已经有了明确的客户，也省去了向潜在客户推销的过程。产品积压的情况消除了，产品的再生产周期也大大缩短了。

其二，为企业与客户提供了直接沟通的机会，降低了企业寻找客户的流通费用。个性化服务的环节比较单一，传统中的那种企业寻找客户难的问题得到解决，能够省下一笔宣传费用，也大大方便了客户有求无应的窘境，将彼此之间的距离缩短，双方沟通起来更加便捷。

其三，能够降低企业的销售成本。在个性化服务的过程中，因为企业在生产产品之前需要对客户的需求做详细的了解，有着明确的设计原则，所以，只需要在产品质量、定价上下功夫便可，不必颇费周折地考虑其他方面的因素。如此一来，企业便能够将广告费用、市场促销费用等节省下来。

其四，个性化服务能够提升客户的忠诚度。客户能够随时为产品的制作提出全新的要求，达到量体裁衣的效果，企业的专业人士能够及时地、有针对性地为客户提供服务建议，能够让正确的预期要求得到满足，也能够让最初不合理的预期要求及时得到纠正，这样便将购买产品的风险降到最低，提升了客户总价值。另外，客户能够充分利用各种信息渠道与企业进行及时沟通，将寻找、挑选、商谈、购买产品的时间与精力都节省了下来。值得一提的是，个性化服务能够将企业与客户之间形成一种学习型、互惠型的良好合作伙伴关系，企业能够拥有固定的客户，且客户往往具有较高的忠诚度。

希尔顿酒店
——用微笑来对待上帝

100多年来,希尔顿酒店的每一位员工在行为和思想中都贯彻着"顾客至上,微笑服务"这一服务理念,正是这样的微笑,使希尔顿酒店的生意做得很好,也为其发展积累了雄厚的资本。

希尔顿国际酒店集团经营管理着403间酒店,包括261间希尔顿酒店,142间面向中端市场的"斯堪的克"酒店,以及与总部设在北美的希尔顿酒店管理公司合资经营的、分布在12个国家中的18间"康拉德"(亦称"港丽")酒店。它与希尔顿酒店管理公司组合的全球营销联盟,令世界范围内双方旗下酒店总数超过了2700间,其中500多间酒店共同使用希尔顿的品牌。希尔顿国际酒店集团在全球80个国家内有着逾7.1万名雇员。

微笑迎接每一位顾客,今天你微笑了吗

希尔顿酒店作为世界著名酒店集团中的一员,其创始人康纳·希尔顿曾经这样说:"无论旅店本身遭受的困难如何,希尔顿旅馆服务员脸上的微笑,永远是属于旅客的阳光。"无论是不是希尔顿酒店的顾客,当听到或看到这句话时都愿意住进希尔顿酒店,因为每个顾客都希望得到尊重和良好的服务。当希尔顿酒店与顾客引起共鸣时,说明希尔顿酒店能真正为顾客考虑,这也是希尔顿酒店成功的原因之一。

顾客往往想从商家那里得到尊重和关爱，良好的服务就是商家对顾客最好的尊重，当顾客感到自己被尊重和关爱后，幸福感就会在其心里油然而生，他就会记住这个商家，并把它作为自己以后下榻的地方，成为这个商家的忠实顾客。

在这个世界上，利润对于商家来说，那是他的生命。每个商家都想从商业中得到源源不断的利润，利润来源于客源。所以，商家就需要稳住现有客源去发展新的客源，甚至是忠实的客源。

企业已经在人类社会中发展了很久，但企业的命运却不一样，有的企业消失了，有的企业诞生了，在企业的发展中，如何让企业生存几年、十几年、几十年、100 年甚至更长时间，一直是企业管理者思考的问题，那么如何让企业生存的更久呢？

"笑是人类的特权。"钢铁大王卡内基曾经说过这样的话。微笑可以让人与人之间建立起情感的桥梁，对于服务行业来说微笑能拉近服务人员与顾客的距离，当服务人员对顾客微笑时，顾客心里就特别舒服和温暖，他们就会对服务人员的服务态度和店铺的整体印象有一个初步的判断，所以说，语言有时候也无法跟无声的微笑相比。在日常的生活中，微笑一下对于每一个人来说再普通不过了，但它代表着这个人的生活方式和工作态度，若要把微笑融入到服务行业工作中去，所带来的经济效益是无法估量的。

"顾客至上，微笑服务"，在康纳·希尔顿看来是让企业永葆青春和活力的重要原因之一。因为如此，微笑已经贯穿到康纳·希尔顿日常的生活中去了，他常常对自己说："今天你微笑了吗？"这句话甚至已经成为希尔顿酒店的一句店训。

在这个世界上，也许很多人没有住过希尔顿酒店，甚至这辈子都没有机会住进希尔顿酒店中去，但当一提到希尔顿，人们首先想到的是希尔顿酒店，甚至在很多时候，它被作为声望、财富和地位的象征。在百年来，很多世界名流和国家政要把希尔顿酒店做为其首选的下榻地。接待过各界名流和各国政要已经成为希尔顿酒店的一张名片，对于希尔顿酒店来说，它是荣誉，更是一种无形的资产。

声誉对于一个要想在市场上发展的企业来说是很重要的。因此，康纳·希尔顿把声誉放在能使希尔顿酒店生存和发展的第一位，因为他相信，拥有了声誉就拥有了未来。正因为如此，他一直把"顾客至上，微笑服务"作为自己的座右铭和希尔顿酒店的店训。

怎样才能把声誉传播出去呢？声誉来自商家服务过的顾客，只有顾客受到商家贴心的服务时，他心里温暖和幸福，才能把温暖继续传递给周围的人。酒店的成败与声誉的好坏有着直接的关系，对于国际顶级的希尔顿酒店来说也同样如此。"顾客至上，微笑服务"这种真诚服务的理念，让已经百年的希尔顿酒店在当今依然充满生机和活力。百年辉煌的希尔顿酒店无疑证明了作为希尔顿酒店的创始人和掌舵者的康纳·希尔顿是一个成功的管理者。

国家的兴衰直接受国家领导人的思维观念和目光远近高低的影响，企业的成败同样也直接受领导者的智慧和能力的影响。正是因为康纳·希尔顿在酒店成立之初，就为希尔顿酒店未来的发展铺好了道路，在经过百年的风雨洗礼后的希尔顿酒店，依然充满生机和活力，并稳居世界酒店行业的龙头，来自全世界顾客和同行业对希尔顿酒店的赞美，证明了康纳·希尔顿是成功的，在酒店成立之初的努力是没有白费的。

"顾客至上，微笑服务"的这一理念不仅为希尔顿酒店提供了源源不断的客源，也为希尔顿酒店创造酒店帝国梦想提供了自信心。当同行都萎靡不振濒临破产时，希尔顿却在向他的目标发起攻击；当同行都在圈钱时，希尔顿却一如既往地坚持着"顾客至上，微笑服务"这一理念，不同的理念造就了企业不同的命运，其他同行都破产倒闭了，而希尔顿酒店却生存下来。

在生活中人们经常问："你愿意做一个哲学博士，经常神情忧郁，还是愿意做一个小学生,虽然学历不高,但天真烂漫经常有灿烂的微笑呢?"相信聪明的人都会选择后者。同样,服务行业店员的微笑会感染到顾客,让人们从这会意的一笑中看到这个酒店的服务理念和服务态度,从事过服务行业的人都知道这样的道理,对于聪明的希尔顿来说,这也是他创造微笑服务理念的初衷。

有一次,当希尔顿在母亲面前炫耀自己的成功时,而母亲却严肃地对兴奋中的希尔顿说:"孩子,你有钱或者没钱对我来说跟从前都是一样的……在你成功有钱的时候,你务必知道什么是比钱更重要的东西;对于经营饭店来说,除了尊重顾客,还得想办法留住顾客,怎样让第一次住过希尔顿饭店的人,还想来住第二次、第三次、第四次……首先你得让人们对希尔顿酒店留下美好的印象,想一种容易、简单,既行之有效又不是钱能做到的办法来吸引顾客。只有这样,你的饭店才能前途光明,长久经营。"

希尔顿听了母亲这番话后,深深地思考了一下酒店目前的状况,确实是顾客来来往往,回头客很少,大部分都是陌生的新面孔。怎样才能既容易、简单,又行之有效又不是钱能做到的办法吸引顾客,留住顾客?希尔顿想了很久,也没想出这样的一个办法来。

有人劝他放下匆忙的工作,去看看别人怎么做的,多走走多看看,从别人的成功与失败中也许能得到答案。于是,希尔顿以顾客的身份去商店和饭店里感受他们的服务,长时间观察后,他发现服务人员经常微笑的商店和饭店,顾客比较多生意较好,他心理暗自惊喜,他终于找到了他想要的答案:微笑服务。他明白了:只有每一个员工都面带微笑地去服务,才能吸引顾客,自己的酒店才能经营好,生意才能兴隆。这也是为什么希尔顿把"微笑服务"作为希尔顿酒店的经营策略的原因。

希尔顿曾经对员工说过这样的话,顾客把员工的一举一动记在心中,如果你对他们态度好,顾客就会对酒店产生认同。为了达到顾客的满意,要求员工无论遇到什么困难,都要微笑对待。他不仅是这样要求自己的员工的,而且自己也是这样做的。

在如今,当你住进希尔顿大饭店的时候,不仅会看到它一流的设备和享受到它周到的服务,而且能找到家的感觉,温馨和煦。住过希尔顿酒店的人都会记住让你如沐春风,员工脸上始终挂着微笑严谨地服务,在希尔顿酒店,员工从来不会叫错你的名字,他们所提供的服务几乎都能做到顾客心里去。

顾客是上帝,只有在思考问题时都能站在顾客的角度上考虑,才能为顾客提供亲切舒适的服务,才能让顾客满意。每一位顾客都希望自己被尊重,获得满意的服务,"微笑服务"正好迎合了消费者的心理,所以顾客纷至沓来。

再美丽的花园没有阳光也会枯萎,再幸福的生活缺少了微笑也会变得平淡无味。如果员工不能领会微笑服务的内涵,即使微笑服务也是生硬的,为此,希尔顿管理者制定了一套完整的规则和步骤来规范员工的服务意识。例如:真诚可亲的微笑是源于内心的,首先要培养员工热爱本职工作,热爱自己服务的酒店,要有把进入到酒店的每一位顾客当亲人的意识;其次,把语言温馨、举止规范礼貌、态度和蔼、微笑等素质作为量化考核的指标,实行奖惩分明,把微笑服务提高到比任何硬件设施都重要的位置。

作为一种天然资源的微笑能带给人亲切、宽厚和谦和的印象,能表达出对顾客的尊重、理解和关爱。并不是钱能买到的微笑,却是一种无形的资产,它能给企业带来实实在在的利润,能创造传奇和成功。

正如希尔顿在他的著作《宾至如归》一书中所写:饭店、旅馆都是服务和款待的行业,为了让客户对自己的服务感到满意,希尔顿帝国让每一个角落都布满笑容。在团队的组织结构上,希尔顿更是尽力打造一个尽可能完备的系统,让团队成为一个综合性的服务机构。

为了实现这个目标,希尔顿饭店尝试了多元化的经营,除了提供完善的食宿外,还设有宴会厅、游泳池、服装店、购物中心、出租汽车站、银行、邮电、航空公司代理处、会议室、花店、咖啡室、旅行社等一套完整的服务机构和设施。在客户住宿房间的安排上,饭店更是为客户提供了单人房、双人房、套房和为国家首脑级官员提供的豪华套房。希尔顿饭店客房有餐厅,分为高级餐厅和方便的快餐厅,室内电话、电冰箱、彩色电视机、酒柜、收音机等应有尽有,给旅客一种真正的"宾至如归"感。

一个企业的礼仪往往能体现出这个企业的精神风貌。企业礼仪通常包括:经营作风、员工风度、待客礼仪、环境布置风格以及内部的信息沟通方式等内容。优秀的企业理念和固有的传统往往通过赋有人情味的良好企业礼仪体现出来。"顾客至上,微笑服务"不仅使希尔顿酒店保持了百年基业长青,而且塑造了希尔顿酒店的企业形象和企业精神。

"你今天对客人微笑了没有?"是希尔顿外出视察问员工最多的话。这句话已经成为希尔顿酒店一种独特的企业文化,无论是员工还是领导者都贯穿着这一理念。

作为当今酒店业领头羊的希尔顿酒店,以它百年不变的微笑,正助力其向下一个新的征程迈进。

如何应对服务工作中的"怎么办"

某酒店为了提升业绩为服务人员制定了"怎么办"策略,该策略主要包括17个方面的内容,每一个内容都体现出了该酒店卓越的服务精神,以下对其"怎么办"的服务内容进行详述,企业在为客户服务中可以适当地借鉴这些策略。

1.在客户点菜之前,服务员应当怎么办

(1)对当天厨房所供应的菜式和制作方法、价格等做详细的了解,对有可能断货的食品要格外地留心注意。

(2)对当天的特别菜系牢记于心,及时向客户推荐。

(3)将客户的情况在第一时间与带位员进行交接。

2.遇到带领小孩来就餐的客户,服务员应当怎么办

(1)将客人带到远离主通道的地方,避免人员的繁杂。

(2)为小孩子取来儿童椅,让他们暂时歇息片刻。

(3)将玻璃制成的、易碎的餐具、杯具远离桌边,避免孩童在玩耍时破坏,在送饮料时记得配备上吸管。

(4)在为客人分汤时,将汤碗摆放在家长的右手一旁,避免孩童直接碰触,发生烫伤。

3.如果客人询问饭菜的样式,而服务员对此并不熟知,该如何应对

(1)不懂不可装懂,而应当向客人诚恳地致歉:"对不起,请您稍等,我帮您询问一下。"

(2)马上找到同事或相关管理人员,及时为客人作答。

(3)尽量不要出现直白的:"不知道"、"我不负责这些"之类的话,否则会给客户一种被拒绝的感觉。

4.如果同时有两位客人向服务人员询问,那么服务人员应当如何应对

(1)热情、周到、冷静,不可因为客人的询问而手脚大乱。

(2)先让一方客户稍等片刻,当然不要忘记报以热情、愉快的微笑,在经过这些客户的桌子旁边时要给他们主动打招呼,并说:"对不起,请稍等一会儿"或"我马上就来为您服务"这样的交流,即使客人在等待中也不会产生被怠慢、被冷落之感。

5.当客人认为食物变质并要求取消时,服务人员应当怎么办

(1)首先,对客人所提出的意见要耐心聆听,并向客人致以歉意。

(2)将食物马上撤回到厨房中,让厨师长和餐厅经理来辨别食物是否真

的变质。

（3）如果食物确如客户所说已经变质，那么服务人员需要立刻帮客人将其退掉，并赠送类似的菜肴来安抚客户。

（4）如果经确认此食物并没有变质，则应当由餐厅经理出面来对客户进行解释，主要针对食品的原料、配料以及制作过程和口味特点等进行解说，直到客户满意为止。

6.客户在宴会期间发表讲话，在旁的服务人员应当怎么办

（1）在讲话结束前，服务人员需要立即与厨房保持联系，告知厨师可将客户所点的菜肴暂缓制作，传菜员暂缓传送菜肴。

（2）在客户讲话期间，服务人员要暂时停止一切的服务操作，姿势端正地站立两旁，确保宴会厅的安静。

7.当客人用餐快结束的时候，服务人员需要征求客人的意见，如何征求

（1）领班人员主动上前询问客户是否还需要其他的菜肴或服务。

（2）询问客户对所上的菜式和服务是否有意见或建议。

（3）如果客人身份比较尊贵，则主管或经理应当上前打招呼，并询问是否对菜肴满意。

8.如果客人投诉食物中有虫子，服务人员应当怎么办

（1）立即向客户致歉，随后将食物退下，送回厨房并将此事通知餐厅经理，并征求客户的谅解。

（2）确认确如客户所说，则服务人员要将此道菜取消并赠送同类的食物。

9.遇到客人喝醉酒，服务人员应当如何处理

（1）当服务人员发现客人有喝醉酒的迹象时，应当礼貌地回绝客户要求再添加酒水的要求。

（2）为客户推荐一些诸如果汁、热茶、矿泉水等不含酒精的饮料，并为其送上热毛巾。

(3)如果客户饮酒过多而呕吐不止,则服务人员要对污物及时清理,并提醒客户的友人给予关照。

(4)倘若客人因醉酒而在餐厅闹事,则服务人员要立即报告给经理和保安部,对此事进行及时处理。

10.客人因为临时有急事而将已经点好的饭菜退掉,这时服务人员应当怎么办

(1)马上核查菜单是否已经送到厨房,如果客户的饭菜还没有做则立即取消。

(2)如果饭菜已经做好,那么立即用食品盒为客人打包;或者先上前询问客户是选择吃完饭再离开,还是选择办完事情后再回来吃,提醒客户结账单。

11.因为一时疏忽,服务人员将饮品或食物溅到客人身上,这时应当怎么处理

(1)最好防患于未然,也就是在上菜或上饮品的时候要学会礼貌地提醒客人,避免不小心将菜汁和饮品溅到客人身上。

(2)如果这件事情已经不可避免地发生了,则服务员要真诚地向客人道歉,及时清理污迹,并承诺愿意免费将客人的衣服清洗干净。

12.如果服务人员与客户同时在一个通道中行走,应当如何处理与客户的关系

(1)带位员引领客人入座时,示意服务员让位,让客人先行。

(2)如果服务人员与客人恰巧共同行走在通道中,则应当礼貌地让客人走在前面。

13.餐厅服务的时间结束,但此时还有客人在用餐,服务人员应当怎么办

(1)即使到了收档时,也要礼貌地询问客人是否还需要点菜。

(2)在整理餐具时轻拿轻放、不可发出响声。

（3）不可催促客人，不可关灯、吸尘、收拾餐具，记得留下专人为客人服务。

14.如果客人将吃剩下的食品、饮料交给服务员代为保存，服务人员应当如何回应

（1）礼貌地对客人解释食品、饮料容易变质，建议其尽快消费掉。

（2）如果客人不选择当下消费，则服务人员可以劝说其打包带走。

15.客人点了菜单中不存在的菜肴，服务人员应当怎么办

（1）将实情告知客户，请客人稍等片刻，服务人员向厨师长报告此事，看厨师长是否能够马上制作。

（2）如果厨房暂没有做该道菜的原料，或制作该道菜需要花费过长的时间，则需要向客户解释清楚，请客人下次预订，并请求客人的原谅。

16.客人正在用餐期间忽然停电，服务人员应当怎么办

（1）通常情况下停电后饭店就会采取应急供电措施，所以在这期间服务人员要沉着冷静，更不可以慌乱地惊叫。

（2）如果客人的情绪出现躁动，服务人员要想办法使其稳定下来。如果应急电源没有及时供上，那么先打开应急照明灯。

（3）供电恢复后，服务人员要同经理一起对餐厅进行巡视，并向客户致以歉意。

17.客人喜欢的座位被别人预订了，服务人员应当怎么办

（1）首先向客人道歉，礼貌地告知实情。

（2）为客人安排与该座位相仿的座位。

（3）告诉客人为了避免再次出现这种情况，可以提前预订座位。

"金无足赤，人无完人"，客户并非永远正确

大多数从事过服务工作的人都听过这样的一句话："客户永远是正确

的，一切按照客户的意思来行事。"在这种观点下服务人员即使面对一些不讲道理的客户、即使满腹冤屈也要紧闭双唇，不可以出现任何的辩解和顶撞，唯一能够做的事情就是对客户进行安抚和致歉。实际上，这种观点并非完全正确，我们不妨来分析下面的两个事件，从中便能够得到结论。

事件一："请不要虐待我们的员工。"

有一位醉醺醺的乘客搭上了一架从新加坡返回香港的飞机，因为头晕目眩的缘故，他在起身去上厕所的时候撞翻了正在运送的饮料推车，饮料酒水摔碎在地上并溅了空姐一身。客人见状不但没有歉意，反而无理取闹起来，不但对空姐恶语相向，而且还不断推搡空姐，甚至提出让空姐赔偿他的精神损失费。空姐在向客户致以诚挚的道歉后并表示愿意帮这位客人快速洗净衣服，然而乘客不但不领情，反而吵闹声越来越高。为保证飞机正常飞行和旅客的安全，无奈之下，空姐只好同机长和地面控制中心取得联系。

机长提出等飞机安全降落后会再一次妥善处理该事情，乘客看着连连道歉的空姐并得到了机长的允诺所以才安静下来。事后的处理非常顺利，花费的时间也很短，新加坡航空公司为乘客洗净熨烫好了衣服。人们以为接下来是对客户的致歉，不料，新加坡航空公司在了解了事情的原委之后，航空组认识到这件事情的错误者并非空姐而是那名客人。服务人员也是有尊严的，这样在大庭广众之下受人侮辱让航空机组感到失望，于是，他们写信给那位乘客表示以后拒绝为这类客人服务，并强调："不要虐待我们的员工。"

乍一看新加坡航空公司的做法好像有违常规，但是常规不一定都是真理，客户作为被服务对象虽然能够享受到更多的利益，但是对服务人员应当保持最起码的尊重。这种敢于在客户面前说不的勇气，或许就是该航空公司能够连续几年名列全球十大航空公司之首的关键因素之一。正如报纸上所写的那样："新加坡航空成功的一大因素是它的工会合约，可让员工在很自在，多半出于自愿的情况下身兼数职。驾驶员和座舱服务员不时会帮忙清理机舱,空闲的工作人员可以卖机票,站柜台的会帮忙搬行李。"员工之间时刻保持着高昂的士气,员工以此为傲,创造出更多的辉煌。

事件二:"我们提供服务,但也要维护自尊。"

有两位来自荷兰的客人住在上海的一家台资酒店中,有一天他们声称当天下午出去办事,等返回房间后发现皮夹中的2000美金不翼而飞,并一口咬定盗窃者就是该酒店中的服务人员。情况说明后,这两位荷兰客人又一再暗示酒店负责人:"这样的丑闻一旦报了警必定会上报纸和新闻,到时候损失的就是酒店的名誉了。"言外之意就是让酒店不要报警,而私下了事。然而,酒店经理对这样的提议表示拒绝,并明确表示:"客户利益至上,即使酒店名誉受损,也要让警方将此事调查个水落石出。"从另一个角度来说,息事宁人只会伤害酒店内部员工的士气,让大家在以后的相处中处于一种互不信任的关系中。

警方来到该酒店后进行了严密的检查,结果发现,这两位荷兰人曾叫过外卖,因为觉得食物不好吃而拒付资费,后来送外卖的人一怒之下在离开后又折回饭店盗取了400美元,而非2000美元。此案件由此也变得清晰,结案后,两位荷兰人从警方处签字并将失物拿回。

然而,很显然他们对警方的调查和饭店经理对此事的处理并不满意,因此终日在饭店中大吃大喝,所有的消费却都拒绝签单,并扬言这是酒店亏欠他们的,除了归还的400美元之外,还有1600美元没有归还,他们要用这样的方式来表示抗议。无奈之下,饭店经理便将他们请到办公室中委婉提出让他们离开这里。但是这两位固执的客人却恼羞成怒,厉声表示会将此事向报刊披露,想尽一切办法让酒店形象受损。面对话语间充满着威胁意味的客人,饭店经理冷静地回应道:"就二位在我饭店中的此种行径,即使您们让报刊登出此事我也不害怕。不但如此,我还会将报纸中所记载的内容剪下来寄送到两位在荷兰的总公司,让贵公司看看自己的员工在中国的恶劣作为。"

这一番话让这两位刁蛮客人顿时变得哑口无言，随后便从酒店中搬出了。

正所谓"行有行规"，但是如果酒店遇到这种无理取闹的客人而一再忍气吞声地奉行"客户永远都是正确的"这样的观点，为了让客户满意，为了息事宁人而牺牲员工利益，盲目要求员工向客人道歉，这样不但会损害企业领导的威信，而且还会对员工的精神造成严重伤害，日后员工在为客人服务的过程中也将失去自信和热情。所以，企业经营者在确定"全心全意为客户服务"的服务宗旨时，也要坚持"要服务同样也要自尊"这样的观念，不要一味地肯定客户在任何情况下都是正确的，否则便等同于将一副沉重的担子压在了服务人员的身上。

由此可见，"客户永远是正确的"这样的观念并不是服务行业的金科玉律，随着客户消费意识的逐渐加强，几乎每家企业都面临着"顾客至上"的竞争压力，有的企业更是为了在服务竞争中获得一席之地而一味地将"客户永远是正确的"作为铁定的员工守则。这样的观点虽然能够让问题在短时间内得到解决，但是在另一方面来说，反而会误导客户对"高端服务"的理解，而认为高端的服务就是一种在服务人员面前绝对自我的现象，如此一来反而会在企业中带来一种副作用，对员工士气造成打击，如此恶性循环下去，对企业、员工和客户都极为不利。

服务业是一个需要员工与客户进行直面接触的行业，服务人员在每天会面对不同的客户类型，标准化的服务流程仅仅是一种最基本的服务水准，一旦在服务过程中出现抱怨和冲突，再完美的危机处理理论都无济于事。倘若企业不能建立健全的服务机制和正确的服务理念，那么就无法应对上述案例中的"刁蛮客户"的难题，同时对员工正确的行为模式和服务方式也会产生负面的影响。

优秀的服务态度是重中之重

对于服务行业来说有一个至关重要的成功因素,即良好的态度。服务态度与服务质量成正比,也对员工个人的前途和企业的利润产生间接的影响。身为服务人员,最起码对客户应当给予充分的尊重,想要让客户为自己的服务成绩打高分则还需要学会积极主动地询问和充满善意的微笑,热忱的服务态度是任何一位客户都无法拒绝的,在客户挑选产品的整个过程中,工作人员的热情服务会成为一道亮丽的风景线。

提及世界零售业的巨无霸,人们很自然地会想到沃尔玛,不错,它的成功已经得到了世界的公认。考察其获得成功的因素可以列出很多关键的转折,但是在这些因素中不得不提的则是它的"十步法则",它已经成为沃尔玛特色微笑服务的重要环节。每一位走进沃尔玛连锁店的客户都能够清楚地听到售货员讲述的"十步法则",它是由沃尔玛的老板山姆–沃尔顿发明的,在坚持下来的40年中,每一位新入职的销售员都视其为必修课,也成为沃尔玛优质服务的典型特征。

遵循"十步法则",销售人员无论手头上有多么重要、多么紧急的工作,只要看到顾客向自己靠近,在10步之内都要用真诚的笑容来迎接,并主动走向前去打招呼,对客户说道:"您好,请问我能为您做什么吗?"

关于员工的微笑标准,沃尔玛也有着严格细致的要求,在对客户微笑的时候务必标准型地露出8颗牙齿(上下4颗对称的牙齿)。关于微笑的标准,沃尔玛经过了多次的研究,他们发现如果在微笑时只露出4颗牙齿则会给人一种不真实的笑容之感,也就是通常所说的"皮笑肉不笑";如果露出十几颗牙齿微笑,虽然更能够突出笑容的热烈,但是又有龇牙咧嘴的夸张之感。所以,他们最终决定将露出8颗牙齿来作为微笑的标准,这是一个人最完美表情的展现。

可以说老沃尔顿为了让客户获得更满意的服务一直都在费尽心思,但他始终觉得仅仅有完美的笑容还是不足的,在与客户的交流中,笑容所起到的作用仅仅是一种锦上添花般的赏心悦目的效果,真正能够触动客户心跳的还需要一种实际的成系统的服务风景建设。

如果将微笑服务理解为单纯的笑,那么对客户就意味着没有理解服务的深意,实际上,微笑是服务人员竭诚为客户效力的外在体现,是一种站在客户角度考虑问题的周全的态度,也是一种想方设法为客户解决难题的第一步接触。

服务是一种抽象的存在形式,虽然看不见、摸不到,但是却能够发自内心地感知到,对于消费者来说也是极其在意的。当然,每位客户对服务质量的优劣都有着自己的评价标准,这是由客户不同的性格、不同的环境和思想意识所决定的,这样的个性化差异让服务的标准也一再发生变化,一种无形的矛盾也因此产生:同样的服务水平在不同的人看来却很有可能被判定为不及格和接近满分。这样的极端之别实际上是由客户的主观意识所造成的。那么,在企业员工与客户之间究竟有没有一种所谓的通用的"理想的服务态度"存在呢?

最基本的一点是可以肯定的,即服务人员需要学会时刻控制自己的情绪。我们知道情绪是非常飘渺难以掌控的东西,它会受到生理和心理以及外在环境的影响,一些棘手的事情摆在面前心情也会变得紧张起来,或者是在平静的工作中遇到始料未及的突发事件,这些情况都对服务人员自我掌控情绪的能力提出了要求。试想,一个无法控制自己情绪的员工不但无法安慰客户的不满,甚至会让自己阴霾的情绪感染到客户,不但无法吸引新客户,反而让老客户也弃之远之。

由此可见,服务人员只有保证控制自己的情绪,才能够更好地服务于客户,毕竟服务人员是企业和产品的直接代言人。所以,客户往往用工作人员的服务质量来判断产品的质量,正因为如此,服务人员在与客户交流的时候千万不可以卑躬屈膝,同样也不可以眼高于顶,前者是中小型企业服务人员常犯的错误,后者则是大型企业或知名品牌服务人员易犯的错误。最好的服务态度是不卑不亢、坦诚乐观、豁达开朗、从容不迫。

宝洁公司
——产品的品牌价值是我们永远的追求

宝洁公司(简称 P&G)成立于 1837 年,是目前全球最大的日用品公司之一,美国俄亥俄州辛辛那堤是其总部所在地,如今的宝洁拥有国际知名大品牌 44 个,其中 24 个品牌年销售额超过 10 亿美元,20 个品牌年销售额在 5 亿到 10 亿美元之间。如今的宝洁公司作为当今世界日化领域名副其实的领导者,其品牌也成为了全世界知名度最高的品牌之一。在漫长的发展历史中,宝洁公司从来没有停止过对品牌价值的追求。

宝洁的诞生之由

宝洁作为世界日化产品市场中的佼佼者,其名字更是家喻户晓。宝洁的产品可以说是无所不及,已经充斥在人们的洗脸、刷牙等日常生活中,它占据了大多数人们的洗漱柜。其他日化产品跟宝洁比起来,市场占有份额简直是微乎其微。

人们使用宝洁的产品的同时,也开始思考其成功奥秘。宝洁如其他公司一样,从一个小作坊到如今巨大的市场占有率,期间经历了将近200年的发展历程,这些并不被人们熟知,人们更多的看到的是宝洁今日的市场份额,今日的辉煌。如果要了解成功背后的故事,还要从宝洁的历史谈起。

美国俄亥俄州辛辛那提市在19世纪曾是猪的王国,那里的人们做着从猪饲养到销售、消费有关的一系列生意,谁也不会想到宝洁就是从这里发展起来的,那么宝洁发展跟猪有着什么样的关系呢?

人们都熟知猪富含大量的脂肪,这些脂肪其实是宝洁产品最好的原材料,那时宝洁的雏形只是一个加工脂肪的小作坊而已,原材料丰富只是宝洁成功的原因之一。

在那时候,交通不便利,信息闭塞,竞争对于那时的社会几乎不存在或只存在极小的区域内,人们的生活基本上自给自足,商标对于当时的社会来说几乎是天方夜谭,对于一个小小的肥皂更是如此。

那时的辛辛那提市的生意就如我们现在的集贸市场,众多的商品被集中在一起供人们挑选,对于同样的商品,人们几乎没有挑选的余地,因为商品的包装和质量都是一样的,其他商家对于这样的销售方式都认为平常不过了,但"宝洁"并不认同。

"宝洁"想出了一个自己产品和其他厂家产品区别的方式,那就是在自己产品的包装上做上一个标志。这样"宝洁"的产品就如沙漠中的一粒金子闪闪发光,吸引了人们前去购买。随着购买人群的增加,宝洁产品也开始供不应求。

商品的供不应求和生产规模的扩大,让"宝洁"融入了更多的思考,难道销售增加的原因正是得益于商标的使用?因此"宝洁"更加关注"商标"的建设。这是宝洁关于品牌的第一次思考,也是宝洁刚刚建立品牌的开始。其实,商标是让人们区分自己产品和其他产品的标志,销量大增更多的是人们对产品质量的认可,这也是公司竞争的核心。

任何一个成功的公司都会有它独特的价值观,"宝洁"经过漫长的发展,它深知此理,因此宝洁的成功不仅仅是公司的成功,更是品牌的成功。

我国沿海劳动密集型中小企业在 2008 年世界金融危机的冲击下倒闭了很多,其中以鞋最为严重。因为它们只懂得制造生产,而不注重品牌的树立,其实宝洁在生产过程中的思考也是它能保存下来并壮大的一个很大原因。

正是由于对于宝洁知名度的扩大和其商标发挥的作用,人们才能从众多的产品中把宝洁辨别出来消费,强有力的消费才是宝洁做大做强的根本原因。

2000 年 6 月,刚刚上任的带有传奇色彩的 CEO 雷富礼发表了《我所相信的十件事》演讲,陈述了宝洁从公司发展至今更加注重品牌的形象管理,使得业绩下滑、股价下跌的宝洁再一次屹立起来,是对于很多人怀疑他能否使宝洁重生最好的回应,这也是宝洁在品牌管理上的又一次成功。

传统"生产产品"的经营理念和宝洁公司的品牌经营理念是有本质的区别的。对于大量需求阶段的产品,秉持传统经营理念的企业大量生产可以赚一笔,但当市场饱和时,它同样也会被无情地淘汰。

宝洁意识到:如果人们满足了基本的消费需求,质量和款式等就是他们新的追求,在竞争激烈的市场中,要是能满足消费者需求的公司一定是有自己品牌价值的公司。所以,视品牌价值为生命的宝洁无时无刻不在努力维护着自己的品牌。

正是因为这样,品牌忠诚度一直是宝洁公司重点培养的对象。研究表明:购买决策需要品牌来指导的占 70%,品牌驱动的超过了 50%;不在乎价格、忠诚品牌的消费者占 25%,其中愿意多拿出 20% 的钱购买的占 72%,多拿出 25% 的钱来购买品牌商品的占 50%,多拿出 30% 的钱来购买品牌商品的占 40%……

宝洁认为,忠诚的消费者是在商品卓越的品质为前提的。

漫长的发展证明了宝洁具有顽强的生命力,宝洁的由小到大,再到今日的成功。

树立品牌意识

宝洁的成功关键在于其生命力的顽强。俗话说:"冰冻三尺,非一日之寒。"宝洁的成功也绝非偶然,在众多成功因素中,品牌价值观念则居首位。

可以说,宝洁是品牌作用的最早发现者,即使是菲利普·科特勒(著名的市场营销学者)的经典营销专著《营销管理》也是在宝洁成立100年之后才诞生的,而那时的宝洁早已经成为一个成熟的企业体系,其中更有一套独特的品牌管理策略。

正如美国谚语所说,"上帝是不公平的,所以不要依靠运气"。宝洁深知运气的不确定性和不牢靠性,所以它并没有将运气列入必备的成功因素之中,而更加注重务实和创新。回顾宝洁的发展史,人们会惊讶地发现:原来今天这个名满全球的品牌在刚投入市场的时候并不受人们的追捧,是时间的积淀让其中的品牌获得了大放异彩的机会,也成为了消费者心中公认的"名牌"。

宝洁公司成立之初只生产肥皂和蜡烛这两种产品,19世纪后期,石油工业兴起,人们开始对煤油灯产生了浓厚的兴趣,蜡烛在市场中的地位逐渐被煤油灯所代替。宝洁以敏锐的眼光发现了蜡烛市场萎缩的迹象,因此立即做出决策,用象牙香皂将蜡烛代替,并极力扩大香皂的影响力。凭借着自己在先前打造品牌的经验以及积累下来的营销力量,宝洁终于将香皂变成了生产领域中的龙头企业,逐渐地,宝洁公司的招牌产品也成了香皂。

宝洁在20世纪40年代中虽然仍占据龙头老大的地位,但是"长江后浪推前浪",新生势力不断生长,让宝洁在市场中的地位已经不再如昔日那般坚固，倘若此时依旧无动于衷，那么很有可能被竞争对手所吞掉，所以，想要保证地位一定要先发制人，在这种情况下，汰渍应运而生。

汰渍的出现确实在一段时间中让宝洁获得了暂时的安稳，但是，竞争对手却从来没有放弃过追赶宝洁的念头，当然，它的一举一动也是大家所备加关注的。汰渍上市后，竞争对手们也纷纷开始研制相关产品，企图与之一决高下，在这种强力竞争之下，市场很快陷入饱和状态。

市场的饱和让汰渍的竞争地位不再明显，正所谓"兵来将挡，水来土掩"，面对竞争后频出的挑战策略，宝洁自然也不会甘于求败，它想尽办法扩大自己的优势，更加注重品牌维护和创新理念。自 20 世纪 60 年代末到 70 年代之间，宝洁将消费性纸制品定位成主要的研制项目，该项目的研发成功又让宝洁成为拉动该行业的领军人，消费性纸制品再一次刷亮了宝洁的品牌。21 世纪中的宝洁公司更加学会了审时度势，当察觉到人们对美有着很多的向往，便开始在美容产品上进行研究，功夫不负有心人，美容产品终于成为宝洁公司的新生势力。

在宝洁公司百年来的发展历程中，始终坚持着跨领域的决策，不断创新求胜让它稳稳地走在时代的前列，成为日化行业的引领人。很多人会提出疑问："为什么宝洁能够在瞄准一个新领域之后就能够迅速出击占领市场呢？"实际上，这需要一种强大的支撑力，而这个支撑力就是公司的品牌。

一般情况下，新产品的上市是一个非常艰难的过程。产品研发时间过短，则有可能在质量上出现纰漏，产品虽然面世，但恶评不断；产品研发时间过长，又有可能被竞争对手抢先占领市场，产品尚未面世便胎死腹中。正因为如此，企业都将新产品品牌初步形成的过程看得格外重要，相比之下，宝洁似乎没有花费太多的精力为此忧心，它们平静从容地前进，甚至没有任何担惊受怕的表现，之所以能够如此，是因为它有着其他竞争对手所不及的品牌经营实力。

如果要将宝洁能够在日化市场叱咤风云的原因归纳出来，那就是"品牌传承"的理念。百年来，宝洁始终都在孜孜不倦地追求着品牌的价值，这种对品牌的坚持让它的名声越来越响亮，最后家喻户晓。虽然它为了创新会尝试多种领域的产品研发，但是他却不会像企业那般进行盲目的多元化经营，也不会依赖资金优势研发那些未知领域的新产品，它所走的每一步路都是小心翼翼，但又信心十足。因为它知道将鸡蛋放在同一个篮子中是一件危险的事情。

宝洁打造出一套属于自己的独特的品牌体系，而这套体系也成为宝洁在前进中强有力的支撑，使之屹立百年不倒。这套坚固的品牌管理体系让宝洁从根本上解决了品牌"新—老—衰"的这个循环更新的过程，而是让品牌出现历久弥新的效果，时至今日，"象牙香皂"作为宝洁最早的招牌产品仍然在市场上销售。

从宝洁推出的一系列新品上看，其品牌的创新已经成为一种常态，在其发展过程中，不断会有新品牌问世，当然，也会将一些市场表现力欠佳的品牌淘汰掉，这是宝洁内部的一种新陈代谢过程，而与同行业相比，宝洁的品牌则是不可小视的。

"象牙香皂"的诞生

一个品牌的成功与否是要看与之相关联的一系列品牌的效果，宝洁公司在170多年中不断发展进步，就像是一场马拉松长跑，比拼的是持久的耐力。虽然宝洁在起跑的时候不像其他公司那般有着飞快的速度，但是它的长处却是匀速前进，非常平稳，这样一来，它就不用担心因为起跑过快而导致体力消耗过多。正是因为掌握准了奔跑的节奏，所以宝洁能够很好地处理事情的轻重缓急，最后终于成为所有参赛者中最具有实力的选手，令人叹服。

宝洁品牌经营历史上出现过很多耀眼的品牌,"象牙香皂"就是其中之一,"象牙香皂"自诞生到现今已经有130余年的历史了。詹姆斯·诺里斯·甘保和一位化剂师在1878年共同研制了这款香皂,此款香皂颜色洁白,因此以"象牙香皂"来命名。

当时的香皂属于稀有物,其他日化产品依旧停留在去污的阶段上,加上生产技术的落后和资金的紧张,几乎没有人去主动来研发和改进自己产品的性能,宝洁却因此脱颖而出。

诺里斯作为宝洁公司发展史上的重要人物之一,他为宝洁的发展起了关键的作用,当所有人都争先恐后地赚钱时,他却在对产品做系统性的规划和设计,并着手研究品牌效应。他将自己所有的心思都放在产品的创新上,终日待在实验室中揣摩自己的产品与竞争对手的产品优劣何在,尝试用不同品种的配方,将配方中的成分详细地记录下来以备参考。因为当时化学学术研究机构不健全,诺里斯唯有采用经验积累法,一次次地尝试实验,一次次地改变配方中不同的成分,一次次地思考改善产品性能的方案。他在实验中所进行的每一个操作步骤都有着详细的记录,这些配方成分和操作流程不但为他创造出质量上乘的产品打下了基础,而且也成为他务实勤奋的最佳证明。

诺里斯的研究在1878年有了突破性的进展,此后宝洁"象牙香皂"诞生了。此款香皂通体白色,与当时黑乎乎的香皂相比有着姣好的外观。另外,它密度小,能够漂浮在水面上,方便了使用者在水中捞取。最重要的是,它有着便宜的价格,在上市之初就获得了广大消费者的喜爱。很快地,"象牙香皂"就成为人们不可替代的日用消费品了。

品牌就是承诺

在宝洁看来,消费者并不仅仅是购买者,更是决策者。宝洁认为真正决定产品能否推向市场的不是生产商而是消费者,在设计产品的时候站在消费者的角度来考虑,这样才能够保证所生产出的产品获得消费者的认同,这更是打造品牌产品的关键。"象牙香皂"能够持续经营130多年,的确称得上是一个不老的神话。神话的背后有着引人深思的哲理,这正是宝洁公司对品牌价值理念的传承。

宝洁公司认为品牌是企业对消费者的一整套承诺。宝洁公司为了玉兰油的超级品牌费尽了心思。20世纪80年代末,美国的美容产品逐渐兴盛起来,美容产品有着高于日化产品的利润,因此很多商家都看准这样的商机,当然,宝洁公司也不例外。在1985年,宝洁将李察森–维克斯公司收购,玉兰油也因此成为宝洁旗下的名牌。宝洁选择这家公司进行收购实际上是事出有因,它正是因为看上了玉兰油品牌的市场影响力。宝洁认为倘若能够将这个品牌经营好,那么势必能够获得更大的发展空间。当然,此决策对宝洁来说也是一个重大的挑战,毕竟宝洁从前一直将重心放在洗衣粉、香皂、洗发水等日化用品上,对于一个偏重于日化产品营销的公司来说,对于销售化妆品的门道它可谓是一窍不通。另外,宝洁在化妆品领域中就像一个新生婴儿,自我掌控力较弱,对新的市场环境它更是一无所知。

这种僵硬的市场局面如何打开呢?宝洁首先想到了消费者,它认为产品是否畅销关键在于消费者的认同,而要获得消费者的认同又必须首先掌握他们的需求。为此,他们制定了一系列的经营方针。

首先,宝洁派专员走访了全球范围中的数千名消费者,将她们对美容美肤的要求和意见详细记录下来,对这些内容进行梳理后提炼产品研发的方向。依据调研结果进行研发,玉兰油水晶凝露、防紫外光系列和营养霜及玉兰油护肤系列相继推向市场,广受女性消费者的喜爱。宝洁将这称为:"品牌是一整套承诺。"这样的承诺并非来自于广告宣传,而是来自于对消费者的尊重和关爱。宝洁在产品研发出来后又对其进行了一套严格的产品测试,这是为了确认它是否能够比市场上竞争者的产品更具有优势。在推出每一款产品时，宝洁都要按照惯例进行盲测，所谓盲测也就是将自己的产品同竞争对手的产品混合在一起来进行对比测试，如果最终测出自己的产品在功能上弱于竞争对手产品的话，则会将产品进行改善，直到在盲测中获胜为止。

除此之外，宝洁又为消费者提供了"Consumer Corners"，这是一个产品测试工具，也是一个虚拟商店，消费者在这里能够自由地选择产品，这样一来，宝洁就能够充分地了解消费者的真实意愿，了解目标消费群体的利益趋向后，宝洁工作人员会对自己的"承诺体系"加以完善。经过一系列的精心准备，宝洁于2000年推出了玉兰油多效修护系列，产品一经面世就迅速占领市场。宝洁非常看重对产品品牌的维护工作，可以说在这方面是不遗余力。在公司的面试题中有这样一个问题："请举例说明你是怎样通过事实来履行你对他人的承诺的。"由此可见，宝洁品牌的道路之所以能够越走越宽阔，正是因为它能够不断对消费者作出承诺并及时履行的原因。确实如此，品牌价值永远离不开公司承诺，否则价值则无法实现。这一点在宝洁公司的经营理念中有充分的提及："我们生产和提供世界一流的产品和服务，以美化消费者的生活作为回报，我们将获得领先的市场销售地位和不断增长的利润，从而令我们的员工、股东以及我们生活和工作所处的社会共同繁荣。"

宝洁打入中国市场后，很多本土的产品都受到了前所未有的冲击，中国本土品牌一度处于疲软状态中。尽管有不少公司试图与宝洁一决高下，但最终都无奈铩羽而归。不仅仅在中国，实际上在世界上的各行各业中，宝洁都是一个名副其实的"长寿星"。2008年，金融海啸席卷全球，许多世界级老牌企业都在与金融风暴的对抗中宣布破产，甚至连拥有着158年历史的美国雷曼兄弟公司也惨遭覆灭。在这场金融灾难中，宝洁却坚强地生存了下来。或许这其中有或多或少幸运的因素存在，但其根本力量还是其坚守了170年来的精神传统与价值基因。

《无欲之争——我所领悟的至关重要的原则》一书是约翰·白波所著,曾两度出任宝洁公司 CEO 的他在书中详细生动地介绍了宝洁经历 170 余年的风雨历程,涉及到企业生命周期的怪圈和永远保持活力的秘密。约翰·白波说:"如果非得说出一条宝洁公司成功的终极定律,那就是对消费者始终持'我必虔诚,我必庄重'之心。"基于此理念,宝洁将一套永续经营的管理体系构建起来。此外,宝洁还是进行大规模消费者调研的首创者。早在 1924 年宝洁公司就开始在全美范围内对消费者进行电话访问,此后,对消费者进行调研成为宝洁的重要传统。到现在为止,宝洁已经经历了 170 余年的历史,期间总裁一个接一个更换,员工不断地以新代旧,唯独不变的是消费者调研的传统。在宝洁看来,公司做出市场决策的关键依据恰是消费者的意见与想法,所以,当宝洁公司内部面临艰难抉择时,他们就会将目光移向消费者群体中,他们坚信他们所要寻找的答案就在消费者中间,消费者才是公司的最终裁决人。

麦肯锡咨询公司
——服务精神永远生长

麦肯锡公司成立于1926年，是世界级领先的全球管理咨询公司，在38个国家中设置了74个分公司，目前麦肯锡公司中的咨询人员有4500余名，分别来自78个国家，每个员工都持有世界著名学府的高等学位。麦肯锡将员工的职位级别和其个人成就直接挂钩，在对咨询人员进行评审时更是看重业绩，服务的效果和客户的满意度对咨询人员有着至关重要的影响。

客户利益至上，公司利益其次

麦肯锡咨询公司成立于1926年，是美国的一家专门服务于企业高层管理人员的国际性公司。目前，麦肯锡发展规模非常强大，在38个国家中设置了74个分公司，每个公司的咨询业务都力求将该国的咨询业务特色反映出来，虽然各国分公司的服务模式不尽相同，但是它们却有着共同的企业理念，特别是在职业方式、工作质量、人才素质乃至解决问题的方式上，麦肯锡所有公司都需要谨遵以下原则：

其一，客户利益至上，公司利益其次。

其二，坚持真实、诚实、可信、敬业的品行。

其三，用专业服务水平来获得客户的满意。

其四，坚守独立性、专业性和职业道德。

其五,做力所能及信心十足的事,用全部的热情做完美的事。

1997 年统计显示,麦肯锡员工中有 49%属于企业管理硕士(MBA),16%是具有博士学位的员工。在对咨询人员的招聘过程中,麦肯锡更加看重应聘者的品格和解决问题的能力以及交往沟通的能力。麦肯锡的资询人员之所以都来自各大名校,是因为麦肯锡每年都会从研究生院中直接选聘一部分人员,这就意味着多数咨询人员在进入麦肯锡工作之前就已经具备了相当的业务经验。

麦肯锡能够为不同的竞争者提供服务,但是所有工作人员、客户信息和资料都有着非常严格的管理措施,咨询人员务必谨遵公司政策,按照工作程序来进行,保证所有客户的利益。

首先,在承接一个项目之前,麦肯锡需要确认两件事情:其一,该项目能够为客户提供更多获利的机会;其二,该项目在实施的过程中没有实质性的障碍。然而,以上两点却是不宜事先判断的,所以,麦肯锡为客户留有了更多的选择余地,也就是,当公司在实施该项目的过程中一旦因为某件突发事情而无法实现客户的预期效益时,那么客户可以随时决定终止与麦肯锡的合作关系。当然,麦肯锡也希望自己能够具有这样的选择权,也就是当公司因为外部环境而无法达到客户与其目标的时候,那么自己也能够自由地从该合作项目中选择退出。

其次,在咨询的过程中,麦肯锡公司和客户组织的成员需要进行密切的配合。公司希望尽早能够在合作项目的效果上达成共识,在项目建设的过程中,麦肯锡更是常与客户主管们针对进度、方案变更等进行各种各样的会议。在会议中会对议题的性质和重要意义进行深入探讨,尝试使用各种可行的方法,并考虑变革时间进度等相关问题,在会议中麦肯锡公司需要设法让客户组织内的各层级之间达成共识。如此一来,当该项目的最终提案形成时,麦肯锡也能够对客户公司的各个层次有较全面的了解。所以,麦肯锡公司所提出的书面报告内容都是根据客户公司的具体情况而定,真正做到全心全意为客户服务,因此客户拿到提案后会有一种量体裁衣的合适感和舒服感,他们能够欣然接受。

提升与客户进行沟通的技巧

成功学大师卡耐基在其著作中提到:一个人的成功因素中,专业知识的作用仅占有15%,而与人沟通的能力则占据85%。沟通的重要性不言而喻。所谓沟通就是企业员工与客户之间针对某件事情交换彼此的想法,经过不断磨合最后达成一致的整个过程。简单来说就是:倾听客户的心声,然后将自己的想法移植到客户心中去。相互间理念的交流能够让企业员工与客户产生认同感,从而迎来进一步的合作。

有的服务人员认为沟通是件简单的事情,但是在实际操作过程中却往往达不到良好的效果,究其原因大多是因为他们将沟通与谈话画上了等号,殊不知这二者在本质上是存在区别的。与简单的谈话相比,沟通更加具有技术性,从本质上来说,这是一种通过交流意见来实现信息共享的过程,有着较高的技术含量。在沟通的过程中需要服务人员学会巧妙地聆听和不失时机地表达,切忌无所顾忌地谈话。下面我们就针对沟通中常见的几种形式进行分析:

其一,心态平和,保持耐心。在沟通中如果遇到客户发脾气也不能随意反击,客户的情绪不稳定时,服务人员更需要用一种自信平和的心态来安抚对方。当然,如果你觉得客人对自己发脾气而感到委屈,那么,你可以首先深呼吸,耐心地默数10个数字,这段空闲中让客户将自己的情绪发泄出来,从他的发泄中能够观察到他内心的真正需求。

其二,分享问题,协作前进。每个人都无法窥视到另一个人的内心世界,对方突然提出的问题即使再优秀的服务人员也有可能说不出令人满意的答案,这正是问题分享打开心门的良机,千万不要不懂装懂地来应付客户。不妨先坦白自己的无知,然后再将自己的想法告诉客户,双方针对这个问题来进行商讨。

其三,正面回应,不可抵触。交流中出现意见不一的情况则很容易让彼此陷入僵局之中,这时候服务人员要尽量站在客户的角度考虑问题,做到将心比心,对客户的观点或建议及时作出正面回应,千万不可以产生抵触情绪,否则无益于事态的好转。比如,服务人员可以这样回应客户的异议:"我了解你此刻的心情"、"让我们再来商量一下究竟哪种方案更有利于您,好吗?"这样的回应往往能够让客户的心态平稳下来,避免进一步的语言冲撞。

其四,赞同客户,及时响应。虽然服务人员能够在某些时刻为客户提出有分量的建议,但是与这些建议相比,客户更加在乎的是服务人员是否赞同他的意见和观点。很多客户会抱怨业务人员的滔滔不绝,他们更需要一位倾听者,而不是说教者。所以业务人员切不可忘记本分,忽略客户的观点,比如说,服务人员或业务人员可以这样说:"您刚才讲到的我非常感兴趣"、"您能告诉我为什么您会对××产品如此满意吗?"这样更有利于客户敞开心扉。

其五,不忘重复,避免误解。在双方进行交流的过程中偶尔会出现语言的误解,这是因为双方在理解能力、个人信仰、判断依据等方面的差异所造成的,无论如何真相是客观存在的,有误会一定要及时解决。当然,为了避免发生不必要的误会,服务人员可以在客户提出某种观点后及时进行重复,确认自己理解的正确与否。比如说,服务人员可以这样说:"您刚才说的话是不是这个意思呢?""我是否可以这样理解你的意思?""您刚才说的观点我没有完全理解,您能否再解释一遍呢?"

其六,坦白失误,及时道歉。如果在沟通中出现了语言的失误,给客户做出了无法兑现的承诺或者是为客户带来了理解上的困扰,那么服务人员要及时更正自己的观点，坦白承认错误，并及时向客户致以歉意。比如说："很抱歉我误解了您的意思，请原谅我"、"这个错误是因我而起，我愿意为这次错误负责"。

其七，依据时机，靠近客户。客户在挑选产品的时候需要一定的自由空间，当客户没有主动向服务人员询问情况时，服务人员最好不要在客户身边唠叨不停、指指点点。如果是在商谈中，则一定要给客户留足阐述观点的时间，不能和客户争抢话题，更不能打断客户的话。即使你所说的话题对客户有帮助，但是没有找对表达时机，客户依然会感到不悦，这时候服务人员可以进行委婉地表达："有可能是……""我也遇到过这样的情况，实际上只要××就可以将这个问题解决，你如果觉得可行的话不妨也试用一下"。但千万不可以用命令的形式过于直白地说："你应该怎么怎么样。"

其八，引发共鸣，靠近心灵。服务员可事先试探出客户的喜好，找出与之在兴趣爱好上的共同之处，这样的交谈能够让双方的心灵贴得更近。有着感情的升温之后，服务人员再将自己的观点说出来就能够在很大程度上获得客户的认同了。

其九，思维活跃，精力集中。我们在看待一个问题的时候往往是从自己的角度出发，根据我们在以往工作或生活中的某些经验来判断处理。在处理问题的时候一定要保持高度的精神集中，不可以在为客户提供服务的过程中三心二意，心不在焉的交流会让客户有一种不受重视的感受，不利于交流的进行。

提升客户的满意度

如今高新技术得到了快速的发展，人们也能够在生活中充分享受科技所带来的便捷，但是一个新的问题也逐渐产生：对于企业来说，各种技术的发展让客户所需要的服务越来越触手可及,这就意味着企业被越来越远地抛诸脑后。这个时代科技的便捷是十分重要的,但是贴心的服务也是不可或缺的,一个远离了客户的企业也将面临着各种威胁。

新经济时代中的主角必然是服务,企业服务的优劣与企业的生死存亡息息相关。所以,企业将自己的目标定位于对客户实施的优质服务上,更加注重服务质量的提升,相应地,客户满意度能否提升也成为企业最为关注的问题之一,下面讲解几则关于服务的案例,或许能够为你带来一些启发。

案例一:特姆所在的公司是服务界中的佼佼者,客户们提到特姆的公司都会情不自禁地竖起大拇指。该公司为何能够获得如此高的评价呢?员工们将个中的原因归结为他们在服务中最常说到的3个字:"没问题!"公司领导者更是看重这3个字在客户中所能够产生的力量,于是便将这3个字设置成收银台电脑屏幕上不停上下移动的屏保,时刻提醒员工们对客户所提出的任何要求都要报之以"没问题"的热情态度。

"没问题"仅仅3个字,却包含了企业对客户的积极热情的服务意识,如果企业能够将这种观念引入到企业文化中,那么所有的职员都会对客户报之以诚实、正直的服务心态。当然,服务的实际过程中可能会出现各种各样难以处理的问题,但是再难也要迎难而上,绝不可以在还没有为客户付出的时候就急于给出否定或拒绝的答案。从客观上来说,尽管"没问题"这3个字的回答是存在一定风险性的,但是从统计结果来看,它所带给客户的信任感却要远远大于任何一种回答。

与低水准的服务质量相比,企业的漠不关心更容易让客户抛弃商家而另投他处,有人对此特意进行了一次调查,其结果显示:七成的被调查者会因为受到企业雇员的冷漠而主动放弃同该家公司继续打交道,他们无法接受和人情冷淡的人进行进一步的交流,这会让他们感到费力又费心。当然,如果公司雇员对客户的态度过于恶劣,客户甚至会做出反抗、投诉等反应。

案例二：尼尔开了一家理发店，店铺的位置不错，恰好居于纽约的富裕郊区中，这种客观环境让尼尔决定将自己的客户群体定位在品位较高端的人群身上。后来，尼尔为了让客户在自己的店铺中享受到惬意的服务，还特地与附近的咖啡店、甜点店进行合作，如此一来，当客户在尼尔这里等待理发的时候便能够品尝到咖啡和甜点的美味，无聊的等待时光也变得充实起来。此外，尼尔还特意在音响中挑选了有品位的爵士音乐等名曲，不但符合客户的身份，而且能够与客观的环境相得益彰。这些微小的细节让客户在享受理发服务的同时还能够体验到其他超值服务，这样他的店铺变得越来越有名。

很多企业都在思索同一个问题：如何才能够博得客户的喜悦？实际上，这并不是难事，客户的情绪和服务的质量有着直接的关系，在服务过程中相关工作人员可以根据身体语言、非语言（触摸、神色）等方式进行交流，传递温暖后自然会有感激之情在客户心中油然而生。

案例三：美国一家著名的咨询公司曾经对全国的客户做了一次统一调查，结果发现：客户是否选用此产品最关键的是看该产品的服务理念与自己想象中的是否一致。也就是说，客户发自内心地追求一种精神上的认同感。认同的形式多种多样，但是对于客户来说，最具体的认同方法就是企业能够将他作为一个合作的伙伴朋友。这是一种长期的持续的关系，客户的维持和商家的服务都是一项长期的事业，所以，企业一定要将服务的理念渗透到商业过程中去，保证每一位服务人员都能够和客户进行心与心之间的交流。

通过以上案例我们可以了解到，客户最终要的是一种心理感受，所谓的"宾至如归"中的"归"是一种家庭的亲切感和融入感，企业和相关服务人员要对这一点引起重视。实际上，企业想要获得一个新客户要花费维持现有老客户10倍以上的精力，很少有人会为了一角钱而放弃一元钱，聪明的企业管理者更是不会，所以他们一再强调对老客户服务的意义。其实，当企业拥有了重视的客户,那么,企业和客户之间很有可能进行毕生的联系,这种"永远拥有"的关系非常宝贵,所以企业服务人员一定要正确认识老客户,在忠实客户面前不但要学会说"没问题",而且还要学会说"是"。

对于企业来说,选择和谁做生意是一个很大的问题,但是通过彼此之间的交流则能够将这个问题解决。一般的客户对高科技产品或高端服务的了解并不太多,他们在选购产品的时候(尤其是新上市的产品)只能够将希望寄托在服务人员的诚实、正直的品行上,希望获得他们的诚意引导,希望对方在服务的过程中童叟无欺,希望自己能够在一个合理的价格水平上购买到自己所需要的产品,希望在商谈中还能够有物超所值的惊喜。客户的这些想法是深藏于心的,不会向企业一方透露出来,但是企业服务人员一定要学会体察客户的心情,将信任通过握手、微笑,或者一个贴心的承诺来传达给客户,用沟通来消除对方心中的恐惧感。

由此可见,企业想要提升客户的满意度是完全能够实现的,最重要的是"攻心为上",只要服务人员发自内心地去感受客户的需求,那么就能够做到有的放矢,客户自然会感到服务的质量,如此便能从新客户转化成老客户。

创新是最有价值的服务方式

麦肯锡咨询公司在全美企业中进行了一项调查,通用电气、波音、强生等这样的世界级跨国公司成为它调查的对象,这些大企业所从属的行业和性质各不相同,但是调查的结果却非常相似:九成以上被调查企业认为企业发展最关键的因素是品质和服务,而其中有98%的企业领导对员工提出的最大希望是:创新服务。

在服务经济时代,企业实现永续发展的内在要求便是服务创新,用创新来提升服务水平和服务质量,从而在竞争中获得优势。企业通过服务创新来制造差异感、体现独特性,这样更能够培养一批忠诚的客户群体,降低竞争对手的威胁。由此可见,提高企业的核心竞争力是服务创新的根本目的和作用。因此,各个企业都开始在服务创新上下功夫,例如服务在软、硬件等方面的创新突破,希望用特色服务来吸引市场和客户,创造更高的效益。企业要想实现服务创新的成功则必须了解以下几方面的事项:

其一,开展其他服务创新的基础是服务对象的创新。每个地方都有着自己的地域特色和经济发展水平,这让不同地区之间的客户构成也有着很大的差别,另外,企业之间的业务侧重点也不尽相同,所以,不同的企业需要根据自身的市场定位来合理地界定自己的客户群体,这是企业自主选择的权利之一。当划定好客户的群体范围之后展开具有针对性的特色服务,这是服务行之有效的前提。服务,仅仅只有企业一方是不够的,还需要有一定范围的客户,客户稳定之后企业才可以根据这些对象展开针对性的、别具特色的服务。由此可见,服务对象的创新是服务创新的前提,企业在为客户提供服务的时候要学会因人而异,遇到什么样的客户就提供什么样的服务,并不能千篇一律地套用一个服务模式,否则就背离了创新的要求,客户也会感到乏味。

其二,服务创新的必要手段是开展服务工具的创新。如今社会科技发展迅猛,如果企业在服务上依然停留在以往手工、柜面操作的基础水平上,那么无论多么好的服务都无法再对客户产生吸引力。我国加入世界贸易组织之后,外资企业的入境更是为客户提供了科学、先进、高效的服务工具。因此,一个开展服务工具的创新的时代已经来临,事实证明,企业只有将现代、科学、先进的服务工具充分地利用起来,才能够达到综合服务的目的。

首先,企业应当将现有的服务工具加以改善,对原来的网络设施、柜台设备等基础服务工具进行改造、加强。其次,企业要积极推出新型的、先进的服务工具,用新型先进的服务工具来让客户享受更多服务的便利性,同时,企业也能够在市场中占据一定的优势,减少人力成本。

其三，吸引客户的源泉是服务内容的创新。经济发展速度的提升让各种各样的经济活动相应产生，客户对企业的服务也提出了全新的要求，他们渴望获得全新的享受体验，尽管有的企业为客户提供了全面的服务，但如果没有在创新上有所突破，客户（尤其是老客户）难免会有一种司空见惯的乏味感。更何况如果你提供的服务其他商家也都在提供，那么，客户就有可能会产生动摇：既然大家都能够提供同样质量的服务，我何必非要选择这一家呢？因此，企业要在保持传统服务精髓的基础上，不断适应客户"追求新鲜、追求刺激"的内心要求，让周到的服务伴随着先进的设施、一流的环境和优质的商品，当然还需要加上服务人员的"人情味"，那么，这样的创新的改变能够为企业带来更多的客户群。

其四，提高服务效益的有效手段是服务方式的创新。现在很多企业的服务还依旧停留在被动服务的层面上，也就是说在企业设计、制造产品完成后，静待客户上门挑选产品时，企业才会为客户提供相应的服务。一些客户经理服务的方式就是拉拢感情，并不能将企业内部的综合产品资源和人才资源以及综合设备资源加以利用，这样一来，导致营销的内容变得具体而单一。被动、单一的服务有着致命的缺点：同样的服务，你能够提供，别人也可以提供，这样客户就不易稳定。当然，其效益也是单一的、暂时的。服务方式的创新首先应当改被动为主动、利用企业综合的资源优势来吸引客户，为之提供综合服务。可以说企业服务越多、样式越创新，则企业所能创造的价值也越大。

另外，需要注意的是，这里的创新指的是整个系统的创新，而不仅仅局限在某个环节上，凡是与服务有关的各道程序都需要进行创新。创新并不受思路和模式的局限，而是受到市场和能力的影响，只要市场条件允许，人员能力充沛，则随时可以进行创新改革，其目的在于创造更多的价值效益，只要创新得当，自然能够如愿以偿。

诺基亚
——让服务成为企业的核心竞争力

诺基亚(Nokia)创办于 1865 年,总部位于芬兰,它是一家以生产移动通信产品为主要业务的跨国公司,也是世界上第三大手机生产商。诺基亚与微软公司在 2011 年 2 月达成战略同盟,并合作推出 Windows Phone 手机。诺基亚自 1998 年起就成为全球手机销售的领军人物,它在市场上的占有率已经达到三分之一,更是比其竞争对手有着两倍以上的市场份额。

建设优秀的团队

诺基亚自 1998 年起就成为全球手机销售的领军人物,它在市场上的占有率已经达到三分之一,更是比其竞争对手有着两倍以上的市场份额。

在巨大市场的中国,诺基亚建立了两个研发中心、8 个合资企业、20 余家办事处、5500 人的团队和超过 17 亿美元投资,这只是诺基亚全球建设的一部分。正是由于诺基亚大量的科技投入和优秀的团队建设,使其移动电话的销售增长率远远高于市场增长率,保持了其手机销售的领先地位。

1.合作和真诚沟通

"分享"的企业管理措施使诺基亚领导层和员工间建立起了一座沟通的桥梁。公司这种决策主要环节首先在员工间取得一致,然后在公司的不同部门和各个层面上进行协调,最后形成最佳方案和公司决策的做法,打破了公司"领导决策,员工干活"的组织结构,减少了领导决策失误的几率,提高了员工积极参与的热情,为各部门之间的沟通和协作提供最大的便利。

公司为信息沟通的顺畅提倡上司与下属平等沟通与交流,如果员工有问题可以越级反映的组织原则,为这些措施的实施制定了有效的规章制度:

其一,每年,第三方公司都会被邀请作一次员工对公司发展和自己工作建议的调查,为公司改进提供第一手资料。

其二,每年,诺基亚都会组织两次上司与下属工作的讨论会,讨论以前的工作表现和今后的工作目标,为今后的工作指明了方向。

其三,诺基亚为员工和公司领导沟通建立一个全球性网站,老板可以通过网站了解任何一位员工以匿名形式发表对公司的建议,如果建议合理就会被采纳。

每年,为加强员工之间、团队之间、员工与团队之间的相互了解和合作,诺基亚都会组织两次可以以部门为单位也可自由组合团队培训机会和一次集体外出活动,锻炼了员工之间的协作能力。

2.促进生活与工作的平衡

要使员工以饱满的精神状态投入到工作中去,就必须保证员工个人生活与工作的平衡。在这方面,诺基亚为员工设计了一系列绚丽多彩的业余生活和员工活动方案,例如:包括了健康、生活、学习、休闲和理财等5个方面的"自在人生,健康生活"的活动方案。此方案为员工娱乐健身提供了丰富多彩的活动;鼓励员工获得专业技能的证书,参加公司以外关于职业生涯的课程;为员工请到一些心理服务和家庭理财咨询服务的专业机构等。诺基亚通过这一系列活动,不仅促进了员工个人的生活美好和成长,也使员工拥有了更高的生活品质,提高了工作效率,大大提升了公司业绩和形象。

团队凝聚力的增强

团队凝聚力是指团队对成员的吸引力,成员对团队的向心力,以及团队成员之间的相互吸引程度。如果一个团队没有凝聚力,那团队的绩效就仅仅是个人绩效的累加,但如果团队有了凝聚力,团队的绩效是个人绩效相乘。只有团队有较高的凝聚力,才有整体的危机感,才能创造出更高的绩效。正所谓"众人拾柴火焰高"就是讲述这么一个道理。团队就如一台机器,团队各个成员就如机器的各个零件,团队的凝聚力就如各个零件的共同目标,只有各个零件为了共同的目标努力着,机器才能正常运转,如果一个零件出了故障,这台机器就不能运转了。所以,团队的各个成员只有愿意为了团队的目标而牺牲自我的精神才能创造出奇迹,这就是凝聚力的魅力所在。

团队具有凝聚力的表现为:(1)没有跳槽现象,团队成员的归属感较强,为成为其中一员感到无比荣幸;(2)团队的成员在团队内不仅能实现个人的自我价值,而且具有牺牲精神;(3)团队的信息建设比较完善,内部信息沟通渠道顺畅;(4)团队成员之间相互尊重和关心,内部关系和谐稳定;(5)团队成员在团队内工作没有压抑感,协作能力较强。

影响团队凝聚力的因素主要有以下几方面原因:

1.凝聚力受团队的内部因素影响

团队的规模。沟通随着团队规模的扩大,同一工作经手的人就会越来越多,之间的分歧机会就会增加,结果导致办事效率低下,相互推诿的现象;规模扩大,部门增加,就会出现分帮结派现象,不利于内部团结;规模扩大,信息沟通的渠道加长,信息的上传下达的时间增长,影响信息的沟通。一般10~15人形成一个团队,凝聚力较强。

团队领导者的领导方式。团队领导者的领导方式有以下 3 种:放任、专制和民主。作为团队的领头羊，其领导方式直接关系到整个团队的凝聚力。领导方式放任，团队成员随意，人心涣散，没有团队合作意识，凝聚力差；领导方式专制，成员的满意度较低，极少表达意见和参与决策，私下经常发牢骚，攻击性语言较多，凝聚力较差；领导方式民主，团队成员的积极性较高，乐于表达自己的建议，积极参与团队的活动，团队凝聚力较强。

奖惩方式。团队奖惩包括集体奖励和个人奖励。集体奖励能使团队与个人的利益挂钩，只有集体利益增加个人利益才能得到保障，所以是团队的凝聚力增强；个人奖励使员工比较自我，会削弱合作精神，但能促进员工之间的竞争，提高员工的积极性。所以，在团队内要综合考虑奖惩措施，既要保障团体各成员的利益，又要有层次性，提高员工的积极性。

团队状况。作为团队成员中的一员，每个人努力实现团队的目标，能为团队创造辉煌业绩时感到自豪，从而激发团队的潜力，吸引优秀人才加入。

2.凝聚力受团体的外部因素影响

外来威胁往往能激发团队空前的团结，使团队成员"舍小家顾大家"，但如果受到外来的压力和威胁不在团队的承受能力范围内时，团队成员就会气馁。

每一个团队中，矛盾往往产生于员工之间的无意间和个人差异。如何消除阻碍团队发展的因素，增强团队的凝聚力，需采取以下措施：

其一，团队目标要合理。要根据团队的实际情况，制定合理的目标任务，如果目标过大，就会挫败团队成员的积极性，如果太小，就会使员工沾沾自喜，不求上进。而且要使团队目标与个人利益联系起来，提高员工的参与积极性。团队的目标还要根据实际情况适时调整。

其二，领导方式要民主。采取积极民主的领导方式，才能使团队成员的积极性较高，乐于表达自己的建议，积极参与团队的活动，团队凝聚力增强。

其三，团结就是力量。当外部威胁来临时，领导者要身先士卒，给员工起到表率作用,此时也是积极化解内部矛盾,增强团队凝聚力的最好时机。

其四,团队规模要合理。规模大小直接决定着团队的业绩,过大不便于管理,容易产生内部矛盾,人心涣散;过小往往人手不够,工作连续性差,因此一个团队一般控制在 10~15 人为宜。

其五,集体奖励与个人奖励合理化。集体奖励往往能促进团队的凝聚力,个人奖励往往能提高员工的积极性,所以要采取集体奖励与个人奖励并存,以集体奖励为主的原则。

其六,集体荣誉感的培养。集体的荣誉也是个人的荣誉,是每个员工共同努力的结果,是对团体各个成员的肯定,在团体中,要使员工感受到家的温暖,促进员工更加的努力奋进。

协作精神对团队的重要性

团队协作精神是指员工为达到既定目标而自愿合作和协同努力的精神,是成员耐力、需求、动机和驱动力的综合体。协作精神能调动所有员工的才智和资源,促进员工间的相互了解,提高工作效率。没有协作精神的团队,只是团队成员简单的组合,具有协作精神的团队才能有合力,才能以较小的资源创造更高的价值。因此,协作精神对于团队来说至关重要。

培养团队协作精神的措施:

其一,管理方式要公正。对待团队的每个成员要一视同仁,不开小灶,不设特定规章,使每个员工在公平的环境中工作。往往员工产生埋怨和员工之间产生隔阂的原因是:员工的回报与付出的努力不成比例,有些人少劳多得,而有些人多劳少得,这样就会使人丧失努力的积极性,不利于团队协作,更不利于协作精神的培养。因此,领导者制定的规章制度要符合绝大部分人的利益,并在以后的工作中公平公正地执行下去。

其二，创造成员了解的机会。团队要适当举办一些全体员工参加的培训、比赛以及体育活动等，使员工们之间有相互接触，为相互了解创造便利条件，使员工间在生活中更好地了解，为工作中的协作服务打下基础。

其三，员工间要互帮互助。团队领导要及时发现团队成员的困难，小的困难可以让成员之间互帮互助，大的困难要鼓励全体员工去帮助困难的人员，这样不仅能促使员工间感情的加深，而且能使员工找到家的感觉，培养员工感恩的心。互帮互助能消除员工间的隔阂和不同工作之间的界限，所以在团队中要提倡互帮互助。

其四，团队前景要光明。团队前景光明才能让员工看到希望，才能促使员工努力去工作，努力去实现它。一个员工的努力力量是小的，所有的员工力量才是强大的，当所有员工都努力去实现光明的前景时，他们不自觉的就会协作起来，那样团队的前景就会更加光明。

其五，员工间的竞争要可控。竞争不仅能使员工产生压力，并把压力转化为动力，提高工作效率，也能使员工间产生相互排挤，相互拆台的现象。所以，成员间的竞争要合理可控，使团队既有竞争又要协作，把竞争转化为团队前进的动力。

其六，集体培训是必要的。集体培训不仅能促进员工间相互了解，也能使员工看到自己的不足，促使他们相互帮助、相互学习，使员工整体进步。学习过程既是学习知识武装自己的过程，也是协作的过程。

多元化团队的沟通

中国企业日益走向国际化，外国集团公司也陆续在我国开设分公司，这样的大环境下让大中型企业中凸显出一种全新的问题：多元文化团队的沟通障碍。所谓多元文化团队，顾名思义是指在一个团队内部中存在着两种或两种以上文化背景的成员,彼此之间因为文化背景和生活工作习惯的区别而容易产生矛盾,在理解上出现障碍,因此多元文化团队的沟通变得格外重要。那么,首先我们来分析多元化团队中常会存在哪些沟通问题:

其一,语言沟通的障碍。

多元化团队成员间因为母语的区别而造成语言沟通的困难,当遇到问题的时候,大家各执一词,想要沟通,可是沟通却费时费力,令人无奈。某位大型外贸企业经理曾经这样开玩笑说:"虽然都隶属于同一家公司,但是想要跟国外的同事商量事情那可不是容易的,更多的时候会'对牛弹琴'!"这虽然是一句玩笑话,但是已经反映出我国多元文化团队成员中交流困难的现状。纵然是团队成员为了沟通都是用同一种语言,比如说英语,但是,客观来讲这并非是常用语言,与母语相比,在对英语使用过程中肯定会因为各种疏忽而产生误解,在表情达意上也非常不自然、不随意、不精确,对团队工作会造成较大的影响。

其二,文化背景的烙印深刻。

多元化团队中的成员有着不同的文化背景,在语言表达上更是深受母体文化的影响,在思维模式上也存在差异,另外,世界观、价值观和人生观也不尽相同,这些方方面面的差异都对多元文化团队的建设构成了客观的威胁,更有时候甚至因为成员间文化背景的不同而导致整个团队涣散不堪。所以,人们必须将东西方文化背景和生活习惯的差别视为一个重要的沟通问题来对待,其影响力不可小视。话虽如此,但是在实际工作中,人们常常将这种差异忽视掉,一直矛盾重重,直到大问题出现的时候,才会幡然醒悟,然而,已经为时已晚。

其三,生活方式存在差异。

在建设多元文化团队时,还需要密切关注成员之间不同的文化背景和生活方式,生活习惯的不同让他们的性格也出现较大差异。让两个处于不同生活习惯中的人相处,很容易发生各种摩擦,即使不是有意的,即使是无心的侵犯,也有可能会引起他们之间的冲突,最终对团队的团结发展造成负面影响,甚至会延误工作的进程。

在分析了以上多元化团队建设的沟通障碍后,就要对此进行针对性的解决,在解决问题的时候需要对以下内容引起重视:

其一,提升态度和认识方面的敏感度,提升团队成员的全球化意识。人类之所以能够持续发展,其根源是文化的传承,所以,当我们在坚持自己文化理念的时候,也要对别人的文化观念保持最起码的尊重。此外,还需要认识到文化与文化之间是存在关联性的,在坚持自己文化理念的时候也可以学习他人的文化,了解其文化中的特色,彼此之间形成一种谦虚学习的关系,这样才能够在工作中实现有效的沟通,从而对不同的文化都能够采纳。

其二,了解自己文化与其他文化的差异何在,尽力掌握各种不同的文化知识并将外语工具充分地加以利用,这样就能够在主观上提升文化沟通的有效性。在多元文化团队成立之初,首先让团队成员对各自的文化背景、宗教信仰、生活习惯有一个总体的了解,此外,为了促进各种文化背景下的成员进行交流,企业可以聘请一位相关语言经验丰富,并且了解多种文化背景的专业培训师,利用培训师对员工的培训来让团队内部变得更加的和谐。

其三,除了在思想意识上对自己进行督促之外,还要在行为上不断加强训练,尝试着和与自己持有不同文化背景的人们交往,以此来锻炼自己沟通的能力,特别是倾听的能力,确认自己所听到的信息是对方的真实意思。

将团队打造成学习型的主力军

生命力量得以延续的源泉正是学习的能力,一个人的生命核心就是学习,同样地,一个企业的生存机会需要在学习中获得。只有不断学习,人们的生活才会变得丰富而有意义；只有不断学习，企业才有发展的生机，才能够在重重竞争中脱颖而出。

从社会大环境来说，所有事物都处于一种不断发展变化的状态中，一个有机体想要在生存法则下活下来，则需要让自己接受新事物的能力大于环境改变的速度。一项调查发现：大型企业的生存寿命连人们寿命的一半都不到。20 世纪 70 年代中曾经在《财富》杂志中位居排行榜前五百名的公司，如今已经有三分之一以上都在人们的生活中销声匿迹了。导致企业走向失败的原因是多种多样的，其中有一个共同的根本性因素：学习力的欠缺。

团队是企业最基本的组成单位，其凝聚力和竞争力的强弱更是与其学习力的高低息息相关。一个学习型的团队一定会将团队的学习作为固定的机制，更能够将学习和工作有机地结合起来。学习型的团队能够不断处在发展和自我提升的状态中，能够自如地应变各种改革，它们知道学习是维持生存的唯一方式。正所谓"活到老，学到老"。学习和创新是一项终生的任务，更是在竞争中立于不败之地的有力武器。接下来对学习型团队需要具备的条件进行详述：

其一，共同的企业愿景。团队凝聚力只有在每个成员都心怀共同愿景的时候才会产生，企业愿景能够成为团队整合的关键，更能够将个体成员的主动性、追求性、创造性和积极性都调动起来，从而为团队生命注入强大的活力。

其二，团队学习。将成员个人的学习加以整合成为团队的学习力，这样才能够让团队成为一个蓬勃发展的、具有前进动力的团队。团队中的学习对团队整体和成员个人来讲都是一次双赢的选择，未来成功的团队也必然是团队成员和员工一同学习、一同进步的学习型的团队。在这个过程中，团队、企业为员工个人学习提供了良好的环境。

其三，终身学习，永不停止。"迈向 21 世纪的知识经济，需要一种新的战略,而实现教育领先比以往任何时候都更为重要,终生教育是知识经济时代成功之本。"这是美国前总统克林顿对人们的忠告。从中我们不难看出,团队只有将终身学习作为自己发展的途径,才能够在市场重重竞争中保持自己的优势,才能够根据市场的变化来做出及时、正确的反应,从而获得社会上更多的尊重。

学习型团队的建设需要充分结合团队自身的特点,摸索出一条适合自己的进步之路。通常来说,建设学习型团队的基本目标是提升员工学习和工作能力、提高团队凝聚力、提高组织工作业绩。目标明确后,便是"条条大路通罗马",可以尝试各种方法来提升团队的学习力,通常来说可以从以下几个方面入手:

其一,构建学习大环境。学习型团队的建设中有一个重要因素,那就是学习的氛围,这是一种有利的、外在的客观环境,在这种学习型的氛围中,团队成员能够将手中的任务很好的完成,也便于提升企业团队和员工个人的素质,让团队变成一个有效的学习型的团体。如今很多大型企业团队都非常注重"企业文化"的建设,从本质上来说,企业文化就是学习的一种范围。在团队中倡导学习的文化氛围,能够让每个成员都置身在无所不在的学习空气中,虽然是一种看不到、摸不着的状态,但是却以一种无形的状态时时刻刻地存在着,也提醒着人们学习的重要意义,构建学习大环境的目的就在于"熏陶"二字。团队中构建文化氛围能够有效地促进学习和发展,通常来说,一个学习型的团队往往具有以下特征:

(1)存在着浓厚的学习氛围,鼓励学习,奖励学习。

(2)学习成为每一位员工的责任。

(3)企业领导鼓励员工创新、实验。

(4)在必要的时候提出改善产品和提升服务的方案。

(5)正确地对待错误,没有太多的繁文缛节和空洞规划。

(6)员工具有自由发表言论的权利,实行高度自治。

(7)员工与员工之间,员工与领导之间保持着高度的信任。

(8)善于变革,具备灵活的应变能力,拒绝因循守旧。

(9)企业领导及时改善员工的工作环境,确保提升员工工作质量。

(10)企业管理者激发员工的潜在能力,为员工的进步留有较大的发展空间。

其二,明确核心价值观。价格观是一个团队或个人对待事物的价值判断体系,它是由人们内在的目的、信念和认识力所决定的。创建学习型团队,需要保证团队中的每一位成员都有着共同的学习和工作愿景,也就是将团队核心价值观统一起来。

团队核心价值观不但包括诚实、进取、公平等社会普遍价值观,而且还包括了员工对工作的热情、尊重个性、认真服务、维护责任等与工作性质相关的价值观。这些价值观是一个团队行为和思想的主要原则,团队成员只有在核心价值观的引领下才能够真正地团结在一起,将使命感和方向感落实在实际的行动中。当然,团队核心价值观形成与成员们持续学习的精神密不可分,它同样与团队的领导有着直接关联。团队领导在发扬团队核心价值观的时候应当以身作则,在任何一种场合中都要对企业团队的核心价值观进行强调和实践,无论是工作场合、日常事务管理,还是内部交流,都要不忘对核心价值观进行贯彻落实,使之成为衡量团队业绩的标准,也成为衡量企业文化的标准。

其三,树立学习标杆,时刻向模范学习。团队中成员们往往选择将自己的上司作为学习的标杆,这是因为团队领导在团队管理实践中能够用自己的行为潜移默化地影响身边的员工,使员工在思想上更进一步,无论是在工作的具体操作中,还是在工作方向的制定上,团队领导都能够起到标杆性的示范作用。汤姆·彼得斯认为人们的学习途径主要有两种:通过分析和改正自身的缺点而获得进步的机会;通过对优秀者的模仿和学习来提升自己的能力。顾名思义,标杆学习就是指向典范学习,向优秀者学习,这种谦虚好学的价值观念能够成为团队快速成长的一项重要工具。许多国际企业之所以能够一直处于不败之地,就是因为充分掌握了这项工具的应用。根据学习对象的区别,标杆学习又可以分为三大类型:

(1)向团队内部的榜样学习。在企业团队内部一旦形成相互学习的氛围,员工之间就更容易在沟通中学会相互欣赏、彼此合作,部门之间的隔阂也会因此而减少,上下级之间的距离也能够因此而拉近。更重要的是,内部成员之间的学习能够让很多新鲜的资讯及时分享,达到有效沟通的目的。而团队内部的榜样不仅仅局限在优秀员工身上,他们同样可以是普通员工、管理人员、职能部门或者是一线员工,只要他们身上具备着与成功相关的职业素质,那么都是应当被企业全体员工进行学习的。

(2)向团队外部的榜样学习。正所谓"幸福的家庭都是相似的",实际上关于成功的秘诀也都是雷同的。任何成功的团队之间都能够寻找出它们成功的共有特征,最突出的是它们都具备着最优秀的作业典范,具体来说,比如有:宝洁的培训体系、本田公司的品质管理、沃尔玛的零售创新、麦当劳的管理系统、戴尔的销售速度、摩托罗拉大学等。这些成功的因素乍一看并不尽相同,但是归结起来正是"优秀的作业典范"。

(3)在向团队外部榜样学习的过程中不要忽视对竞争对手的学习。企业应当时刻为自己寻找特定的竞争对手,即使是国际性的、最优秀的大型企业,它们也要存在一些竞争对手,哪怕仅仅是假想敌。当竞争对手存在后,企业团队才有爆发力,更能激发成员间超越对手的信心,不断学习,让自己走得更远。

除了将竞争对手作为学习榜样之外,企业还具备着另一种外部学习榜样,那就是客户。向客户学习才能够洞察到客户的心理,这样能够让企业员工和客户之间的隔阂消除,达到心与心的贴近,同时,注重客户的需求,做到自身不断进取。在这种内驱动力的影响下,员工对客户能够越来越了解,交流起来也越来越顺利。

除此之外,让团队变成学习型还要注意以下几个方面:

其一,建设一个相对宽松的学习环境,方便团队成员之间的交流和知识验证。环境的开放能够减少知识流通的步骤,在最短的时间中实现成员之间的知识共享,这样的学习环境可以通过专题研讨会、茶会、集体旅游等形式来实现。在团队成员共同学习、分享经验的过程中,还有可能会让思路产生发散性的效果,如此便有利于员工创新的实现,在交流中成员之间的思想能够碰撞出美妙的火花。

其二,保证内部的信息网络和信息渠道畅通无阻,如此才能够方便成员之间关于技术研究的交流。高效的信息网络可以将每个成员的零星知识加以整合,团队的知识力量也能够更加具有凝聚力。常见的信息网络可以通过团队知识库等形式来实现。

其三,将外部知识网络、行业主管部门网络、专家网络、合作机构网络等资源充分地利用起来,将这些外来的知识渠道变成自己团队学习的途径,从而增加团队知识的宽度。

其四,为了鼓励员工之间对知识进行广泛的交流而制定各种激励政策。团队领导对成员的鼓励能够让知识得到更多分享的机会,这就很好地避免了闭门造车的不良情况,也不至于出现企业员工为了保证自己在团队中的地位而刻意隐瞒知识等现象的发生。所以,团队领导层提出一些奖励性的机制是很有必要的,在这种奖励性的机制下,表彰、公司认股、岗位晋升等都可以实现员工自愿地、积极地将自己的知识与人共享。如此一来,便能够实现团队整体与员工个人的双赢。

打造团队创新力——企业永恒的话题

如今的时代中处处都充满了弱肉强食的竞争法则,成功与失败往往仅在一线之间,而机遇又与危机紧紧相连,即使能够获得成功也仅是短暂之举,要想在激烈的市场竞争中永葆活力,企业必须将创新提上日程。可以断言,一个成功的企业一定善于创新,无论是整体团队的创新亦或是员工个人的创新,都能够在一定程度上为企业的生存、发展创造条件。熊彼得是美国著名经济学家,他曾经说过:"企业家对生产要素进行新的结合。"通常来说,企业的创新会体现在技术创新、制度创新和管理创新3个层面上,企业的发展也是与这三大方面息息相关。

下面首先来分一下创新型团队与一般团队之间的区别:

其一,创新型团队更加重视和支持成员的创新。创新型团队将会调动一切能够利用的资源来支持团队个体成员的创新,因为他们确信个体成员的创新就是铺就创新之路的基石,所以,他们会为了员工个人的创新而拨专款、配置协助人员,以确保任何一项潜在创新计划都能够在专业负责人的领导下完成。而一个缺乏创新观念的团队中,团队领导也不会对员工个人的创新提起兴趣,更很少为其提供物质或精神方面的支持,所以,很多不错的创新观点都因为缺乏支持而夭折。

其二,创新型团队更加贴近市场和客户。创新型团队会想尽一切办法贴近潜在用户并与之进行及时的交流,他们会根据客户的需求及时改变自己的产品设计和服务方案,因此,他们能够对市场上客户的需求有较为准确的了解,并且愿意为此而做出种种努力。相反,一个缺乏创新精神的团队往往会将产品和服务的研究方案局限在传统的、可行性的研究层面上,不敢突破自我,也不愿进行深入的、冒险性的研究,结果导致产品和服务经受不住市场的考验,产生损失。

其三,创新型团队中更加注重创新程式的改变。创新型团队中,创新者不但会受到企业领导和其他成员的倾力支持,并且会让自己的创新流程记录在企业的史册中,成为日后创新研究的参考。如此一来,即便此次创新是以失败而告终的,那么,它也能够为下一次的研究减少失败的几率。而在缺乏创新力的团队中,创新成员很少获得必要的支持,而且每一次失败的创新都会成为徒劳之举,其程序会被全盘否定。

其四,创新型团队更加注重实践的过程。创新型团队会对每一个创新的环节都小心翼翼地对待,随着创新的步骤的发展而制订出相关的评估计划,他们能够在第一时间调整自己的策略来适应市场的需求。此外,创新型团队不会急于求成,而会选择循序渐进的模式来创新。而一个创新力不足的团队不仅在资源上有所欠缺,而且很有可能会对创新的方向产生错误的估计,在没有足够经验和实验的前提下过早地投入创新,结果造成损失。

有人认为创新型团队就是快速取胜的团队,实际上,他们每向成功靠近一步都要经过无数次的审慎研究。他们之所以能够获得良好的业绩,之所以能够不断突破自我,是因为每个成员都坚持着创新的理念,关注细节,积累成长。企业想要生存下去就必须学会创新,就像人类的细胞一样要不断地进行新陈代谢,同样地,企业也需要不断改进自己的产品和服务,让客户享受到更好的待遇,他们才会忠心于你。企业的基层组织想要实现创新,可以尝试使用以下措施:

其一,保持竞争的激情。一个团队能够始终保持创新力的关键是永不满足和不断改进的精神。为什么在同样的环境条件下会有一些团队进步得更快,更早地实现成功?那是因为他们为自己制定了更高的目标,为了达到目标不得不进行创新和努力。员工的竞争激情被激发出来,他们就不会沉沦在眼前的成就中,而是选择不断改进,将团队推向更高的山巅。而那些满足于现状、沉醉于过去的团队则很容易变得停滞不前，最终跟不上时代前进的脚步，或是坠入死亡的泥潭之中。

想要让团队保持竞争的激情不妨为成员们列出一份不断改进、永不满足的计划表。在绩效考核的标准中一定要明确列出超越团队和竞争对手的事项，让员工时刻明白团队在竞争中所处的地位，清楚看到自己团队与其他团队在能力上存在的差异，让大家心中明白，一旦团队停滞不前将会产生的恶果，以此来督促大家远离骄傲自满的情绪。想要让团队始终处在最好的竞争状态下，那么成员就要齐心协力在团队中构建一套能够激发众人竞争活力的信念和准则，让竞争的激情永不退去。

其二，培养成员的创造力。人们创造力的形成与其思维方法、思维习惯和已有的创造法则有着密切的关系，所以，成员想要培养自身的创造能力可以从以下几方面入手：

（1）独立自主。一个员工从事某项事务时间久了就容易在头脑中形成一种思维定式，在想问题的时候会按照这个固定的思维模式来进行，办事情也难以跳出这种条条框框，不敢也不愿涉足思维框架之外的事情，创新意识逐渐淡漠。所以，人们一定要摒除思维定式的困扰，也要克服依赖、盲目服从、胆怯等消极心态，尝试独立思考和探索研究，在对新事物的了解中，人们的创造能力也会得以提升。

（2）善于提问。提问是探索求知的外在表现，也是创新的萌芽形式。知识的继承性会使人们习惯于某些固定的概念，当某个实际现状与此理论概念发生冲突时，问题便会随之而生。问题产生后人们便会寻找消除疑问的办法，在寻找的过程中便产生了创新的渴望，新理论的诞生又能够让人们的认知水平往前迈进一步，这就是所谓的创新效果了。由此可见，问题的提出是创新成功的关键。

（3）打开思路。问题出现后需要思考相应的答案，如果只是一味地采用陈旧的方法来作答,那么实际上并不是创新,在给出答案的过程中选择用一种全新的思考模式,将思路打开,这才是创新。除了思维的发散之外,在创新的过程中还应当考虑经济成本的合理。因为解答问题的方法有很多,只有从中找出最简单的,最划算的方法才能达到创新的目的,也就是用较低的成本来收获较大的收益。

其三,永远保持领先。一个团队能够持续地保持领先,关键在于它能否不断地寻求到新的客户群,想要寻找到新的客户群不仅需要增加同种产品的销售来将现有客户的基础扩大,而且还需要寻找潜在客户的潜在需求。这种需求是隐性的,不易被察觉的,但是一旦满足了客户,那么团队必然能够在竞争中保持领先优势。当然,保持领先是与降低成本和增加收入为前提的,想要做到这些,团队不妨采取以下策略。

(1)规划愿景。对团队的愿景规划要养成每年都检查的习惯。

(2)寻找机会。对于那些客户都还没有意识到的新需求要提前进行广泛的市场调查,在调查中寻求新机会,发现令市场炫目的新奇设想。

(3)全力以赴。一旦发现新的市场机会就应该全力以赴地投入,争取最早地打入市场。

其四,对于风险要勇于承担。有创新就一定会有风险,没有哪一种创新能够完完全全地摆脱风险而存在,所以企业一旦定下了创新的目标,就要做好承担风险的准备。对于一个团队来说,成员们能否愿意为了创新去冒险则也是考验他们心理承受力的一个挑战,成功的团队一定是一个勇敢的革新者,其成员也知道如何进行大胆冒险有效创新。创新型团队会对员工个人的合理冒险给予支持,甚至会为包含风险的新项目启动资金。企业如果想要让创新观念真正融入到团队文化中,则需要领导者对员工充分地信任,让员工不再为创新的失败而忧心忡忡,而是从中吸取宝贵的教训。冒险所带来的不是惩罚而是学习的机会,那么,员工就更愿意进行尝试,创新也就成为一种可以实现的可能。

其五,正确对待失败。团队管理者鼓励团队成员创新就必须做好原谅错误的准备,因为激发创新的主要措施包括:容忍错误、支持冒险与变革、多汲取教训。小约翰逊是强生公司的前总裁,他曾经说:"失败是我们最重要的产品。"他清楚失败的实验也是公司发展的动力之一,事实上强生公司在发展的过程中确实遭遇过很多次创新的失败,但是强生认为这些失败不过是实践公司核心思想过程中所需要承担的基本代价而已。正是因为这种对待失败所保持的正确心态,才使得强生公司在其 110 年历史上从未出现过亏损。

无独有偶,联邦快递作为一家国际型集团同样确立了"允许失败"的管理原则,正是因为这样,员工的创新才没有后顾之忧。正是因为这种创新文化的形成,才使得团队和员工都获得了创新发展的机会。

迪斯尼公司
　——"让您快乐是我们的工作任务"

迪斯尼(The Walt Disney Company)，其名字来源于其创始人沃尔特·迪斯尼，该公司总部设置于美国伯班克，属于一家大型跨国公司，主要业务包括主题公园，玩具，图书，电子游戏和传媒网络以及娱乐节目制作。迪斯尼旗下的公司有皮克斯动画工作室(PIXAR Animation Studio)，惊奇漫画公司(Marvel Entertainment Inc)，试金石电影公司(Touchstone Pictures)，米拉麦克斯(Miramax)电影公司，博伟影视公司(Buena Vista Home Entertainment)，好莱坞电影公司(Hollywood Pictures)，ESPN 体育，美国广播公司(ABC)。

迪斯尼，真正的"欢乐巨人"

孩子们对于一种世界的魔力是无法抵挡的，这就是童话世界。童话世界为数以万计的孩子们提供了一个美丽的乐园，而童话故事中的人物则成为孩子们常常挂在嘴上并以身效仿的对象，他们将这些童话人物作为自己的好朋友，愿意将自己的心事透露给他们，也愿意将自己的快乐分享给他们。如果对孩子们进行采访，他们一定会毫无思考地告诉你："我最想去的地方是童话世界！"他们渴望到童话世界中寻找完美的幸福和快乐，而实际上，这种对美好生活的寻觅、对童话的热爱并不仅仅局限在孩子们身上，大人们也会有渴望。

既然童话世界是孩子和大人所共同向往的乐土,那么有没有一个地方可以为这些心怀梦想的人带来这种快乐呢?相比很多人都会想到它——闻名世界的迪斯尼乐园。随便询问一下走在大街上的某个小朋友他们都知道哪些卡通形象,他们一定会毫不犹豫地说出:"米老鼠、唐老鸭、白雪公主、七个小矮人。"因为这些形象已经在孩子们的脑海中留下了深深的印记,然而,这些聪明、活泼、可爱的卡通形象究竟是从何而来?答案就是:迪斯尼。不错,这些经典卡通人物的缔造者正是迪斯尼。可以毫不夸张地说:世界有了迪斯尼,笑声也变得纯洁而悠远。

　　迪斯尼为全世界所带来的笑声和欢乐让它当之无愧于"欢乐巨人"这个头衔,迪斯尼的形象已经超越了国界和年龄而深入民心,人们在游玩当中也能够体会到无限的欢乐。"让你快乐是我们的工作",这是迪斯尼历届经营者所强调的内容。迪斯尼与很多空喊口号的企业不同,它用了将近100年的实际行动来实践自己的承诺,时时刻刻为在世界中树立自己的王者地位而努力。幸运的是,在近百年精心经营后,迪斯尼终于成为了娱乐业中一个无法复制的奇迹。

　　1923年,沃尔特·迪斯尼和他的兄弟罗伊·迪斯尼创立了迪斯尼兄弟制作室,也就是后来的迪斯尼公司。在日后发展的过程中,迪斯尼公司逐渐融入了影视娱乐、主题公园、媒体网络和玩偶商品等元素,多方位的发展让它的年收入超过270亿美元,并拥有292亿美元的品牌价值。回首迪斯尼成长、发展的过程,迪斯尼公司的发展历史更像是一部电影长片,是创始人沃尔特·迪斯尼在演绎的过程中融入了太多的梦想、信念、勇气和行动,这些努力让娱乐事业与产业化接轨。迪斯尼用自己独特的方式将"欢乐=财富"这一公式讲解给人们。

将快乐转换成财富

迪斯尼的确创造了奇迹,而它又是如何将这些奇迹创造出来的呢?任何人的成功都不是来自偶然,迪斯尼公司如今享誉世界、地位显赫,而它的成功也不是一蹴而就,必定也是因为各种因素共同累积才形成的。在众多的成功因素中,迪斯尼独特的企业文化起到了关键性的作用。

迪斯尼从成立到如今已经走过了近百年的历程,在这极其漫长的岁月中,在这讲究"优胜劣汰"的商界领域中,要想站稳脚则必须要有过人的实力。而"实力"两个字在迪斯尼的经营者看来就是一种核心的经营理念——制造快乐,传播快乐。这仅是再简单不过的 8 个字,但却是迪斯尼公司重要的力量之源,很显然迪斯尼历届经营者都已经在观念上达成了共识。他们将迪斯尼工作的宗旨定位在"为客户带来快乐和幸福"的层面上。基于这种管理理念,迪斯尼公司成为当今世界娱乐业中名副其实的王国。

任何一个能够走向成功的企业都必须有一个伟大的缔造者,迪斯尼公司也毫不例外。提及迪斯尼,我们不得不谈到沃尔特·迪斯尼,这个"快乐巨人"的缔造者,他的人生也如迪斯尼一样传奇,令人遐思无限。

1901 年,沃尔特·迪斯尼出生,他的故乡是美国芝加哥,童年的迪斯尼跟随父母来到坎萨斯附近的一家农庄定居。为了生存他曾经做过一段时间的报童,然而他最感兴趣的事情还是画画。童年的迪斯尼有一个梦想,就是成为一个名副其实的画家。

后来,他如愿以偿地进入到一所高等艺术学校,在这里他有了专门学习美术的机会。然而好景不长,不久第一次世界大战便爆发了,残酷的战争将迪斯尼的学生生活由此中断。参加了红字会后迪斯尼来到法国,在这里他一直静静等待直到战争结束。

无情的战争摧毁了原来生活的面貌,战后迪斯尼回到坎萨斯,这里的一切都已经面目全非,唯一没有改变的是他对绘画的热情。随后,迪斯尼来到一家动画公司工作,其任务就是制作动画片。如此一来,工作和兴趣得到了完美的结合,这让迪斯尼兴奋良久。工作中的迪斯尼非常专注,为了做出完美的作品,他特地购置了一架旧摄影机,用它在汽车房中拍摄短片。而那些由迪斯尼亲手制作而成的动画形象则更是栩栩如生,惟妙惟肖。

　　迪斯尼于 1923 年奔向好莱坞,在对环境有所熟悉后便和哥哥一同创办了一家公司。当时的大环境中,电影已经初见端倪,默片开始走向没落。眼光敏锐的迪斯尼凭着敢为天下先的精神尝试着为自己的动画配上了声音。他的这一举措震撼了广大的美国观众,当人们看到迪斯尼设计的米老鼠在荧幕上绘声绘色地说话时,众人无法抑制欢喜之情而纷纷跳跃起来。随后,迪斯尼又设计出了另外的荧幕形象,比如说"唐老鸭"、"普留图狗"和"三只小猪"等,这些经久不衰的经典形象为全世界的儿童和成人带来了无数欢笑。从那时开始,迪斯尼脑海中浮现出一个较为具体的企业理念:给游客以快乐。

　　迪斯尼对《白雪公主》的故事偏爱有加,他很早就决心将白雪公主的形象搬上荧幕,然而由于动画片的制作需要高昂的成本代价,加上迪斯尼本人也没有制作过大型动画片,经验和资费的缺乏成为迪斯尼面前的一道门槛。创作的欲望无法熄灭,迪斯尼决定冒着倾家荡产的风险将《白雪公主》制作成动画片,为此他耗费了整整 3 年的时间进行研究。功夫不负有心人,影片一上映便征服了所有观众的心,由此,人们对迪斯尼这个名字也更加熟悉了。

　　《白雪公主》上映不久,迪斯尼便开始着手制作"小鹿斑比"、"大象斑波"以及"木偶奇遇记"等影片,这些影片同样获得了人们的赞赏。每一个成功的人都心怀梦想,迪斯尼在对梦想的追逐过程中是一个不折不扣的"野心家",他从来不会满足于那些小打小闹动画片的制作,他脑海中已经浮现出一个宏伟的蓝图,那就是一座神奇的动画乐园。这个乐园中能够制造快乐、传播快乐,孩子们和父母都可以来到这个世界中体验美好时光。

有了这个梦想之后,迪斯尼就变得激情洋溢,他经过深思熟虑,打算将这个乐园建立在西部的加利福尼亚。1952年,建园工作开始筹备,事实证明这份工作的确不易,因为该乐园需要一大片土地,而所圈定的土地中分别被20多家店铺占据着。迪斯尼认为,只要梦想在,一切事情都能够实现。两年之后,迪斯尼派出4名员工周游美国,让他们向人们征集对修建乐园的意见和建议。而这些被搜集回来的意见却令人感到寒心,许多公园老板都用讥讽的语气回应了冷冰冰的4个字:"白日做梦!"不过,这样的冷水并没有浇灭迪斯尼创建乐园的激情,在一片谩骂和质疑声中,迪斯尼乐园终于建成了。事实证明,迪斯尼乐园最终成为人们眼中的一大奇迹,而当时那些对它恶语相向的人怎么也想不到,这个乐园居然会成为世界上收揽笑声最多的地方。

耐心体味:服务中蕴含乐趣

麦当劳对员工提出的要求之一就是:乐于同人们打交道,喜欢为别人服务,能够从服务中找到乐趣。麦当劳认为,自己企业的员工所应该具备的基本素质就是用高度的热情来对待工作、用强烈的责任感来奉献自我、用良好的管理沟通能力来促使团队进步。作为服务性的行业,餐饮业也属于劳动密集型行业,当然,它也属于情感密集型行业。所谓情感密集则主要是指员工同客户之间融洽的关系,毕竟为了给客户提供服务,所以服务人员更要将自己的情感融入到对宾客的言谈之中。在细微之处体现最真心的服务思想。

一切以客户为中心就是要服务人员将客户当做太阳,当做衣食父母,当做恩人,当做朋友,当做老师。试想,如果没有客户,员工又怎么会有工作的机会?而工作的价值又从何体现呢?正是因为有了客户的存在,员工才有了工作的目标,所以我们应当对客户发自内心地报以感激之情,这样的感激能够让员工在服务工作中投入更多的热情,实现情感服务。

员工在服务的过程中也能够体验到一种成就感,实际上服务的过程本身就是一个员工进行自我营销的过程,服务能够为客户带来幸福的感觉,而这种快乐并非是单方面的,而是可以相互传染的。所以,员工和客户之间必须通过相应的互动才能够让快乐元素扩展到更远。而这种双方都能获益的感受就是一种成就感。

或许有人会抱怨:为什么自己在服务的过程中投入了大量的热情,结果却无法从客户那里获得想象中的认可和肯定呢?实际上,每一位从事服务工作的人员都应当消除这样的抱怨,毕竟礼待客户、周到服务是我们的工作职责,客户却是有各种各样的,有的人性格友善,有的人要求较高,有的人则寡言少语。服务人员通常更容易从友善的客户中获得工作的乐趣,成就感也能够更加明显,但是当我们面对的是一些较为严肃的客户时,服务人员也大可不必为此而感到失落或恐惧。其实,每个人都应当学会与不同的人进行交流和相处,这需要花费一定的时间来锻炼,只要多一些尝试你便能够发现实际上一切糟糕的结果都仅仅是自己假想的而已。正如 B·C·福布斯曾说:"工作对我们而言究竟是乐趣,还是枯燥乏味的事情,其实全要看自己怎么想,而不是看工作本身。"

费曼教授曾经获得过诺贝尔物理学奖,他有一句至理名言:"享受物理。"之所以这句话广为流传,正是因为其中的"享受"二字,也就是将工作的焦点都放在所收获到的乐趣之上。毕竟,一个无法感受快乐的人,即使他拥有大量的财富也难以一笑,更何况快乐是与我们的心境相联系的,而客观存在的条件,比如说,自己所从事的工作类别、服务对象、工资待遇,等等,这些都无法左右快乐的扩散方向。一个内心健全且积极向上的人在任何条件中都能够感受到轻松和喜悦,所以,能否体验服务带来的快乐,关键在于服务人员对工作的认知和体验,而非一些外在的物质性的收获。

　　我们最常用到的一个例子就是自己的童年时代,在那种青涩的时代中,即便是奔跑、嬉闹、踢毽子、跳皮筋或是爬山探险等,任何一项活动都能够让我们沉浸在无忧无虑的快乐中。而当时自己所拥有的物质东西确实少之又少,既然一无所有,为何还能够开心自在?其主要原因就是一种无所求的心境,只愿全身心地投入到某件事情中,不问结果,不看得失,一切也就变得轻松安逸。童年时代凝聚了最纯洁的生命欢乐,实际上,在工作中如果员工也能够秉持一种"但求付出,不问回报"的心态,那么在对客户的服务中快乐也将会随之而来。

　　因此,服务人员一定要学会乐观地对待工作,体验服务过程中所产生的乐趣,与其勉强忍耐,不如用积极的心态来对待。

马狮公司
——百年老店之秘诀"以人为本"

马狮集团是在一家颇具特色的百货集团基础上成立的,公司所销售的一切商品都有自己的品牌。比如说"圣米高"牌,多年以来,马狮公司凭借着独具的品牌魅力聚拢了数量庞大的忠实拥护者,在美国普通大众看来,马狮集团已经成为他们生活中最熟悉的相伴者。之所以说马狮公司的经营非常独特,是因为它所销售的产品都是在供销商共同参与下来投入生产的,因此它有着"世界上最大的没有工厂的制造商"之称。

马狮公司的发展史

英国的马狮百货集团是继沃尔玛和家乐福之外在世界所有大型百货集团里响当当的企业,作为一家规模庞大的大型跨国集团,其连锁店总数多达260多家,遍布于世界各地之中。马狮公司凭借着自己超强的盈利能力多年来跻身于世界500强之列,在对手如云的世界大型企业中它立足稳固,这一切都昭示着它所具备的内在强大实力。

想必很多人都料想不到,如今这样一个在世界百货业界中叱咤风云的百货集团,其前身仅仅是一个"一元便利"店。在发展过程中"圣米高"品牌的名气则越来越大,一直以来,该货品在30余个国家中都有出售,而其出口货物数量更是在英国零售商中占据第一。正是因为它具备强大的盈利能力,所以马狮公司在英国是当之无愧的盈利能力最高的零售集团。如此巨大的百货集团身上又有着怎样的传奇故事呢?它是如何完成了从"一元店"到"世界百货业奇葩"的转换?又是什么原因能够让它在世界百货业中屹立百年不倒?

熟悉马狮公司的人应该都有所了解,它之所以能够在 100 年中都保持基业长青,其原因正是它所坚持的"以人为本"的经营理念。其公司成立以来,马狮公司一直对人力资源管理格外重视,并且尝试使用各种方法来建立与供应商和客户之间的诚信友好的关系,这些都成为马狮集团能够逐渐变得强大的重要原因。正是得益于这样的坚守,马狮集团才从一个名不见经传的"一元便利"店摇身蜕变成如今世界百货行业中的佼佼者。而马狮集团在众多西方管理学者的眼中更是卓越的管理典范。

那么,马狮集团又有着怎样的发展历史呢?

1884 年马狮集团的前身("一元便利"店)诞生,1894 年马狮百货公司正式成立,随后又经过了一段漫长的发展探索时期,到 1915 年,马狮百货公司终于发展成了一家连锁零售店。虽然发展模式已经初见端倪,但是此时的马狮公司在零售行业中还是一个名不见经传的小角色,在广大消费者看来也只是一种新的尝试经营模式而已,没有人会想到它日后能够做出如此宏伟的业绩。

1924 年,在英国的百货界中马狮集团开始崭露头角,随后越来越接近辉煌。在该年中,西蒙·马克斯担任公司总裁一职,他发现公司中在管理方法上存在一些陈旧的、不合时宜的管理策略,这些过时之举会影响企业的长远发展,应当马上解决,否则公司或许会逐渐走向没落。为了解决这些陈旧的问题,西蒙·马克斯决定前往美国,他要亲自对美国百货商店的运营情况进行了解。

此次美国之行让西蒙·马克斯思路顿开,将自己的公司与美国的零售公司进行对比后,他觉得马狮集团有必要进行一次内部的革命。于是,马狮集团有史以来的首次大变革就出现了。这是一次空前绝后的企业内部革命,新的活力被不断注入到马狮集团的内部,从此以后,马狮集团开始了自己的辉煌篇章。

马狮集团意识到自己身处于知识经济的大环境之下,决定企业生存和发展的关键就是"以人为本"的策略。只有坚持"以人为本"的经营理念才能够俘获消费者的心,让他们沉醉在物美价廉的商品和优质周到的服务中。当然,马狮公司也为员工营造了一个良好的工作环境,它认为员工身处的工作环境好才能够更好地服务客户、奉献社会。正是因为马狮集团将这些做好了,所以企业才形成了口碑效应,获得了长远发展的机会。

马狮公司在经营管理的各个方面中都能够看到"以人为本"的管理细节,后来在包括上级领导和下级员工心中都树立起"以人为本"的经营观、人才观和供销关系。正确经营理念的树立,让马狮集团在市场竞争中获得了巨大的力量之源。当然,对于世界中的任何一个企业而言,想要保持强大的竞争力则一定要在经营观、人才观和供销关系上下功夫,而针对马狮集团而言,"百年老店"的荣耀正是因为"以人为本"的确立。

"以人为本"经营理念之分析

在 100 多年的发展历史中,马狮集团始终将公司的经营最高法则定位成"以人为本",企业管理者认为企业只有获得客户的光顾才能够从中获取利润,从长远来说,公司维持长久运营的重要保证正是客户的口碑。

马狮集团在 20 世纪 30 年代时期已经成为英国百货界响当当的角色,这个时期的马狮集团坚持的经营宗旨是:将客户所能够购买得起的商品提供给他们。有了这样的指导理念,马狮集团便在生产消费品的过程中使用了先进的可持续技术,这样一来,不但生产出来的产品质量有保障,而且也能够为制造商和零售商带来较大的利润。马狮集团的领导非常重视与制造商和零售商之间的关系,他认为,马狮公司只有与制造商和零售商团结一致才能够实现优势互补,才能够保证消费者获得实实在在的利益。

世界食品业在 20 世纪 50 年代初期有了迅速的发展,马狮集团力争紧跟潮流,它在企业中特地增设了食品发展部门,该部门有着十分明确的任务,也就是运用最先进的生产科技来挑选原料投入生产运营,用科技的力量来保障公司出售商品的质量和数量。对"以人为本"理念的坚持让马狮集团与客户之间成功地建立了长期的、稳固的信任关系。马狮集团对客户提出的需求格外重视,通常都是在第一时间回应客户,正因为如此,公司获得了良好的口碑。现在的马狮集团每天都需要接待上万人次的消费者,这正是马狮集团"以人为本"营销理念稳定客户关系的真是写照。

"将客户利益放在首位"这样的口号一直喊得很响亮,而在实践中真正能够将此理念贯彻到底的企业确是极少的。从一定意义上来说,企业将客户的利益放在首位有时候能够为企业的运营带着来成本压力,也就是说,企业的营业利润相对地受到影响。正是因为这样,所以很多企业最终都选择放弃了客户的利益,而将心思花费在如何增加企业效益的短浅目标之上。然而,在马狮集团看来,忽视客户的利益是极为不明智的,毕竟客户是企业得以生存的根基,倘若没有了客户的支持,企业又怎么能够获得长远发展的机会呢?但是,假如企业能够拥有一个庞大的、稳定的、忠实的客户群体的话,那么企业的财富也就会源源不断地到来。因此,马狮公司百年来一直坚持着"宁可损失一部分企业利益也要牢牢抓住客户的心"这样的经营信念。他们相信:只要客户能够不断光临,那么企业终究都会获利,只是时间的早晚而已。

马狮公司在成立之初就将广大下层消费者作为自己的目标客户,当时的英国社会出现了贫富差距较大的情况,两极分化非常严重。上流社会的人们能够穿着精致的衣服悠闲地参加各种舞会和豪华派对,而下层人民的生活却苦不堪言,终日衣衫褴褛、食不果腹、穷困潦倒。下层社会的人们和上层社会的人们相比却占据了更多的比例,马狮公司从中看到商机,觉得如果能够为这些下层的劳苦大众提供物美价廉的商品的话,他们不但能够得到帮助而且也能够帮企业打开进军市场之门。

于是,马狮公司及时地转变了自己的经营策略方向,而转向服务于社会下层的劳动阶层,下定决心生产出物美价廉的衣物。目标客户的确定让马狮公司的发展路线更加准确,它将全部的精力都积聚起来为穷苦人民提供帮助和服务。公司还特地派出了几个小组深入到基层人们的生活中做调查,从而更准确地了解这些人的具体需求。

在掌握了客户的需求之后,马狮公司便开启了新织物和新漂染原料的开发。这些项目为制造廉价的服装提供了物质保障,公司为了保证衣物质量达到一定的标准而成立了质量控制实验室。同时又不断派出专员对新款服装的情况进行调查,在这些步骤中有一个关键的环节就是对目标客户的调查研究,只有对目标客户进行全面的了解、搜集他们对新款服装的建议,公司才能够做进一步的改进。

身处那个贫富差距悬殊的时代中,广大劳动人民虽然为社会创造出了巨大的财富,但是却沦为社会的边缘阶层,而这个阶层中的人占据大多数。经济的匮乏让劳苦大众的各项权利都无法得到满足。可是在马狮公司看来,这些底层的人民是可敬可爱的,他们同样需要被服务,所以,马狮公司为底层社会的人民不遗余力地提供了服务,这在当时已经算得上是创新之举了。既然将广大劳动人民定位于自己的目标客户,那么为其提供的商品则一定要考虑价格因素,至少要保证是他们经济范围中所能够接受的货物。在他们考虑其购买率的同时也要保证产品的质量,这样的服务标准一直被马狮公司坚持了下来。

身处社会底层的人们有着沉重的生活负担,经济状况不佳,这些因素导致他们的购买水平低下。马狮集团将这一切都作为产品生产的主要考虑因素之一,它知道自己的目标客户从价格昂贵的产品面前经过的时候只能侧目以待,那些产品对他们而言只是遥不可及的幻想。这让马狮集团下定决心要让它的目标客户花较少的钱购买到高价值的产品,它下定决心要让客户在买到自己产品的时候会感到物超所值。

分析了价格对目标客户的影响之后,马狮集团决定在产品定价上做一次大刀阔斧的改革。此次改革后,马狮集团规定在产品生产之前首先将售价规定出来,也就是说用目标客户所能够接受的价格来确定生产数量。先定价,再生产,这样的生产流程将传统的制造成本加利润来确定售价的方法完全颠覆了,如此一来,为马狮集团提供货物的制造商只能将成本控制在低于售价才能够盈利。在马狮集团看来,一件产品价格的高低是要根据目标客户的购买能力来确定的,只要了解了客户的购买力才能够制造出具有针对性的产品并赋予其承受能力之内的定价,继而再展开生产。

将供销商作为一个重要角色来对待

马狮集团在对待客户时会格外注重与之建立一种坚固的信任关系,而在对待供销商的时候,马狮集团同样如此。在马狮集团看来,供销商是一个重要的角色,它能够保证企业进行正常运行,一个企业只有拥有了牢稳的、长期的合作伙伴才能够确保生产过程的顺利进行。企业与供销商之间的关系最关键的是信任。马狮集团充分认识到了这一点所以便提出了这样的口号:"同谋共事、携手合作。"

可以说世界上所有的零售企业都在寻找减少中间环节的方法,他们为了降低成本而费尽周折,这一切实际上都与企业和供销商的关系有着很大的联系。马狮集团当然也认识到了这一点,并且它还认为零售企业如果想要充分满足客户，那么一定要与供销商进行密切的配合才可以。然而，很多零售商因为过于追求利益而难于与制造商进行和谐相处。马狮集团无法接受为了追求利益而相互损害的观点，在它眼中供销商只要是为自己的公司提供产品都是自己的伙伴，而自己的获益更是与对方的利益有着不可分割的关系。正因为如此，马狮集团一直致力于建设一种长期而紧密的与供销商之间的合作关系。实际上，马狮集团并不持有制造商的任何股权，然而，它与供销商之间的关系却非常融洽，彼此之间相互信任。这种信任让传统的零售商和制造商之间的矛盾从来没有发芽的机会。此外，马狮公司还将原料供应商和货品供应商全调动起来，使他们成为为客户服务的一个重要环节。

马狮集团认为：尽管自己非常清楚目标客户的需求所在，但是倘若供应商无法将质优价廉的产品生产出来，那么客户的需求同样无法获得满足。所以，它非常看重和供应商之间的关系。虽然，零售业一直被人们认为是一种技术含量不高的行业，但是马狮集团却颠覆了这种说法：它不但对货物的质量有着极其严格的要求，而且完全参与到产品生产的过程中，从原料的挑选到货物的制作完成，马狮公司都要进行全面的掌控，这就是马狮集团经营中"技术主导"的最直观表现。

一方面，马狮集团不断对供应商提出严格的要求；另一方面，马狮集团又为供应商提供力所能及的帮助，甚至还告知供应商如何节省交易成本，这使得马狮集团不但实现了为客户的服务，又获得了供应商的信任，可谓是名副其实的双赢。马狮集团在保证产品价格不变的前提下又对供应商提出了更高的产品标准要求，这样一来真正受益的人就是消费者。毋庸置疑，马狮集团为此获得了客户更多的好感，对一些潜在客户更是具有充分的吸引力。

有一项统计显示：马狮集团与大多数供应商的合作关系都在30年以上，甚至有的是百年以上，也就是自其成立之初就有了固定的供应商。有60多家供应商与马狮集团的合作都超过了50年，百家以上供应商与马狮集团的关系都在 30 年以上。由此可见,马狮集团对供应商关系的重视。

员工是公司的重要财富

很多年前,有一位人事经理向马狮集团提出了一项人性化的员工待遇方案:在一定的时间聘请专业医生到门市中进行巡回应诊。这个计划最终得到了马狮集团领导人西蒙的同意,而提出该意见的人就是科罗娜·苏里门。这是一个标志性的事件,从此以后,马狮集团更加用心对待员工,在对员工人性化的策略上实行了很多具有独创性的计划。这些特地为员工而实行的计划,正是马狮集团对员工重视的体现。

对于任何一个企业来说,能够保证企业竞争力的都将会是内部的员工,所以,如果企业拥有一支强大的员工队伍,就意味着掌握了重要的财富,甚至能够在关键时刻反败为胜。马狮集团对这一点有着清楚的认识,因此,为了充分利用员工资源,马狮集团采取了很多对员工有利的资源。

1973 年,马狮集团在员工内部推行了"牙齿健康"的教育活动,此次活动吸引来大批的社会人士、牙医业界和传播媒介,对马狮集团来说也是一次无声的宣传。马狮集团看重员工这一块资源,并深信但凡是强大的公司无一不是有着健全的人力资源网络,这也是它能够将竞争对手击败的主要原因。马狮集团希望的那种企业与员工之间的关系是一种团结、信任、友爱的关系,在塑造与员工之间融洽关系的同时,它还想尽办法将员工工作的热情激发起来,每一位有潜力的员工都能够在自己的工作岗位上有一番作为。

马狮集团认为,所谓营销上的人力资源并不仅仅是那些直接与客户进行交流的员工,它认为能够同客户发生关系的还包括负责生产业务、管理工作、技术服务以及送货交货之类的员工,这些人同客户所接触的时间有时候甚至多于专业的营销人员,所以,他们更是公司形象的代言人,这些人的一举一动都可能会影响客户对公司的整体评价。认识到了这一点，马狮集团就开始为员工营造一种良好的工作氛围和客观环境，如此一来，员工能够对公司更加忠诚，也能够怀着一种愉快的心情投入到工作中去。

因此，马狮集团提出了这样的一项规定："关心员工的所有问题，重视一切员工的工作，鼓励并赞赏员工的付出，坦诚进行双向沟通。"此外，马狮集团还打出了"员工为先"的口号。为了让员工对企业的方针政策和相关措施表示支持，马狮集团特意指出，员工可享有公司信息知情权，如此员工便能够积极参与到公司的决策中，这样员工的积极性也被充分地调动了起来。从企业成立之初到如今，马狮集团都和员工建立起一种牢不可摧的关系，这种关系并不仅仅是传统意义上的雇佣与被雇佣关系，更是一种合作伙伴的关系。马狮集团的每一位员工都将公司视为自己的家，真正做到了为公司效犬马之劳。公司想员工之所想，员工急公司之所急，这样的关系经过 100 年的发展，到如今已经坚如磐石了。

马狮集团在人才任用方面更是用人唯才，这种唯才是举的人才观让更多"潜力股"员工视公司为伯乐，大家都愿意在工作中一展才能。对于马狮集团领导人来说，文凭和资历仅仅能够反映员工在某个阶段上的努力，并不能代表他们在未来的发展能力。所以工作经验和文凭在马狮集团只是被作为选才的标准之一，而并非是唯一标准。

米高·马格斯作为马狮集团的创始人曾经这样说道："马狮信奉'人才主义'，它的发展绝不依赖有学历而缺乏创造力的人来推动，我们看重的是员工灵活的头脑和创造性的思维。"当然，马狮集团对于员工的专业背景和家庭背景也并不看重，他们只在乎员工是否有一技之长，并在员工的专长上对其进行进一步的培养，将合适的工作岗位提供给他们。比如说，有一位员工在学校时期学习的专业是机械管理，在马狮集团工作一段时间后，人事部发现这位员工实际上对股票投资更加擅长，于是就将他提升为公司的副总经理,将公司的合并事务交给他管理。

马狮集团在对员工进行考评的时候更是奉行"考之以绩,责之以实"的原则,公司将员工的实际工作绩效视为对其评价的主要标准,对于绩效高的人加以重用。这样一来,一系列的人才选拔策略便逐渐积累起来,在这些策略的指导下公司的凝聚力和竞争力越来越强大。实际上,企业的竞争根源在于人才的竞争,所以在人才的推动力下,马狮集团便成为当今世界百货行业中的佼佼者。

有些企业的领导者认为只有身边的"自家人"才是靠得住的,所以他们在人才的选拔上采取了任人唯亲的法则,然而这样的法则在马狮集团是无法行得通的。一直以来,马狮集团都对这样的人才选聘原则表示抵制,他们认为家族产业并非一定要由家族中的人来管理,家族的利益与公司的利益是不等同的,如果走上一条任人唯亲的道路,那么公司的正常管理和运行也将会受到影响。马狮集团将公司所有权和企业经营权有效地分割开来,多年来它一直采用的是唯才是用,正是对这样人才选拔原则的坚守,马狮集团的发展基础才会越来越雄厚。

马狮集团"善于授权,用人不疑"

除了以才用人之外,马狮集团还有另外一个用人法则,那就是"善于授权,用人不疑"。马狮集团认为,公司高层的决策确定后就需要由下属来完成那些具体的事务性的工作,这样一来才能够保证公司的一种高效管理的循环。衡量领导者用人艺术的重要标准之一就是看其敢不敢释放权利。马狮集团的一位总裁曾经说过这样的话:"我在管理工作上,一直遵守着两条格言:一是决不让自己超量工作,二是授权他人然后就完全忘掉这回事,决不去干涉。"在长期的人力资源管理中,马狮集团总结出一套人才授权法,以下便对这些方法进行详细解释：

一、当众授权。当着众多员工的面将权力赋予某人能够让相关部门和具体人员清楚老板的决策，这样当事人在行使权力的过程中能够更加自信。从另一个角度说，当众授权也是众员工对被授权者权力的大小、权力的范围有了一个大致的了解，在日后行使权力中员工可以起到必要的监督作用，防止被授权者滥用职权。

二、择人授权。权力有大小之分，根据员工能力的大小和个性特征来为他们授予不同层次的权力。比如说，针对性格外向者则可以将处理人事部关系和部门协调的权力授予对方；对于性格内向者则将分析、研究某些问题的权力授予他，这样区别授权能够保证人人各尽其职。

三、授权不授责。对很多企业来说权责是分不开的，但是在马狮集团中被授权者并不需要承担对等的责任。马狮集团领导人认为，既然是授权就是一种请求被授权者帮忙办事的行为，其实是一种委托行为。授权后，如果被授权者能够有出色的表现，则一定要及时给予其鼓励和表彰；然而，如果在处理事情过程中困难重重，而结果也不尽如人意的时候，则授权者应当自行承担责任，而不是让被受权者来承担。

四、授权要有依据。通常情况下授权的依据有委权书、授权书、手谕、备忘录等书面授权证据，这样有实物证明的授权依据有三大作用：其一，以此为证；其二，划定授权范围，限制被授权者的权力范围，这样能够避免下级越权，也能够避免上级用权力压迫下级；其三，对被授权者的一种提醒，同时也避免授权者将授权事项遗忘。

五、授权有禁区。适当地将手中的权力下放给有能力担当的人能够促进事情的快速解决，但是并不是任何一项权力都可以托付给他人，这就是授权的禁区：重大人事安排权，企业长远规划的批准权，企业发展方向决定权，重要法规制度决定权，机构设置、变更及撤销决定权，对涉及面广或较敏感情况的奖惩处置权,对企业的重大行动及关键环节执行情况的检查权,对其他事关总体性问题的决策权等。

六、授权要谨慎而为。授权命令的下达要有一定的威严性,至少要保持一段时间内的稳定,不可以随意地朝令夕改,所以授权人在授权之前要对被授权者做详细的调查,查看其是否具备相应的能力。一旦决定授权就要坚持"疑人不用,用人不疑"的原则,不能因为对方在处理事情中稍有偏差就将其权力收回,否则会产生不利的影响(承认授权有误不利于双方关系的发展、不利于其他员工对领导的信任),所以,在授权后如果被授权者没有最佳表现,也要为其留有一定的缓冲时间,为其创造一些有力的条件帮助他将功补过,不要立即将权力收回。

以上授权方式让马狮集团打造出了一个管理高效的团队,实际上,任何企业的发展都需要有一个良好的管理模式,而授权则是管理中的一方面。对马狮集团经营管理历史进行分析,不难看出,其独特的授权方式实际上并不是一朝一夕之间形成的,而是在多年的发展过程中逐步走向完善的。有人将马狮集团的授权管理比喻为企业的发动机,表示它能够每时每刻为马狮集团提供前进的动力。在这种强有力的推动作用力下,马狮集团才能够成为业内的领班人。

除了对员工授权之外,马狮集团还将福利作为鼓励员工的方式,在其发展过程中,公司在尝试各种方式满足员工最基本的生存需求,此外还让员工能够分享企业的利润。利润分享的方法有:员工持股、增长工资、奖金等,期间还有饶富人情味的福利待遇,小到茶饭相请,大到住房医疗等,长久以来,马狮集团都在为员工规划着一切。

1934 年,福利委员会在马狮集团内部成立,这个独特的组织由 9 个委员组成,然而,这 9 位委员都并非企业的董事。在福利委员会中每周都会召开一次会议,至今未曾间断。委员们需要在每周处理相关个案,个案主要指员工本身或家庭意外而导致的困难,对于这样特别需要被帮助的员工群体,委员会通常会用捐款、贷款、长期修养或减少员工工作时间来解决。

倘若马狮集团中的某位员工的家人于美国病逝,那么,福利委员会则会在第一时间为该员工订好从法国飞往美国的飞机票,并给其足够的费用;倘若一位女员工需要照看孩子或需要照顾老人的话,她甚至可以带薪在家中照看老小,时间可长达两年。福利委员会在马狮集团中犹如一个巨大的安全网,它将每一位员工都好好地保护起来,给他们安全和家的感觉。

此外,马狮集团还有另外一个为员工设置的独特的福利措施,就是他们的防御保健计划。这项计划马狮集团已经坚持了 10 余年,并且使它在业内也获得了极高的荣誉。该项计划设立于 20 世纪 30 年代,马狮集团请医生定期到门市部巡回应诊,此后医生的数目日益增多,最后发展成每个门市部都有一个特约医生。如今,这项防御保健计划已经得到了全面的发展,一名主任医生担任保健服务的主管,其下属职员有医生、护士、牙医和足疗医生以及物理理疗师。这 7 位全职医生每人都身负重任,此外还有 7 名非全职医生对多个门市的工作进行负责。保健部的预防服务项目之一是特定的照射检查服务,此项检查主要针对女性员工,因为在马狮集团中女性员工占据了很大的比例,所以公司对她们身体素质的健康格外地关心,于是才有了此项活动。在服务中主要针对乳腺癌和子宫颈癌进行检查,该服务还能够延伸到男员工的妻子,这样的服务范围之广、技术之精为员工及其家属的健康作出了重要的贡献。从另一个方面来说,员工有了强健的体魄才能够在工作中更加全心投入。

马狮集团于 1977 年又为员工推出了另一项新的计划,即分红计划。根据此计划,但凡是在英国为马狮集团持续工作了 5 年及其以上的员工都可以获得公司的分配股份。公司董事会会在每年依据盈利来决定将多少股份数额分配给员工,他们将一亿英镑作为分配股份之前要达到的最低盈利额,依据公司经营所得到的具体盈利,再参考决定出的股份数额,按照"员工占有股份=本年度该员工应纳税总收入/公司付出的应纳税总薪酬"的公式来计算,其结果就是员工所能够获得的公司分红。也就是说,如果某位员工的总收入暂居了可分配股份员工总收入的百分之一,那么也就可以拥有百分之一的股份分配。

分析马狮集团对员工的种种策略,我们不难看出它之所以能够成功,"以人为本"的经营策略功不可没。马狮集团为客户着想,客户便将信任给予它;它为供货商分忧,供货商便将信任给予它;它时刻关心自己的员工,员工就将忠诚给予它。一个时时站在别人的角度考虑问题,处处为他人着想的企业,没有理由不成为百年老店。

米其林

——将创新和服务完美结合

作为全球轮胎科技的领导者,米其林已经有着百余年的历史,它建于法国的克莱蒙费朗。1889 年,米其林集团发明首条自行车可拆卸轮胎,1895 年它发明首条轿车用充气轮胎,随后在轮胎科技与制造方面贡献不断。第二代米其林 XICE 冬季轮胎不但制作轮胎,而且还生产轮辋、钢丝、移动辅助系统(如 PAX 系统)、旅游服务(如 ViaMichelin,GPS)、地图及旅游指南,其中地图与指南出版机构成为该领域中的领头羊。2000 年米其林指南迎来了它的 100 岁生日。

米其林轮胎——让奇迹滚动起来

说到当今世界轮胎界的霸主,人们很自然地想到米其林公司,但是如果对米其林公司的历史进行回顾,我们会很吃惊地发现,如今业界叱咤风云的佼佼者,曾经不过是一家毫不起眼的小工厂而已。在心生感叹的同时又不得不钦佩它强大和持久的生命力。克莱蒙费朗位于法国中部,它是米其林公司的总部所在地,虽然它是一个人口总数没有超过 10 万的城市,然而,米其林却在这里生根发芽,并为它带来了异样的荣耀,这里的人们都将米其林视为自己的骄傲,大家将克莱蒙费朗亲切地称为"米其林城"。

法国在 19 世纪最常见的交通工具并非汽车而是马车,城市中热闹的景象更是"车如流水马如龙"。米其林兄弟的祖父巴比尔于1832年同多伯利（其表兄）合股创办了一间小型的农业机械厂，该机械厂最初只是生产一些小孩子玩的橡皮球玩具，随后向橡皮软管、橡皮带和马车制动块制造业发展，这些产品出口到英国，而该机械厂也成为了米其林公司的雏形。

爱德华·米其林于1889年5月继承祖父的事业，来到米其林公司工作，当时他的兄弟安德鲁·米其林为他提供了重要的帮助，而爱德华更是成为了米其林的首位管理者，如今的米其林公司正是在此基础之上建立起来的。

米其林公司于1889年的春天发生了一次巨大的转折，这一年中轮胎闯入米其林公司，与之建立了不解之缘。当年春天，有位旅行者推着自己的自行车来到米其林公司请求帮助，因为该旅行者的自行车爆胎了。经查看，此自行车有着充气式的轮胎，爱德华和其工程师在见到这样的轮胎时立马就惊呆了，这样的轮胎还是他们有生以来首次看到。于是爱德华与工程师怀着浓厚的兴趣对它进行了修复。不幸的是，该旅行者在蹬着自行车前进了一段路程之后，刚修好的车胎又坏了。无奈之下该旅行者只好返回到爱德华的公司中希望获得他们的再次相助。

这一次，爱德华对这样的轮胎进行了细细的观察和询问，得知此轮胎的生产商是英国的邓禄普公司，该公司生产的轮胎同轮辋连为一体，这就意味着如果轮胎破裂就只能够就地修复。爱德华在研究过后忽然灵机一动，他想：倘若如果能够将一种可拆卸轮胎发明出来的话，那么，广大骑车人士的出行岂不方便多了？

很快地，爱德华就将所有精力放到对可拆卸轮胎的研制中，功夫不负有心人，两年后，爱德华终于梦想成真。就这样，可拆卸轮胎的专利被米其林获得。这种可拆卸轮胎使用非常方便，能够在一刻钟的时间内拆换，在当时已经是非常了不起的发明了。米其林公司起初名声很小，尽管爱德华后来发明了这样方便可行的拆卸式轮胎，但米其林公司依然不被人们重视。

1891年秋天，米其林举行了第一届环法自行车大赛，此项比赛让米其林公司从最初的无人知晓一下子变得名声大噪。此项比赛历时数百小时，其中有一位参赛选手在比赛中表现突出，其速度和平稳度都不错，并且他最后夺得了车赛的冠军，这时，人们发现：原来他所骑的那辆自行车使用正是米其林公司所生产的拆卸式轮胎，米其林公司由此一鸣惊人。此后，米其林就将主要的心思用在了轮胎的发明和研究中。

环法自行车大赛的成功举办，让米其林轮胎成为日后各类自行车比赛中的抢手产品。在一年之中，米其林轮胎的使用者就突破了10万人。这样的成绩确实值得人们骄傲，但是其管理者爱德华却毫不满足，他看到了自己的公司所获得的成绩，他相信这只是宏伟蓝图的一角，在将来还能够上演更出色的内容。几年之后，爱德华便用自己发明的轮胎将公共马车上的传统铁制车轮取而代之，对马车轮胎的更换大大获得了乘车人的赞赏，车上的人很快便陶醉在这种舒适、安静的环境中。

1895年，汽车出现，米其林公司也陷入了前所未有的窘境之中。虽然前途不太乐观，但是爱德华却并不气馁。一开始，人们所担心的是米其林所生产的轮胎是否能够通过安全性的门槛，毕竟这样的轮胎很难保护车轮的力学结构。

随后，米其林公司将新式汽车充气轮胎的研制和推广视为最主要的目标。当时参加汽车比赛的厂家都对米其林的充气轮胎表示质疑，但是爱德华为了对自己的产品形成良好的宣传和鼓励，它特地生产了自己的汽车，该车则被安装上了米其林充气轮胎。为了获得人们对充气轮胎的信任，米其林两兄弟亲自驾车参加巴黎——波耳多——巴黎的汽车赛事，他们在比赛中表现优异，不但将所有行程全部跑完，而且保证车胎没有任何损伤。这样的消息不胫而走，在巴黎更是引起了巨大的轰动效应。人们感到充气式轮胎简直就是一个奇迹，更有好奇心强的人为了寻找其中奥秘而将轮胎划破，研究其内部结构。这场比赛对米其林来说意义非凡，它向人们证明了充气轮胎在汽车上的使用，如此一来，米其林兄弟手中又握住了世界上第一条汽车轮胎的机会。

这样的成功让米其林公司产生了巨大的影响力，对轮胎的创新更是备受人们喜爱，此后，爱德华兄弟二人就犹如是在精神上上了发条一样，将所有精力都投入到新潮流的发明中。

米其林公司在 20 世纪初围绕欧洲和北美主要的汽车制造中心将自己的生产基地建立了起来，其目的就在于赶上世界汽车行业发展的速度，力争做到与汽车名企并肩而立。1906 年，伦敦的"米其林轮胎有限公司"诞生，同时意大利都灵也成立了第一家海外生产厂。此时，费昂已经有了 4000 余名米其林的员工。

创造双赢业绩，打造贴心服务

很多客户都经历过这样的情况：买卖在谈判的过程中，客户占据着较多的主动权，企业对客户的要求更是一一允诺，不敢怠慢；但是谈判成交、产品销售出去之后，企业仿佛吃了"失忆丸"，曾经的允诺化为泡影，消失不见。这样的交易让客户有一种待遇不公平感，更有一种上当受骗的不悦感。

亨利·福特作为福特汽车创办人曾经说道："制造商将产品售出后，是顾客关系的起点，而不是结束。"福特公司之所以获得成功，这种服务意识功不可没。不错，想要在瞬息万变的竞争环境中抓牢客户的心，除了产品的创新以外，服务精神的培养同样重要。

通过服务让企业和客户获得双赢，这是否仅是天方夜谭呢？实际上，只要有足够的细心、关心、贴心、耐心，"双赢"是完全能够实现的。企业需要时刻关心客户的需求，在检验自己产品的时候要用一种比客户更要挑剔的眼光,对客户提出的任何问题都要耐心倾听,使用一些新创意让客户获得贴心感,做到这些,客户才愿意成为企业的忠实拥护者。

服务也可以做到因人而异,因为客户群体庞大,客户中存在不同年龄层的消费者,他们所需要的服务也有所区别,企业需要将这种人与人的区别加以利用,用一种因人而异的服务模式来让客户体会到更多的附加价值,对方感到物超所值,自然便会倾心相向。如此一来,服务营销和顾客双赢的目的便达到了。

有一位女士刚刚成为母亲,她购买了某家企业生产的奶瓶杀菌器,但是不小心将机器的盖子弄坏了,她将这个情况反映给该生产企业,只是想要确认一下究竟是自己使用有误还是机器质量的问题。结果,不到当天下午两点,该企业便派来客服人员进行查看,并带来了一个完好无损的盖子,另附一套杀菌板作为对女士的精神补偿。实际上,这并非机器故障的原因,而是因为该女士个人所造成的问题,但是企业仍然主动承担了责任。可想而知,这样的服务足以让这位女士变成该产品的终身客户,同时,企业也得到了相应的口碑宣传效应。

北京有一家饭店非常看重对客户的服务,但凡到过这家饭店的人都会对它产生深刻的印象。只要一踏进该饭店,相关服务人员便会热情地送来他们精心烘焙的巧克力饼干,就连柜台递来的客户钥匙上也都刻着个性化的"关怀顾客"字样,并留着一串服务分机的号码,客户在任何时候拨打该号都会获得优质的服务。正因为如此,该饭店中客户往来频繁,生意非常兴隆。

由此可见,想要通过服务来实现客户与企业的双赢并非是一件不可能完成的任务,只要企业经营者能够坚持最基本的诚信并用心聆听客户的需求,提供给客户无微不至的服务,实现将心比心,那么留住客户的心则是完全有可能的。

只有提升服务质量，才有可能避免出局

正所谓"穷则变，变则通"，有改变才有创新，有创新才能够吸引住客户的注意力。然而，想让企业的服务模式进行改变却并非易事，陈旧的观念会变成一个固定的框架圈住企业经营者的思维，但是如果选择墨守成规，最后又必然会成为市场淘汰的对象。

为了避免被市场淘汰的命运，企业只能想尽办法让自己做得更好；为了不让对手迎头赶上，则必须随时力求进步，学会与时俱进。针对企业的服务来说，想要让客户获得更贴心的服务，不但要把握客户的现在，更要学会利用客户的曾经。比如说，当一位客户第二次住进同一家旅社时，服务员亲切地说："先生您好，您能够再次光临我们的旅社，这让我们感到无上荣幸。"客户听到这样的问候一定会感到非常温暖：自己从前只是来过一次，对方就记住了自己，这不正说明对方对自己的重视吗？服务人员想要了解客户的过去，则需要将各种途径都充分利用起来，最常使用的一种方法是利用资讯查询系统，将客户的资料及时输入到电脑荧幕中，让电脑来记住哪些客户曾经来过这里，先进的科学技术能够让服务的手段变得更加多元化。

有一位企业家从纽西兰航空公司预定了自奥克兰到洛杉矶的飞机票，在临出发前得到消息：该航空公司的员工正在酝酿一场罢工行动。得知此事后，该企业家急忙打电话到航空公司询问此事是否会影响自己的班机按时起飞。然而，当他播出电话号码后，收到的回应却是对方正在忙线中。随后，便是航空公司设定的自动语音系统提示："纽西兰航空对您的来电致以谢意，很抱歉此时我们的线路异常繁忙，这需要你耐心静等 5 分钟后才能接通。很抱歉这将耽误您宝贵的时间，您也可以选择稍后来电。"

这样的语音提示让企业家感到反感，因为按照惯例这样的允诺几乎都是空口之谈,但是因为情况紧急他不得不选择再等 5 分钟,看看此航空公司是否真如语音电话所说,在 5 分钟之内就能够收到回应。他几乎不对此事抱任何希望,只是下意识地看着手表上的时间滴答而过,但是,令他感到吃惊的事情终于发生了:

在他等待还不到 3 分钟的时候,纽西兰航空公司的客户服务中心便接通该电话,并告知他那班航机不会因为任何事情而耽误,仍然会按时发机,并提醒该企业家一定要按时到机场。除此之外,他们为电话占线的事情表示歉意。企业家听到这样的回答非常感动,他情不自禁地向客服人员表示感谢,并且在这样紧急的情况下,他们用自己的守信及时应答了客户的疑惑,抱着为每位客户都节约一些时间的心情,他们的服务价值也得到了最好的体现。

一个成功的企业一定不会为现有的成绩感到骄傲,他们会苛求更远大的进步,并用"更好"两个字来对自己严加要求,虽然力图精益求精,但他们更愿意花心思听听别人的意见,在必要的时候则会及时进行改变。

当然,还有一些企业过于安于现状,他们认为只要是被自己实践过的服务模式才是可信的,所以他们对创新抱有偏见,这样的企业往往会找出一些牵强的理由来拒绝创新改变,比如说:"我们用这种服务方式已经 10 年了,从来没有想过要打破这种现状,现在的成绩也是不错的。"或是"您说的那种方法我们曾经考虑过,但是并不符合现阶段的情况。"殊不知,这样固步自封的态度会让自己付出昂贵的代价。

我们不妨来看一个为"不改变"而付出代价的案例:1975 年,很多竞争者纷纷推出无糖口香糖,而真正的市场引领者则是箭牌口香糖,它占据了九成以上的市场。然而,直到 1914 年,箭牌口香糖没有推出过任何一款新的产品,服务质量也没有创新和提升。截止到 20 世纪 70 年代,它的市场占有率已经下滑至三成。

不要忽视任何一位前来投诉的客户

熟悉航海的人都了解，暴露在海面上的小冰山很有可能会成为航船的大威胁，在视觉所能够看到的范围内仅仅是一小块浮在水面上的冰山，而在视觉所触及不到的海底还隐藏着巨大的十几倍、几百倍的冰山群，这往往成为航船行驶的致命威胁。由于忽视露在海面上的冰山而酿成惨剧的航船沉没事件屡见不鲜，诸如泰坦尼克号，这艘曾经让无数英国人引以为傲的豪华客船在其第一次出行的时候便被冰山所毁灭。由此可见，对于一个航海家来说千万不能小视暴露在外的小冰山。

"冰山"原理实际上更适用于企业经营。如果将整个市场比作变化莫测的海洋，那么每个企业都像是漂浮在水面上的航船，在行进的过程中难免会遇到看起来很小实际上蕴含大问题的"暴露冰山"，而客户的投诉就是常见的"冰山"之一。

多数企业在应对客户投诉时往往采用安抚客户的方法，却忽视了投诉产生的根本原因，因为缺乏必要的思考而只能够达到治标不治本的效果。我们不妨来看这样一组数据分析：在投诉管理学中相关专家常使用这样一组数字"1:24:6"，也就是说，倘若有25位客户产生不满意的情绪，其中前去投诉的只有一个人，约占不满客户总数的4%，也就是说还有96%的客户虽然心生不满但不会选择公开投诉，在这些人中又有6个会产生严重的问题，占据总人数的25%。

这组数据适用于任何一个企业，公司每接到一次投诉就意味着在客户群中存在着一个庞大的不满群体。他们往往会隐忍地将问题藏匿于心中，只有4%的人才会公然前来投诉。所以，企业在处理投诉的问题上不能仅仅停留在单纯处理个别投诉事件的层面上，而要通过现象来改变本质，深入到客户投诉的背后所隐藏的问题,想要做到这样,企业管理者则需要对每一位投诉的客户都引起高度的重视。

如今,越来越多的企业开始将客户的投诉视为头等大事,为此,他们强调在应对客户投诉时要谨遵三原则,即"快速反馈"、"快速解决"、"快速改善",相关人员需要对每一次客户的投诉都做出详细的登记,并将同一客户的重复投诉或不同客户提出的同类投诉引起高度重视。做到这些还远远不够,鉴于"1:24:6"的现象,企业还需要做进一步的延伸服务,比如说,当某位客户前来投诉的时候,客服人员需要主动与其他96%的客户进行沟通,询问对方是否遇到了相同的难题。用这样的方式来处理投诉问题,才能够获得更加全面、可靠的信息。同时也能够将客户的疑虑一并消除,使每位客户都深受感动。另外,客服人员还可以根据客户所反馈的信息来督促生产一线上的员工,使之按照客户需要的产品进行工艺改进,从而提升产品质量,有效降低成本,获得一举两得的功效。

当然,想要改善处理客户投诉的问题需要企业所有员工一起动员,不断提升企业的整体运行和管理水平,只要能够对每一位客户都以诚相待,那么企业终究能够扬帆远航。

戴尔

——为客户创造最大的商业价值

戴尔公司成立于 1987 年,由迈克尔·戴尔创办。1992 年,戴尔公司进入《财富》杂志 500 家之列,迈克尔·戴尔也成为其中最年轻的首席执行官。2001 年,戴尔公司在《财富》杂志评选的"最受仰慕的公司"中排名第 10 位。戴尔公司是名副其实的企业巨人,其年销售额高达 180 亿美元。

服务的中心始终是客户

戴尔公司是名副其实的企业巨人,其年销售额高达 180 亿美元。戴尔将客户群定位在大中型企业中,诸如 IBM、惠普等。戴尔公司的股票在 1999 年调整后的每股 0.39 美元飞涨至 1990 年的 80 美元,其增长有 200 倍以上。同时戴尔的国际市场份额从几年前第 8 位荣升到第 3 位。由此戴尔公司向福特、波音、海外巨人德意志银行等几大公司销售了他们的微机、服务器以及工作线。在 1988 年戴尔公司上市以后,其总销售额便由 1.59 亿美元飞跃到 1999 年的 120 亿美元,年增长率达到 54%。由此,华尔街的又一颗耀眼的明星诞生——戴尔公司。

由一支庞大的转销队伍为其进行产品销售是个人计算机产业最根深蒂固的惯例之一,由百货公司到针对企业以及政府机构的转销商实施与完成的营销过程。在过去的 10 多年,有很多计算机制造商企图越过零售进行直接销售,来抗拒此潮流,结果全部失败。戴尔有着抱定此信念不回头的过人之处,成功地铸就了业界传奇事迹。

机会总是等待那些有准备的人。戴尔在思考了市场供应价差异之后,看到了一次绝佳的创业机会。

戴尔在刚刚接触电脑的时候,一时兴起便用自己卖报纸存下来的钱买来了一个硬盘驱动器,于是就用它架设了一个BBS,与其他对电脑感兴趣的人进行信息交换。但在与别人比较有关个人的电脑资料时,他却惊奇地发现电脑销售与利润空间并没有必然规律,私人的一部IBM电脑在当时的店里销售价格一般在3000美元,想要买到它的零部件则仅仅需要600~700美元。戴尔深刻地感到此现象具有很大的不合理性。大多数经营电脑的店主以前都有卖过音响或者是汽车,他们感觉在电脑的领域可以捞上一大票,于是便纷纷进入此领域。仅在休士顿就有上百家电脑店拔地而起,经销商们将2000美元买进的一台电脑再以3000美元的价格出售出去,如此一来便有了1000美元的纯利润。虽然利润颇丰,但经销商们为客户提供的服务却是少之又少,更有甚者就没有售后服务。因为当时大家都对电脑感兴趣,个人希望拥有一台,这些商家便抓住客户的需求心理都大捞了一笔。但是戴尔开始只是买了一些与IBM机器一模一样的零部件,再将电脑升级后出售给熟人。戴尔说,如果销售量能更大些,便能与那些电脑店抗衡,不单单是在价格竞争上,更甚者要在品质上竞争。他意识到了经营电脑有着很好的前途,并有信心能超越IBM,凭借着直销并为顾客提供更优越的价值以及服务,铸就了他成为电脑行业的佼佼者。

在1988年,戴尔公司的股票便公开上市发行,与此同时直销便正式起动。戴尔紧紧围绕着顾客进行设计、制造和销售,他们的宗旨就是:聆听顾客的意见、反映顾客的问题。他们的直销业务便从电话拜访开始,再次进行面对面的交流,现在可以经互联网,这样可以有效地得到顾客的反映,全面获取顾客对产品、服务以及市场上其他产品的建议，并能了解他们希望公司能开发哪种产品。

一、以直销经营为核心的理念

亲近客户，把电脑直接售给消费者，消除零售商手中利润，把这部分钱回报给消费者——这就是戴尔直销的过程。如此一来，将"消除中间人，以优质的服务、更有效率的方式提供电脑"为核心的戴尔营销理念就诞生了。

其实，戴尔的营销理念也没有太多过人的奥妙之处，其精髓也就是直销模式，使产品与服务超越其他公司，更能贴近消费者。为此，戴尔在每一周都要花一天的时间与顾客接触，走访芝加哥等城市以及出席有关经理人员的各种销售报告会议。与顾客接触不仅仅是为了促进企业的发展，同时也能获取重要信息，更能贴近顾客。正如迈克尔·戴尔所言："我们所做的生意是大幅度降低销售科技产品的成本，我们要日益接近我们的供应商和顾客。"

二、优质的服务是量身定做而成的

只有一级销售人员参与订单制直销售的模式，这样把重心就完全放在了顾客身上。直销模式能为顾客提供更富于价值的技术来解决方案：强大而丰富的系统配置，更适合于用户性能价格比。得力于这种优势，戴尔便能以富有竞争力的价格来推出些最新的技术。

"量身定做"实现了"零库存、高周转"。依照订单制的直销模式使得戴尔脱颖而出，发挥了其生产力的优势。传统的销售模式必须有两个过程（即制造商到销售商、从销售商到顾客）。戴尔的直销模式优于其他公司，其他公司在接收订单之前已经完成了产品的制造，因此他们必须猜测顾客需要什么类型的产品。当他们还在苦想的时候，戴尔早已有了答案，戴尔的顾客都是在公司组装产品以前已经明确了需求，其他公司需要猜测何种配置是最受顾客欢迎的，然而戴尔则是完全为顾客量身订做。

销售人员比较专才，他们没必要搞明白多家制造商生产的不同细节，更不用记住各种形态顾客在产品上有什么偏好,而处理顾客的问题上则成了行家里手了,这样公司同顾客的合作便更加完善。

三、细微之处亦别有洞天

戴尔公司也注重优化企业运作中的每个细节,在细节中追求精益求精。

戴尔公司独特的优势便是对电脑市场"细微之处有洞天"的理解,公司副董事长莫特托费尔说:"对市场,迈克尔·戴尔有一种难以置信的敏锐。他已经建立了构成戴尔模式的每一种要素。"公司的产品早已被视为最高质量的产品之一,戴尔却仍苦苦寻求降低产品次品的途径,在他看来,计算机中最危弱的部件是硬盘驱动器的困难,想要解决这个难题则要在组装过程中减少硬盘驱动器被接触的次数,因此,他经过悉心研究终于将硬盘驱动器的"被触"次数最终降到 15 次以下。

服务的宗旨——"利他"

企业生存的目的是什么?除了盈利和赚钱之外还有没有其他的目的?越来越多的优秀企业都意识到企业存在的目的不仅仅是盈利,还包括了担负起社会的重任,这是卓越企业所应当具备的气魄和胸怀。从现实角度来说,企业至少要保证产品的质量和服务,这是企业所能够为社会负责的基础。虽然这样的自我要求说起来非常容易,但是在实际操作中却有一定的难度,这需要企业将"利他"视为基本行为原则。

有人认为企业的进步能够让未来所有企业都向服务型转变,传统意义上的服务企业涉及的范围较狭窄,比如说一些咨询机构或培训公司,再或者就是一些餐饮等服务行业,实际上制造业也属于服务型企业。制造业的竞争也远不仅仅体现在产品的质量上,而服务的效果也占据了重要的成分。

如今的企业为了应对客户变化多端的需求而时时刻刻都将服务变成彼

此谈论的话题,但是更多的企业仅仅局限在"谈"的层面上,而没有做出实质性的成果。实际上,服务并不应当作为一种结论而存在,它所存在的方式是过程的流动状态。之所以说服务是一个过程,是因为它具有明显的前因后果,首先其起点是对客户需求的了解,其次根据客户的需求而对产品进行评估,根据产品的评估结论对客户所要求的产品进行整体的规划设计,继而投入生产,随后便是产品面向市场,经过推销人员的努力和服务人员的善后,整个流程就完成了。当然,这些都只是对服务的概述,实际过程中服务还会有更多的细节,而每一个毫不起眼的细节都有可能会对整个项目产生重大的影响力。

当今的市场竞争异常激烈,即便是一次偶然的失误也有可能与成功擦肩而过,正所谓"一招走错,全盘皆输"就是这个道理。比如说:某家国际知名电信设备供应商在得知产品存在问题而无动于衷,因为没有对产品进行及时的完善,而使该企业失去了在重大传授项目上获得标书的机会。该企业的高层主管得知此事后不但没有悉心反省,而是怒气冲冲地打电话询问未能获取标书的原因,该客户回答说:"原因很简单,贵公司服务较差!"这时,高层主管才想到那批早已经被告知要进行质量完善的产品,于是以最快的速度对产品采取了补救措施。问题得到解决后,高层主管再一次拜访客户,希望获得客户的谅解。遗憾的是,信任一旦失去,就很难再一次地找回,该企业最终失去了此次投标的机会。

经常会听到企业经营者说:"我们产品的技术含量确实一般,但我们可以通过服务优势来弥补。"此句话正是道出了服务的重要意义,当然,企业对质量的追求也不应当放松,但是服务更是具有雪中送炭和锦上添花的双重效果。想要在竞争市场中占据一席之地,有四样法宝一个都不能少:质量好、服务好、运作成本低、优先满足客户需求。只有将这四大法宝有机地相结合才能够获得更好的客户满意度,企业、产品和解决方案都能够具备竞争的优势。

在新思潮科技的影响下，客户的需求也变得日益个性化。这是因为客户受到知识经济和受教育程度的影响而使消费习惯和消费行为都向个性化方向发展。此外，知识经济引起的科技创新也提供了满足客户个性化需求的条件。面对这样的社会现状，企业不得不将此前单一的、大批量的营销模式向个性化和多样化的方向转移，以此来满足客户个性化服务的需求。

海尔集团已经开始尝试产品个性化定制，那么它是如何实现个性化定制的呢？"海尔现共有冰箱、空调、洗衣机等58个门类的9200多个基本产品类型，这些基本产品类型，就相当于9200多种'素材'，再加上提供的上千种'佐料'——两万多个基本功能模块，这样，我们的经销商和客户就可在我们提供的平台上，有针对性地、自由地将这些'素材'和'佐料'进行组合，并生产出独具个性的产品。目前，海尔集团已初步实现了个性化定制中的产品、过程、组织的模块化动态配置过程。"以上便是海尔负责人对个性化服务的解释。

还有另外一些企业在此基础上更进一步，它们不但为客户提供个性化的服务，而且想办法使得客户成为企业的合作者，这种前所未有的关系模式能够让客户和企业更加紧密地连接到一起。比如说：一些电脑在生产之前先有客户定制，在支付了相应的货款之后再与供应商结算。如此一来就能够大大地减少产品库存占有率，不仅能够使企业在不必要借贷的前提下就将客户的资金用来进行业务扩展，而且这种定制式的生产模式也避免了产品积压的问题，能够很好地实现成本节约。

摩托罗拉
——全质量服务体系

摩托罗拉公司（MotorolaInc.），成立于1928年，美国伊利诺伊州绍姆堡位于芝加哥市郊，是摩托罗拉公司总部所在地。作为世界财富百强企业之一，摩托罗拉公司是全球芯片制造、电子通讯的领导者。摩托罗拉公司在1998年便做出了一项前所未有的、令人放心的承诺，该承诺主要针对中国的GSM手机用户所体验的某项手机保修服务，承诺是："所有摩托罗拉手机的保修，在其全质量特约快速服务站，从受理到完成，享受到一小时的快速服务。"

用全质量服务体系来获取客户的完全满意

摩托罗拉公司在1998年便做出了一项前所未有的、令人放心的承诺，该承诺主要针对中国的GSM手机用户所体验的某项手机保修服务，承诺是："所有摩托罗拉手机的保修，在其全质量特约快速服务站，从受理到完成，享受到一小时的快速服务。"此项手机保修服务的宗旨是让摩托罗拉用户完全满意，此项"全质量服务"的推行让客户获得了实实在在的益处。

此项"全质量服务"的核心是保证在一小时内完成所有摩托罗拉手机的保修，摩托罗拉工程师对此服务做了这样的介绍：维修人员想要做到这一点需要掌握快速、灵活的维修方法，这样才能够极大地方便手机用户。摩托罗拉作为首个作出一小时之内实现快速服务目标的厂商,其服务模式具有很强的独创性,此服务也是摩托罗拉公司"全质量服务"的重头戏,被人们称为"专业快速服务"的手机保修方式。

为了保证此项专业服务能够有效快速地实施起来,摩托罗拉在全国范围内展开了维修服务。1998 年 3 月摩托罗拉在广州建立了全国性质的第一家快速服务站,随后快速服务站的规模越来越大,涉及领域越来越广,如今摩托罗拉在全国各地建立的特约快速服务站已经有 130 多家。在此基础上摩托罗拉又开始建立一种更加规范化的运营模式和维修标准,并提出了"特约经营"的口号,在全国是 70 个地方展开快速的服务,这样的举措让摩托罗拉的专业快速维修服务理念变得更加深刻。

此外,摩托罗拉维修中心还特意成立了 TCS(客户完全满意)小组,以此来实现维修周期的缩短。该小组针对影响效率的瓶颈、改进维修流程等问题进行讨论分析,并对不同地区的维修场地布局也进行优化设计,大大提高了维修效率。

移动通信产品的普及带动了快捷维修服务业的发展,80 年代中期,摩托罗拉进入中国市场,它不但将先进的产品和技术引入中国,而且也让越来越多的消费者体验了其完善的售后服务体系。在其发展的过程中,摩托罗拉一直坚持着主动地、系统性地对维修服务进行推广,并积极建立完善的售后服务体系。可以说,服务这项内容在摩托罗拉的整体经营方针中占据着重要的地位。

专业快速维修服务成为摩托罗拉全质量服务的又一枚颇有影响力的名片,摩托罗拉为了更好地服务于社会,自 1998 年 5 月在中国成立了全质量服务中心,消费者因此而享受到手机、寻呼机高质量维修服务。如今,摩托罗拉的全质量服务中心已经遍及北京、上海、广州、成都、沈阳等,这些全质量服务中心对各类维修中心和特约快速服务站提供支持。除此之外,摩托罗拉还在天津成立了摩托罗拉高科技维修中心,该科技维修中心中有着一批专业性极强的技术专家,为全国的维修网络提供技术保证。

特约全质量快速服务站只是摩托罗拉的"服务基地"的形式之一,除此之外,它在全国各地都建立了相关的特约维修中心,这些中心构成了一个密接的网络,到如今为止,这些维修中心已经有 144 家。另外,在北京也有摩托罗拉所开设的全质量服务热线,每个月为前来咨询的客户提供全面的服务,而咨询人数可达万人之多,随后又开通 800 部免费电话,全国的手机、寻呼机用户都能够通过这样的免费电话获得免费的热线咨询服务。

摩托罗拉为了更好地保护消费者权益而将全质量服务的保修政策进行了更新,在中国大陆上所销售的一切摩托罗拉手机产品都拥有——整机免费保修一年、附件免费保修 6 个月、耳机免费保修 3 个月的优惠,产品只要符合保修规定则不必收取人工和零配件费用。值得提出的是,摩托罗拉的专业优质售后服务也遍及到广大中小城市和乡镇中。

摩托罗拉为了保证所有手机用户都能够在第一时间获得完善的售后服务而花费了大量的精力对众多的经销商进行全面培训,它所设置的"明星客户学院"已经成为摩托罗拉对客户进行培训的基地。另外,摩托罗拉还花重金聘请了重要客户作为产品的质量顾问,此外它还对各地区的保修中心、特约维修中心和快速维修点等进行严格的认证授权,经销商在摩托罗拉的帮助下也都掌握了一套完整的服务体系和质量管理策略。为了处理好企业总部与代理商的关系,摩托罗拉开拓了一种和代理商、经销商的全新合作关系,通过这种关系,客户能够获得摩托罗拉的最新服务理念和产品创新信息,从而更好地服务于广大消费者。

摩托罗拉所做出的主动的、全面的、系统化的服务体系是它尊重客户、关注客户的努力之一。1998 年 10 月,中国质量协会将"全国开展用户满意活动特别奖"授予摩托罗拉。同年,摩托罗拉移动电话产品被《中国消费者报》授予"98年度投诉解决率100%企业"暨"98年售后服务先进企业"的称号,由此,摩托罗拉成为中国电信行业首家获此殊荣的企业。

摩托罗拉的全质量服务

近年来我国成为全球手机发展最快的市场之一,手机产品型号不胜枚举,各种促销手段更是千奇百怪,经过几年激烈的竞争,在一番大浪淘沙之后,有几大主导品牌脱颖而出,摩托罗拉更是深受消费者青睐的著名品牌之一。它之所以能够在市场上占据如此强大的品牌影响力,除了巧夺天工的创新设计、强大的品牌影响力、出色过人的营销策略以外,最关键的还有"全质量服务"的服务理念及服务体系。

摩托罗拉早在1998年便将"全质量服务"的服务理念率先推出,其核心宗旨是"用一流的、全质量的服务来服务于客户,使之体验到更加多姿多彩、充满人性关怀的售后感受"体验式的服务赢取顾客的完全满意和忠诚。经过7年的精心锻造,越来越多的消费者和经销商开始欣赏"全质量服务"这一理念。如今,"全质量服务"更是为摩托罗拉赢得了七大领先优势:

优势一:体系领先优势。摩托罗拉全质量服务如今已经形成国内力量最雄厚、覆盖面积最广的手机综合服务体系之一。摩托罗拉全质量服务中心、摩托罗拉全质量服务一站通、摩托罗拉流动服务车、摩托罗拉授权全质量快速服务站和摩托罗拉呼叫中心,是该服务体系的主要构成因素,而摩托罗拉全质量服务网站、内部使用的服务信息系统以及培训认证体系等,则是作为支持系统而存在。

优势二:网络领先优势。摩托罗拉先进服务理念和服务政策的载体就是发达、完善的服务网络。如今摩托罗拉在国内重要城市相继建立起40余家授权全质量服务中心,包括全质量快速服务站、全质量服务一站通、全质量换机中心在内的各类服务网点有 800 余家,各类服务网点遍布在全国各地,其中一至四级城市有着百分之百的覆盖率,五至六级城市也有着百分之八十的覆盖率。

优势三:管理领先优势。完善的服务网络只有与合理的管理策略相结合才能够形成踏实、强大的竞争优势。摩托罗拉在 2002 年就已经完成服务信息管理的基础建设。

优势四:物流领先优势。谁的物流系统更健康、更通畅谁就能够在考量服务核心竞争力中获得胜利。摩托罗拉物流系统是当今行业内第一个实施到服务终端的物流系统,在该系统的每一个环节中都有量化的指标来检测物流环节是否健康正常。但凡有问题出现,该检测系统就能够在第一时间中察觉出来,并进行更正。比如说:北京的摩托罗拉服务中心为全国服务网点提供物流支持,就是依靠高水准的仓储基地。

优势五:控制领先优势。摩托罗拉的服务质量控制体系格外严格,变"推动"为"拉动"的服务质量主要通过呼叫中心(电话回访)、神秘访客、六西格玛统计分析等方法来实现,在摩托罗拉的不懈努力下,它已经获得了全国客户90%以上的服务满意度。

优势六:绿色领先优势。摩托罗拉于 1998 年发起第一次绿色中国计划,2004 年它推出"绿色中国绿色服务"环保项目,279 个废旧电池回收点遍布在全国 151 个城市中。它的绿色服务掀起新的高潮,诸如:举办"绿色服务、真芯配件"活动和绿色环保专题座谈会等。

优势七:人才领先优势。所有竞争说到底都是人才的竞争,摩托罗拉深知这一点,所以它非常重视对人才的培养,包括前台人员和维修工程师在内的所有成员都必须经过严格的培训和测试之后才能够拥有上岗证。

近年来,摩托罗拉凭借着全质量服务获得了很多的荣誉,"2001 家电售后服务消费者满意品牌调查"中,摩托罗拉成为"十佳"品牌之一;"2002 年中国移动电话用户服务满意度调查"中摩托罗拉获得了"最佳创新服务奖"
与"最佳用户服务满意奖"双奖,"CCID 中国手机服务用户满意度调查活动"
中摩托罗拉成为最大赢家,与此同时,它更是被评为"全国名优产品售后服
务十佳单位"和"公众喜爱的服务企业"。

用对待情人的方法来对待客户

正所谓"女为悦己者容"、"情人眼里出西施",青年男女在热恋期中总是
会想尽办法博得对方的喜悦,这种讨好对方的心理是屡见不鲜的。

如果营销人员能够像对待恋人那样来对待客户,那么很快地也能够在
双方之间产生一种相互的依赖感。对客户紧追不舍,满足其一切要求,以此
来博得他对你的好感,双方的谈判才有可能进一步地发展进行。提供服务的
过程也是一个完善服务的过程,越是能够带来惊喜和震撼的服务越能够套
牢客户的心。每一次提供服务都是在为下一次合作铺路,抓住眼前的机会,
奉献真心服务,让客户感受到前所未有的周到,那么,你的胜算几率也会大
大提升。

然而,吸引客户并非容易之举,企业为了吸引来更多的客户往往需要付
出成倍的代价,我们不妨来看一个实例:有位记者对北京某家房地产上市公
司进行采访,期间该公司总经理提到了这样一组数字"2450153",问及详情
才知道,原来这组数字是一个连锁的关系,商家投入 24 万的广告宣传费仅
仅能够获得 50 位潜在客户的电话垂询,而其中仅仅有 15 位客户会被吸引
来看楼盘,最终愿意签订合同的客户则只有 3 人。

吸引客户越来越难已经成为企业所面临的共同现状,这种情况下如果
你对客户采用一成不变的方法,无论是产品内容还是宣传形式都没有创新
的话,或许就无法帮助客户实现增值的愿望,那么新的机会点也就难以出

现。久而久之,客户对企业和产品便会失去信心,双方之间难以建立稳定的高度忠诚的关系链,最好的状况恐怕也仅是维持现状,此时如果有竞争对手趁虚而入,那么企业则会陷入被动状态下。

企业想要吸引有价值的客户则比较难,而留在身边的客户又或许没有什么特别大的价值,称不上是非常关注的客户,这就是企业常常遇到的难题。对于商家来说,想要吸引有价值的客户只有一条路可行,那便是提供高质量的服务。温馨的服务、真诚的笑脸、关切的问候、及时的回访、必要的纠正等,这些都是优质服务的要素。在对客户进行调查中发现,优美清爽的环境、贴心真诚的对待更能够博得客户的青睐,这要远远胜于促销所带来的效益。心动到一定程度之后就会转化为行动,所以说,商家要想留住客户,想要财源广进,则必须用优质的服务来收揽客户。

贴心真诚的服务与企业员工的整体素质有着必要关系,另外与企业上层有力有序的管理制度也不可分割。有的商家非常注重对客户关系的维护,他们认为如果能够为持有贵宾卡的成百上千位客户送去生日祝福,则必然能够让每一位客户都有备受重视之感,所以,他们会派专员登记客户的详细信息,列好每一位客户的生日日期,并及时准备生日礼物,这一切都体现出了商家良好的服务意识,当然也离不开管理者巧妙而缜密的策划方式。客户能够直观地体验到商家的服务意识和管理水平,也自然不吝好评。这时候如果能够在产品或服务上推陈出新,变换服务的样式,则必然能够为产品迎来更多的客户。

优质的服务是企业提升竞争力的主要途径,我们不妨来看海尔产品的案例:海尔产品在青岛市场中备受消费者喜爱,问及原因,客户们直言:"产品的质量不错这是一方面,但是很多企业都注重自己产品的质量,所以可比性就在一定程度上减弱了,而打败竞争者的关键因素就是海尔的服务质量特别好。一通电话之后必定会在 24 小时之内上门服务,相关人员的服务态度可嘉。"所以说，在销售同样产品的时候，想让消费者最终选择你的产品，那么你一定要有过人之处，在质量和服务上略胜一筹，以此来满足消费者的需要，用优质的服务来让产品占据市场的相应份额。

这就是为什么企业要像对待恋人那般来对待客户的原因，只有周到的服务和孜孜不倦的取悦才能够赢得客户的芳心，最终相互靠近，签订协议。

良好的职业操守至为关键

不可否认人们最期待的商业关系是诚信、公正、符合商业伦理的关系，然而在现实功利性的驱动下市场中还是存在违反职业道德的现象，职业道德的缺乏不但会给客户带来损失，成为不公平的交易，而且也会让商家的名誉受损，从长远来看是不利于其可持续发展的。

良好的市场经济秩序对商家和客户都是有着重要意义的，试想如果每个人都漠视自己的义务而一味地追求自己的利益，职业道德就成了空谈，市场中的道德环境则愈加恶化，商家与客户间的信任也将会逐渐变淡，甚至丧失，双方都无法获得自己想要的，结果只能两败俱伤。

服务人员首先是社会中最基本的一个分子，其次又是企业中的员工，所以对他们来说一方面要坚守作为一个人的基本社会道德，又需要具备良好的职业操守，而两者中最重要的共同点就是——诚实正直。

诚实正直的品行能够带给客户强大的亲和力，能够迅速赢得客户的信赖，他们更容易成为你的固定客户；同时也能够让同行伙伴更加愿意与你进行合作，公平公正的人必然也能够做到利益均分，合作则能够带来更多的机会。

公正是诚实正直的主要特点，一个拥有公正品行的员工能够对上司或同事偏离正确方向时及时阻止。一个诚实正直的服务者必须能够独立完成对事实的搜集,将企业或客户中有可能出现的问题进行严密考虑,随后进行客观的判断。

马克·吐温曾说过:"当你处在进退两难的境地时,就诚实地说出他们拥有的最有价值的东西。"运用到企业中就是:当你察觉到上司或客户正在无意识地走向一个错误的方向,你需要做的就是毫不犹豫地对他进行制止,这是站在一个客观的、正确的角度上避免事态恶化,纵然是对方对你所提出的警告置之不理,但是从你的角度来说一定要主动劝谏,虚伪地迎合对方反而会造成不良的后果,后悔莫及。

试想,假如某位老板因为决策的失误而导致企业遭受到沉重打击,其手下的员工却在私下议论:"实际上,这样的失误我早就料到了,但是我不愿意给他提示,万一将自己卷入这些纷争中就不好了。"这种"事不关己,高高挂起"的态度已经与诚实正直的职业道德相违背,如果服务人员坚持这样的心态来对待工作,那么又怎么能够创造出良好的业绩呢?

溜须拍马、阿谀奉承的员工或许能够在短时间内获得大家的好感,但是老板却无法将信任托付于他,同事们也不能与他进行交心的合作,正所谓"路遥知马力,日久见人心",即使是伪装出来的一副正直诚实的面孔也不会长久。

虽然谎言也有善意和恶意之分,有的谎言看起来微不足道也不会对企业或客户造成严重的危害,但是久而久之说谎的习惯一旦形成就难以根除其劣性,心灵也会在利益的驱使下逐渐失去原来的本色。相反,如果一个人能够将诚实正直的品行坚持下来则能够逐渐养成宽容博大的心胸,这就是为什么说真话是最能够打动人的原因。

或许你觉得谎言能够用优雅的风度和丰富的知识来遮掩,但其实这却是拿自己的前途来做赌注,所赢得的尊重也是短暂之极。更何况当谎言被拆穿后,将要面临着客户的投诉,最初所呈现出的那些优点更会烟消云散。既然如此，员工为何不在企业和客户面前做真实的自己，将自己的心灵完完全全地袒露出来，诚实无欺是赢得长久尊重和信赖的基础。

想要让自己变成一个令人值得信赖的人，首先要保证自己的一举一动都诚实正直，这就要求员工在工作中保持积极主动的习惯，养成良好的责任感，自己也能够得到企业和客户的肯定。职业道德的养成实际上与工作经验和职位高低没有太多的关系，也不受性别、年龄和贫富的影响。

在实际工作中，有一些员工觉得偶尔说谎没有什么大碍，抱着一种侥幸的无所谓的态度来对待工作，在与客户交流的时候也常遮遮掩掩，不能够做到告知以实情，结果让企业对他失去了信心，也让客户倍感头疼。抱着这样的工作态度来对待自己的岗位，很难做到全力以赴，一个连本职职责都不能很好履行的人又怎么能够在关键时候挺身而出呢？忠诚的丧失让他自身的价值也无法得到展现。所以，在工作中，任何人不得抱着说谎的侥幸心理，诚实正直，养成自律的工作习惯，长此以往工作环境也能够变得平和宁静。

纵然是无心之错也要及时承认，所谓"金无足赤，人无完人"，谁都有可能在工作中不小心犯错，只要能够在第一时间坦白承认并考虑补救错误的办法，对自己的行为进行认真检讨，那么实情还有可能得到挽回，恰到好处地处理错误也是员工职业道德的体现。

诚实正直、主动认错、坚持真理或许会让你在短时间内失去一些东西，甚至遭到别人的嘲笑，但是从长远来看，如果员工能够坚持这样的品格则能够成为最后的赢家。人们在坚持诚实正直品行的时候可能有一些人在弄虚作假、投机钻营，相比二者，前者可能收获不到如后者那般的财富，但是殊不知，越是利益熏心越让自己的品格变质，即使能够让钱袋饱满但是却丢失了最重要的品格，在职场之路上是得不偿失的，正所谓"聪明反被聪明误"，总有一天他会为自己职业道德的丢失而付出代价。

对每一位客户都提供最好的服务

当今这个时代中市场上存在着严重的产品同质化,并且产品技术水平也日益高度近似,消费者终日面临紧张的生活节奏,他们在挑选产品的时候也会用一种快节奏、高速度的形式,在广告宣传满天飞的现状下,客户们在更多的情况下会凭借着一瞬间的想法来做出购买的判断。产品质量差别甚微,真正能够让营销者之间拉开距离的就要靠服务质量了。服务的层次已经成为企业竞争力的重要判定标准,没有良好的服务,即使产品质量再优秀都难以博得消费者的认可。

有一次,李女士回家开门时不小心将钥匙折断,只有很小的一部分露在锁孔之外。焦急万分的李女士找到物业希望得到帮助,不巧的是物业此时已经下班,无奈之下李女士只好向配钥匙的师傅借钳子。她打算将钥匙先用钳子拔出来然后再来师傅这里配钥匙,谁知配钥匙师傅只顾低头干活,一副不屑一顾的样子。李女士心想或许他是担心自己借走了钳子不归还,于是便提出交上 10 元钱的押金,并保证在 10 分钟之内回来。但是没想到对方竟然冷淡地说道:"我这里的东西统统不外借,除非你找我上门帮你开,需要交 20 块钱。"李女士一听,忙解释说自己只需要将钥匙拔出来便可,但是对方瞥了李女士一眼不再搭理她。

这样的态度让李女士心里非常不是滋味,于是,她来到五金门市上花了 7 块钱买了钳子,将那断了的钥匙拔出来。随后她拿着折断的钥匙到另外一位师傅那里配了新的钥匙,虽然要多走一站地的路程,但是李女士觉得最初的那位师傅服务态度过差,自己宁愿多行一段路也要到服务态度好的师傅那里配钥匙。

这虽然是生活中的一个小例子,但是像这位配钥匙师傅这样服务态度恶劣的人在市场上却并不少见。实际上,服务行业最重要的是一种态度,试想,假如师傅能够心平气和地与李女士交流,真正做到急人之所急,那么他完全可以获得配钥匙的收入。但是他却对客户冷面相向,最终让上门的客户又折身离开,也失去了以后可持续服务的机会。

小生意的服务与大企业上的服务实际上在本质上并无区别。一些大型企业也常犯下和上文中配钥匙师傅那般的错误,忽略了同客户打交道的机会,甚至在客户面前颐指气使,让上门的客户不得不退避三舍,久而久之,再好的产品前也会出现门可罗雀的现象。所以说,商家要注意提升自己的服务理念,可以参考以下观点:

其一,客户对产品的理解远不如生产者的理解透彻,所以,客户很容易对生产者产生一种依赖心理,他们希望对方能够全力解决自己所遇到的问题,当自己提出不懂之处的时候能够及时得到商家的回应。

其二,商家倘若能够在第一时间就将自己的友好和热情的态度展示出来,则能够获得客户的好感,客户更愿意和具有亲和力的人进行合作,即使是一笔很小的生意,他们也愿意享受被服务的过程。

其三,倘若商家对客户表现出的态度更多的是不屑一顾,那么则会在自己与客户之间画上一条隐形的界限,让人难以翻越,客户有一种被拒之门外的感觉,他或许会头也不回地离你而去。他宁愿将自己所遇到的问题托付给商家的竞争对手也不愿意再问服务态度不好的商家请求帮助。当然,在这个过程中客户心中的不满也会以包括语言在内的各种形式流露出来,不利于商家的发展。

其四,对于客户来说,他们虽然对产品有所需求,但是他们更像是站在技术和产品的门外汉,对一些详细的细节了解甚微,所以,他们便会用一种主观的形式来判断产品的优劣,而这种形式则是商家所体现出来的服务态度。

其五,倘若你想从客户那里获得更多的合作机会,那么商家就必须保证在与客户进行第一次接触的时候保持一种良好的印象，在心理学上被称为"首映效应"，用自己的服务来为这次合作启开一个好的开端，日后的合作机会也会源源不绝地纷至沓来。

其六，商家要明白"不积小流无以成江河"的道理，每一个大生意都是由无数次小生意累积而成的，所以要想做大生意则必须对小生意重视起来。在一桩桩小生意中将每一位客户都视为上帝，让他们对你的产品和服务感到满意，愿意第二次踏进店中，这样就能够形成一种可持续合作的关系，让客户越来越多，生意越做越大。

这些道理对于商家很实用，它们同样与大型的企业服务理念如出一辙，企业和员工要对每一位客户都提供最周到的服务，满足客户的客观需求和心理需求，客户才会愿意将更多合作的机会留给你。

为了信任，多做一点

销售的过程实际上并不仅仅是介绍产品的过程，更是向客户推销自己，使之感受到自己信赖感的过程。客户对销售人员越是信任，那么生意的谈判过程就越是会顺利，所以说，能否同客户达成合作协议，关键就在于客户对销售人员的信赖感有多深。

销售人员想要将更多的产品销售出去，则一定要在客户的信赖度上下功夫，这个功夫如何修炼？实际上秘诀显而易见，正是销售人员良好的服务态度。在越来越激烈的市场竞争中，商家只有不断提升自己的服务品质，才能够让客户放心与之进行合作，也就是产生所谓的信赖感。

销售者想要在客户心中树立良好的形象，首先要做到言行一致，对自己曾经许下的承诺要努力兑现，不仅仅要百分之百，而且还要比客户预期的效果更好一些，也就是努力多做一些，超越自己承诺的范围。客户感受到前所未有周到的服务自然会给你打出高分,接下来或许还有更多合作的机会也会接踵而来。成功者之所以能够笑到最后,是因为他们愿意做别人所忽视的任何一件小事,同样一件事情在别人看来微不足道,但是在成功者眼中却有可能成为大功告成的重要转折点,所以,做好本职服务的同时更要留心再为客户多做一点点,这样能够起到110%的服务效果。千万不要小看客户感知力的灵敏度,他们会将每一件小事都放在心上,累积成对你的信任。

成功的销售人员能够切切实实地利用身边的任何一个细节,他们为客户提供的服务绝不仅仅局限在客户的要求上,为了让客户体验那种宾至如归的优越感,他们会在自己的服务上千方百计地筹划谋略,争取最后达到的效果让客户点头称赞。

有一位创业者,他非常看重产品的质量,对技术人员也是三令五申,当他投入了自己全部的心血将公司经营两年之后,却迎来了关门倒闭的命运。众人大惑不解,为什么一个如此认真的人却会有这般的结局呢?该创业者说道:"现在的顾客格外精明,即使我的产品做得再好,他们也都会挑剔再三,愿意进行合作的客户也都均抱着试试看的态度,没有诚意,很难进行二次合作。"

从他对自己创业失败的总结中我们可以看出,实际上他失败的原因主要有两点:其一,他在思想上对客户抱有一种偏见,没有客观地理解客户存在的重要意义,而仅仅用了"过于精明"和"挑三拣四"这样的词来形容,实际上这是一种错误的意识。其二,他虽然在产品的研制过程中非常重视,但是在产品的推销过程中却没投入相应的精力。如果他能够将这两点加以改正,那么,其公司渡过危机是完全有可能的。